일반국제정치학(상)

이용희 지음

도서출판 이조

국립중앙도서관 출판시도서목록(CIP)

일반국제정치학. 상 / 저자: 이용희. -- 서울 : 이조, 2013
 352 p. ; 22.5 cm

ISBN 979-11-951472-0-5 93340

국제 정치학[國際政治學]

349-KDC5
327-DDC21   CIP2013024925

일반국제정치학(상)

이용희 지음

들어가는 글*

하영선
서울대 명예교수 / 동아시아연구원 이사장

『일반국제정치학(상)』이 출판된 지 반세기 만에 21세기의 젊은 독자들을 위해 한글판 가로쓰기의 새로운 단장으로 인사를 드리게 됐다. 이 책은 단순히 한국국제정치학사의 기념비적인 존재로서 중요한 것이 아니라 21세기 한국국제정치학의 미래를 위한 주춧돌로서 보다 더 중요하다.

동주국제정치학의 출발

동주(東州) 이용희(李用熙) 선생님은 자신의 국제정치학에 대한 관심의 출발을 1955년에 출판한 『국제정치원론』의 서문에서 다음과 같이 요약하고 있다.

"…… 본래 내가 품게 된 정치학에의 관심은 우리 겨레가 왜 이렇게도 취약하냐 하는 의문을 내놓고는 생각할 수가 없는 것이었다. 내 정치학은 내가 살고 있는 고장, 또 내가 그 안에 살게 되는 나라의 운명과 무관할 수는 도저히 없었다. 그런데 나는 왜 우리 겨레가 이다지도 취약하냐 하는 문제를 헤하려 보는 동안

---
* 이 글은 하영선 「동주 국제정치학과 21세기」 제1회 동주기념 학술회의 『동주 이용희와 한국 국제정치학』(1998/12/4)와 하영선 『역사속의 젊은 그들:18세기 북학파에서 21세기 복합파까지』(을유출판사, 2011) 「제7강 동주 이용희와 한국 국제정치학」을 수정 보완한 것이다.

에, 취약한 것은 우리만이 아니라 동양 전체가 그러하게 되었다는 것을 새삼스러이 느끼게 되었다. 그리고 그 까닭을 알려면 불가불 구주歐洲에서 발단한 근대정치의 성격과 내용을 알지 않으면 아니 되는 것을 깨닫게 되었다. 나에게 있어서는 구주歐洲정치 및 그것을 중심으로 한 국제정치의 연구는 곧 우리의 현상을 진실로 이해하는 것을 의미한다. …… 또 하나의 의문은 …… 종전의 일반 정치학은 과연 누구를 위한 것이냐 하는 것이었다. …… 역사적인 국제적 불평등 위에 수립된 민주정체民主政體와 그것을 유형화하여 엮어놓고 일반 타당적이라고 일컫는 정치학을, 국제적인 피지배지역의 학도들이 당연한 것으로 알고 공부한다는 것은 기막힐 노릇이 아닌가. …… 현실적인 서양 정치학은 그것이 내세우는 듯한 사실인식의 효용보다는 오히려 서양적인 정치가치를 체계화하는 효용이 더 크다는 것은 나에게 일대 충격이 아닐 수 없었다. 이리하여 나는 종래의 연구방법을 다시 고치어, 나대로 '장소Topos의 논리'라고 부르는 새견지를 취하게 되었다. 무엇이냐 하면, 정치학이 성취할 일반유형, 그리고 서양의 정치가치가 개별적 지역에 있어서는 어떠한 변이를 일으키며 또 어떠한 '권위'적 역할을 하느냐 하는 것을 검색하자는 것이었다."

『일반국제정치학(상)』

이와 같이 독특한 문제의식은 1962년에 출판한 『일반국제정치학(상)』에서 보다 구체화되었다. 이 연구는 현재까지 한국 국제정치학계에서 이루어진 가장 중요한 업적으로서, 그 중심내용을 보면, 첫째, 국제정치학의 학문으로서의 성격과 국제정치의 개념을 검토하고, 둘째, 동주국제정치학의 논리적 기반으로서 국제정치의 권역성과 전파의 문제를 제시하고, 셋째, 근대국제정치의 유형적인 양태를 군사국가, 경제국가, 식민지국가로 설정하고, 넷째, 현대국제정치, 곧 세계정치의 역사적 성격으로 인정되는 몇 가지 양상에 대한 연구와 그것이 점차로 변이해 가는 모습을 추적하고 있다.

 1945년 이후 국제정치에 관한 글들이 국내에서 셀 수 없을 만큼 세상에 태어났으나 거의 모두가 단명에 그치는 속에서 이 연구서는 지난 반세기 동안 강한 생명력을 보여왔으며, 시간이 갈수록 그 힘은 보다 세어져 가는 느낌을 주고 있다. 그렇다면 이러한 강인한 생명력이 어디에서 오는 것인가를 한번 따져 볼 필요가 있다.

 첫째로, 이 연구가 보여주는 문제의식의 중요성이다. 비강대국의 국제정치학이 압도적으로 강대국 국제정치학의 소개 내지는 원용의 차원에 머물러 있는 현실에 대해, 이 연구는 정면에서 그 한계를 지적하고, 주체적 입장에서 국제정치학의 이론화 작업에 도전하고 있는 당당함을 보여주고 있다.

 둘째로, 저자의 독특한 '장소Topos'의 논리에 기반을 둔 국제정치학 이론의 독창성이다. 저자는 우리 옛 그림 연구의 출발을

회화권에서 하고 있는 것과 같이 국제정치연구의 출발을 일정한 정치행위의 의미가 보편타당한 국제정치권에서 출발한다. 그리고 이러한 국제정치권은 항상 강력한 정치세력을 매개로 하여 특정한 정치가 다른 지역, 다른 사회에 전파됨으로써 이루어져 왔음을 강조하고 있다. 따라서 현대국제정치의 보편성과 특수성, 또는 동질성과 이질성을 역사적으로 형성된 유교권, 회교권, 기독교권 속에서 19세기이래 근대유럽 국제정치권이 전 세계적으로 전파되면서 만들어지는 것으로 설명함으로써 기존 구미 국제정치학계의 한계를 넘어서서 본격적인 『일반국제정치학』의 정립에 성공적으로 접근하는 선구적 노력을 보여주고 있다.

셋째로, 현대국제정치의 기본성격을 들어내기 위해서, 이 연구는 근대유럽국제정치권의 기본 단위체로 관념되어 온 근대국가의 역사적 성격을 군사국가, 경제국가, 식민지 국가로 규정하고, 당시 국내의 열악한 연구여건 속에 놀랄만한 국제수준의 실증작업을 통해서 이를 설득력 있게 증명하고 있다.

넷째로, 이 연구는 국제정치학의 고도의 실천적 성격을 철저히 염두에 두고 이루어진 것이기 때문에 단순히 하나의 연구서라기보다는 현대세계질서의 역사적 전개과정과 그 속에서 '내' 나라의 나아가야 할 방향에 대한 지침서로의 역할을 동시에 수행하고 있다.

세계정치의 이중구조화

『일반국제정치학(상)』에 이어 『일반국제정치학(하)』가 출판되지 않아서 이 연구는 미완의 대저로 남게 되었다. 그러나 동주는 이 책의 마지막 장에서 근대국가의 역사적 전개가 점차 자기모순에 직면하게 되는 한계와 그 대안의 모색을 분석하면서 다음과 같이 글을 마무리하고 있다.

"이러한 근대국가의 자기모순의 신테제Synthese는 아직 무엇인지 모른다. 현재 사람은 '국제사회'라는 말을 빌어, 혹은 국제법에서 혹은 국제정치에서 하나의 세계를 생각하여 보려고 하고 있기는 하나 그것은 어디까지나 상금尙今 개념론이 아니면 국제기구에 대한 기대일 따름이지 강력한 통합원리로서 과거의 유교사회, 기독교사회, 회교사회와 같은 구실을 인간의식에 미치기에는 너무나 앞날이 요원하다. 그런데 그것도 그럴 것이, 비록 근대국가의 모순이 사방에서 터져 나오고 그것을 단위로 한 국제정치의 양상이 마침내 모순의 심화와 더불어 변모하여 간다 하더라도, 그래도 근대국가의 관념은 아직도 강력히 인간의 정치적 행위에 있어서 깊이 뿌리박고 있으며 국제정치의 근대국가적 양상은 근대적 강국정치로서 상금도 세계를 뒤덮고 있고, '계급'을 내세우는 정치제도 이러한 환경에 있어서 그 현실정책은 근대국가의 포즈를 취한다. 근대국가간의 국제정치로서의 면과 초국가적인 국가군대 국가군의 양상은 마치 겹쳐서 박혀 있는 사진관 같이 세계정치에 이중으로 투영되고 있다고 이해된다."

'세계정치의 이중구조화'는 『일반국제정치학(상)』의 끝맺음인 동시에 『일반국제정치학(하)』의 첫 시작을 예상케 하는 것이었다. 동주는 1967년에 열린 한국국제정치학회의 한국민족주의 대(大)심포지움 기조연설에서 근대국가의 자기모순의 극복을 위한 전개과정에서 단일민족주의에 이어 다민족주의의 등장을 주목 하고 있다.

이어서, 동주는 1977년 회갑기념 학술심포지움의 기념 강연에서 근대국가의 명분체계인 민족주의의 장래를 전망하면서 근대국가의 미래를 조심스럽게 검토하고 있다. 이러한 검토과정에서, 우선 단일민족주의에 이어 다민족주의의 새로운 명분이 등장함으로써, 첫째, 단일민족주의의 약점이었던 식민지 체제를 지양할 수 있었고, 둘째, 자원과 넓은 국제시장을 보유하게 되었 으며, 셋째, 방대한 병력동원 능력과 작전능력을 가지게 된 것을 지적하고 있다.

그리고 더 나아가서, 근대국가의 변화는 군사적 기반, 경제적, 명분적 기반이 첨단무기의 확산에 따른 정부의 강제력 독점의 약화, 자원의 고갈과 다국적기업의 증강, '개(個)'의 독자성에 대한 욕구 등에 의해 바뀔 수밖에 없을 때 비로소 가능하며, 이러한 변화는 역사의 우여곡절을 감안한다면 반세기 가까운 시간을 필요로 하지 않을까 하는 추정을 하고 있다.

『미래의 세계정치』

　동주가 근대국제정치질서를 다룬『일반국제정치학(상)』에 이어 20세기와 21세기의 현대세계정치질서를 다룰 「일반국제정치학(하)」를 세상에 선보이지는 못하였으나, 그의 21세기 세계정치에 대한 중심 생각은 1993년 봄 학기에 서울대학교 대학원 외교학과에서 가졌던 아홉 번의 특별강의를 책으로 묶은 『미래의 세계정치』에서 그 모습을 보여주고 있다.
　이 강의의 발단은 필자가 1992년에 세종연구소에서 『탈근대 지구 정치학』이라는 제목으로 초청 발표를 하는 자리에서 21세기의 세계정치를 행위주체와 활동목표의 복합화로 설명하는 것에 대한 선생님의 강평이었다. 필자는 선생님에게 강평의 내용을 한 학기의 강의로 보다 자세히 설명해 주시기를 요청하여 21세기 세계정치에 관한 특별강의가 이루어졌다.

　동주는 『미래의 세계정치』의 책머리에서 자신의 생각을 다음과 같이 짤막하게 얘기하고 있다.
　"본래 이 강의는 근대 유럽에서 이룩되고 있는 국가연합이 장차는 정치의 새로운 모델이 될 것이며, 오늘날의 국민국가 nation-state를 대치할 것이라는 내 생각을 토로한 것이 계기가 되었다. 뿐만 아니라, 국민국가는 한편으로 국가연합으로 확대되면서, 또 한편으로는 지역정치체로 세분화되는 경향도 보인다. 말하자면 근대국가·국민국가는 내부분열을 일으키면서 새로운 정치형태를 조성할 조짐이 보인다는 것이 내 생각이었다. 그 동안의 국제정치는 몇 백 년 동안 근대국가체제의 표현이라고 할 수 있는 면이 있었는데, 새로운 국가형태의 가능성과 함께 오랫동안의 과도기를 거쳐서 근대국가의 성격의 변화에 따른 새로운 형태의 국제정치가 전개될 것으로 전망된다."

　동주는 이 강의에서 미래 세계정치의 새로운 국가형태를 전망하기 위해서 국가연합confederation과 연방federation을 중심으로 한 국가연합의 역사와 사상을 검토한 위에 현대의 국가연합으로서 유럽연합을 분석하였다.
　『미래의 세계정치』는 기왕의 『국제정치원론』, 『일반국제정치학(상)』, 『한국민족주의』에서 첨예하게 전개됐던 문제의식의 연장선상에 놓여 있다. 『국제정치원론』부터 『한국민족주의』까지의 저서는 유럽을 중심으로 형성된 독특한 근대국가의 성격위에 건축된 근대국제정치질서 속에서 우리 민족의 삶의 모습을 어떻게 꾸려나가야 할 것인가라는 고도의 실천적 질문에 대한 해답의 모색이었다. 『미래의 세계정치』는 비록 『일반국제정치학(하)』에 해당하는 동주사상의 전모를 담고 있지는 않지만 21세기를 맞이하면서 새로운 변화를 겪고 있는 근대국가의 성격위에 형성되고 있는 새로운 세계정치질서 속에서 우리의 삶은 어떻게 새로워져야 할 것인가라는 핵심적인 질문에 심층적으로 접근함으로써 문제의 설정방식과 논의의 깊이를 새로운 차원으로 끌어올리고 있다.

이와 함께, 『미래의 세계정치』는 21세기를 앞두고 현대 세계질서의 혁명적 변화에 대해 국내외적으로 시사해설 수준을 넘어서지 못하는 초보적인 차원의 전망이 난무하는 속에서 21세기 유럽연합의 의미를 역사적, 그리고 사상사적 접근을 통해 국내외의 어느 연구보다도 깊이 있게 분석하고 있다.

『미래의 세계정치』가 특히 질의 응답과정을 통해 제기하고 있는 또 하나의 중요한 문제의식은 유럽연합과 같은 국가연합의 형태가 21세기 신세계질서의 새로운 주인공의 모델로서 등장하는 경우에 19세기 중반이래 유럽근대국가의 모델을 수용하여 21세기를 앞두고도 여전히 단일민족주의의 강한 영향력 아래 놓여 있는 한반도, 일본, 중국의 동아시아국가들은 어떠한 변화의 가능성과 한계를 맞이할가 하는 것이다.

동주의 생애

동주의 생애는 식민지 시기(1917-1945), 서울대교수 시기(1949-1975), 현실참여 시기(1975-1997) 의 세 시기로 나누어 볼 수 있다.

동주는 1917년 3월 21일에 3.1 독립선언 33인의 한 사람인 이갑성의 차남으로 서울에서 출생했다. 1929년부터 1934년까지 중앙고등보통학교를 다니면서 '고독의 위안을 위한 난독의 시기'를 보냈으며 특히 졸업 후 '사상적 표랑의 2년'동안 외국문학, 언어학, 철학, 공산주의 관련 서적들을 본격적으로 읽었다. 1936년 연희전문학교 문과에 입학하여 세계적 시야에서 국학과 민족주의를 보려고 한문을 익히고 한국사, 중국사 원적들을 본격적으로 읽기 시작했다. 정인보 선생의 영향으로 한국사와 중국사 관련 판본에 관심을 가지게 됐고 오세창선생의 가르침에 힘입어 전통 회화에 눈을 떴고, 연전도서관의 좌옹 윤치호 문고를 이용하여 사회과학 고전연구를 계속했다. 재학 중에 문예동인지 『시인부락』에 「현대사의 주지主知와 주정主情」을 발표했다. 그리고 1940년 졸업 후 만철 조사부에서 정치학, 국제정치학을 비롯한 사회과학 관련 서적을 보다 폭넓게 읽을 기회를 가졌다.

　　동주는 해방이후 1949년에 서울대학교 문리과대학 정치학과 조교수로 임명된 이후 국제정치학을 본격적으로 연구하고 가르치기 시작하여 1955년에는 국제정치원론을 출판하고 1956년에는 외교학과를 신설해서 한국국제정치의 인재양성과 연구기반을 본격적으로 마련했다. 그리고 같은 해에 한국국제정치학회를 창설했다. 뒤이어 1962년에는 『일반국제정치학(상)』, 1966년에는 『근대 한국 외교문서 총록(외국편)』을 출간했고, 1970

년대 상반기에 『한국회화소사』, 『일본속의 한화』, 『우리나라의 옛그림』을 출간했다.

동주는 월남이 패망한 1975년에 박정희 대통령 특별보좌관으로 임명되고 1976년부터 1979년 10월까지는 통일부 장관에 재직하면서 외교 및 통일 분야의 현실에 참여했다. 1980년대 이후에는 대우재단이사장(1980-1987), 아주대총장(1981-1982), 세종연구소이사장(1989-1993)을 거친 후 1997년 12월 4일 별세했다. 이 시기의 대표적 저작으로는 국제정치분야에서는 『이용희 저작집; 한국과 세계정치』(1988)와 『미래의 세계정치』(1993)가 있으며 한국미술사분야에서는 『한국회화사론』(1987)과 『우리 옛 그림의 아름다움』(1996)이 있다.

동주국제정치학의 중요성

『국제정치원론』에서 『미래의 세계정치』까지 보여주고 있는 동주국제정치학이 오늘의 국내외 국제정치학에 대해 가지는 의미는 무엇인가를 마지막으로 정리해 볼 필요가 있다.

우선, 한국국제정치학의 시각에서 보면, 유길준이 100여년 전에 『서유견문』을 저술한 이후, 우리의 삶에 압도적 영향을 미쳐 온 근대국제정치 질서에 대한 많은 논의와 연구가 이루어져 왔으나, 완제품 수입 또는 수입대체산업 수준의 '모방의 국제정치학'을 크게 벗어나지 못하고 있다. 따라서, 우리 삶의 세계정치적 문제를 우리나름의 시각에서 풀어 나가려는 '창조의 국제정치학'을 땅에 뿌리내리기 위해서는 '동주로 돌아가라'는 구호에서 출발해야 할 것이다. 이러한 노력을 통해서 거꾸로 선 한국국제정치학의 바로 세우기는 가능하게 될 것이다.

다음으로 동주국제정치학은 한국국제정치학의 진정한 뿌리내림을 위해서 중요할 뿐만 아니라, 구미의 국제정치학이 성공하지 못하고 있는 '일반국제정치학'의 정립에 중요한 실마리를 제공할 가능성을 충분히 가지고 있다. 권역과 전파의 이론에 기반하여 하나의 국제 또는 세계 정치권의 형성과정에서 중심기준의 형성, 전파, 변용을 조심스럽게 분석함으로써 국제정치현실의 보편과 특수, 또는 동질성과 이질성의 문제를 성공적으로 풀어나갈 수 있을 것이다.

특히 21세기 세계질서는 중국의 빠른 부상과 함께 주인공, 무대, 연기의 복합화를 겪고 있어서 유럽중심의 근대국제정치적 체험을 기반으로 한 구미 국제정치학은 신세계질서의 작동 원리를 제대로 밝혀내는데 본격적 어려움을 겪기 시작하고 있다. 오히려 전통, 근대 그리고 복합의 세계질서를 오랜 세월동안 겪어 온 한국과 같은 동아시아 국제정치학이 가능성을 보여 줄 수 있다.

따라서, 한국국제정치학의 본격적 뿌리내림을 위해서, 그리고 구미 국제정치학을 넘어서는 일반국제정치학의 정립을 위해서, 동주국제정치학은 후학들에 의해 보다 본격적으로 계승 발전되어야 할 것이다.

    마지막으로 반세기 만에 출간하는 21세기용 신판을 준비하는 과정에서 서울대학교 외교학과 및 정치외교학부 외교학전공 대학원생 및 졸업생들의 도움이 컸다. 우선 신판을 기획하고 출판까지 가능케 한 이종진 군과 임해용 군의 노고를 특별히 고맙게 생각하며, 동시에 권민주 양, 이용빈 군, 기희광 군, 김어진 군의 숨은 역할도 중요했다. 더불어 세심한 교정을 맡아준 옥창준 군과 까다로운 편집을 성심껏 해 준 도서출판 이조의 유영석 군에게도 감사함을 전한다. 지면의 한계로 모든 이들을 언급할 순 없지만, 도와주신 모두들에게 특별한 고마움을 전하고 싶다.

2013년 12월 15일
독시재讀時齋에서
만청(晩靑) 하영선(河英善)

참고문헌

李用熙, 『國際政治原論』, (章旺社, 1955).
　　　　『政治와 政治思想』, (一潮閣, 1958).
　　　　『一般國際政治學(上)』, (博英社, 1962).
　　　　『近代韓國外交文書總目(外國編)』, (國會圖書館, 1966).
　　　　『韓國繪畫小史』, (瑞文堂, 1974).
　　　　『日本속의 韓畫』, (瑞文堂, 1974).
　　　　『우리나라의 옛그림』, (博英社, 1975).
　　　　『韓國民族主義』, (瑞文堂, 1977).
　　　　『韓國繪畫史論』, (열화당, 1987).
　　　　『李用熙 著作集-韓國과 世界政治』, (民音社, 1987).
　　　　『未來의 世界政治』, (民音社, 1993).
　　　　『우리 옛그림의 아름다움』, (시공사, 1996).

李用熙 外, 『韓國의 民族主義』, (韓國日報社, 1975).
盧在鳳 篇, 「韓國民族主義와 國際政治 : 東州李用熙先生謝恩 學術 심포지움」, (民音社, 1983).
하영선, 「解題: 一般國際政治學(上)」, 『政經研究』, (1984. 3).
하영선, 『이용희 일반국제정치학(상)』, (1962, 박영사), 「신동아 현대한국의 명저 100권」, 『신동아』, 1985년 1월호: 별책부록.

하영선, 「한국국제정치학의 새로운 방향 모색」, 김경동, 안청시 편, 『한국사회과학 방법론의 모색』, (서울대학교 출판부, 1986).

하영선 편, 『탈근대지구정치학』,(나남, 1993).

노재봉 외, 『동주 이용희와 한국 국제정치학』, 제1회 동주기념 학술회의 , (1998/12/4).

하영선, 「제7강 동주 이용희와 한국 국제정치학」, 『역사속의 젊은 그들 : 18세기 북학파에서 21세기 복합파까지』, (을유문화사, 2011).

서 序

　국제정치학은 새로운 학문으로 통한다. 사실은 학문이 새로울 뿐 아니라 '국제정치'라는 현상이 새로운 것이다. 얼핏 생각하면 국제정치는 나라사이의 정치이매, '나라'의 존재는 멀리 상고上古로부터 더듬어 올 수 있으니 그 현상이야 유구하다고 할법하다. 유구한 역사적 현상에 대하여 그를 대상으로 하는 학문은 근근 수십년래의 연혁을 가졌을 따름이니 과연 그 학문은 새롭다고 여겨지기 쉽다. 그러나 그렇지 않다. 우리가 오늘 경험하는 국제정치, 곧 세계정치는 그 자체가 새로운 것이다. 특히 우리에게는 정녕 새로운 현상이다. 세계정치의 형태로서 나타나는 국제정치는 19세기 후반으로부터 역사의 시야에 들어선다. 대체의 윤곽이 갖추는 것은 20세기도 제1차대전 이후의 일이라고 여겨진다. 그렇다면 국제정치학은 실로 새로운 현상에 대한 새로운 학문이라고 할만하다. 그것뿐이 아니라 국제정치학은—다른 사회과학의 경우와 차이없이—그 성립에 있어서 자연히 일종의 실천적인 역무役務를 지니고 나온다. 즉 그것이 형성되는 사회의 정치적인 또는 그 정책적인 요청과 밀접히 관련되어 있는 것이 예사이다. 모종의 정책상의 욕구와 관계없이 오로지 진리만을 위하여 이룩되었다는 학문은—비록 일개 학자의 주관에 있어서는 허용된다고 할지라도, 한 사회에 통용하는 학문으로는 한낱 위장에 불과하리라는 의심을 면하기 어려울 것이다. 이 까닭에 국제정치학은 그것이 형성되어 온 고장·시기에서 우선 고찰되지 아니하면 아니된다. 그럼으로써 '우리'와의 관계가 적이 명백하여질 것이며 또 동시에 우리가 지녀야 할 학문상의 입장도 스스로 명료하게 될 것이다. 더구나 근간 우리가 많이 접하게 되는 외국의 연구와 교과서 중에는 강대국의 세계정책적 입장과 시사관이 저간에 은연히 출몰하고 있어서 그 실천적 면목이 약여躍如하다는 느낌을 금할 수 없다. 그러나 그것이 그들에게 있어서는 당연하고, 가치있고, 유용하고 또 실질적일지언정 강대국도 아닌 것 같으며, 남에게는 후진이라는 이름의 나라와 지역에서 사는 학도들이 그것으로 자족하여 그 방법과 견해를 따른다면 그야말로 자가自家와 그 '고장'을 망각한 국제정치적 코핑Copying이라는 기평譏評을 피할 수 없을 것이다. 그러므로 우리에게 있어서는 우선 국제정치학과 국제정치가 더불어 입각하는 바 그 역사적 위치가 먼저 천명되지 않으면 아니 될 것이다. 역사는 그대로가 곧 현대의 양상은 아니리라. 그러나 그 소종래所從來를 깊이 파고 들어 그 '현재' 속에 맥맥히 생동하는 그 역사적 성격을 간취할 수 있다면 그것이 오늘날의 국제정치를 이해하는데 실로 막대한 공헌을 할 것이다. 이 반면에, 역사는 자칫하면 역사적인 '특수'·'개별'에 침윤沈淪하여 국제정치 일반으로 규정되는 '분야'·'범주'의 관념을 잃기 쉽다. 국제정치는 단순히 역사적인 사회에 일어나고 있는 사건의 한 묶음이 아니라 우리가 국제정치라고 관념하고 이해함으로써 피아의 관계를 그 속에 설정하는 한 개의 분야의식 위에 입각하고 있다. 그 분야의식 자체도 실은 역사적으로 규제되는 면이 내포되어 있는 터이나 그러나

'분야'는 분야로 규정되는 분야대로의 논리가 있고 또 그것을 밑받치는 객관적 실천성이 있다. 국제정치가 만일에 단순한 역사적 사건의 묶음으로서만 인식된다면 그것은 이미 국제정치라는 카테고리로 이해되는 자기의 논리를 상실하여 역사 속에 해소되었다고 할만하다. 국제정치는 국제정치대로의 논리를―그것도 정치의 논리다웁게 매우 실천적인 논리를 지니고 있다. 이러한 분야 자체의 논리성과 및 역사적 위치에서 오는 양상이 서로 경위가 되어 엮어지는 것이 바로 국제정치의 실태라고 이해된다.

본서는 상·하로 나누어진다. 상권은 국제정치학의 학문으로서의 성격과 국제정치의 개념이 추구되고, 그것을 계기로 하여 국제정치의 권역성과 전파라는 국제정치의 논리적 기반이 제시되고, 이어서 근대국제정치의 유형적인 양태가 잠정적으로 설정된다. 상권의 후반은 현대국제정치, 곧 세계정치의 역사적 성격으로 인정되는 몇 가지 양상에 대한 연구와 그것이 점차로 변이해 가는 모습을 논구하였다. 이와 같은 국제정치에 대한 역사적 위치의 설정에 이어, 하권은 현대국제정치의 제양상諸樣相을 같은 방법에 의하여 취급할 것이다. 본래 본서는 기왕에 출간하였던 졸저 『국제정치원론』(1955년)의 원형이라고 할 수 있는 것이다. 여러 가지로 제약된 환경에서 출판된 『국제정치원론』은 우선 시용時用에 응하려는 면에 급급하여 그 원형에 불충실한 것이 되고 말았다. 그것은 오히려 진정 국제정치를 이해하여서 나라와 자기 장래에 이바지하려는 학도에게는 큰 도움이 되지 못할까봐 두려워하였다. 이 까닭에 그것은 그만 절판에 부치고 말았다. 그러나 그 골격에 본서나 『국제정치원론』이나 다를 바가 없다. 지금 그 『국제정치원론』의 원형이라고 할 수 있는 본서를 상재上梓하게 되는 기쁨을 금할 수 없거니와, 이에는 여러 지우知友의 도움이 매우 긴절하였다. 본서의 초고의 일부는 4년전의 일로서 그간 개인의 형편으로 오래 중단되고 말았었다. 아마 박영사의 안환옥 사장이 무한한 호의로써 끈기있게 최촉催促하여 주지 않았던들 이 변변치 않은 것을 계속 집필할 용기가 아니 생겼을지 모르겠다. 그런 의미에서 안 사장은 본서의 최선의 산파이기도 하다. 또 서울대학교 문리과대학 외교학과의 제씨諸氏, 특히 김홍철 강사는 교정의 잡무로부터 서적의 검색, 통계작성 등의 수많은 노고를 담당하여 주었다. 본서 중의 전비표戰費表·식민지표는 씨氏의 도움으로 이루어진 것이다. 박영사의 강성목 군과 이덕희 양에게는 미안한 일도 많았고 수고도 단단히 끼치었다. 여러분에게 이 기회에 감사드리는 바이다.

차례

들어가는 글 (하영선)   5
서문   20

1 장

예비적 고찰

제 1 절 국제정치의 개념   31

국제정치라는 말
일상적 의미의 의미
국제정치의 개념
국제정치학의 성격

제 2 절 국제정치의 성립   45

역사적 배경
국제연맹 이후
국제정치학의 현황

2 장

국제정치권의 이론

제 1 절 국제정치권   61

국가개념
국제정치권

제 2 절 전파이론   69

국제정치권의 형성
전파와 저항
국제정치권의 중심과 주변

제 3 절 역사적 유형   81

국제정치적 차원
역사적 유형과 세계정치
세계정치의 자기분열

3장

근대적 국제정치에의 경험

제 1 절 국제정치에의 경험　　　　　　　　　99
　　내나라
　　국제정치의 틀

제 2 절 대외정책의 저변　　　　　　　　　105
　　대외적 태도
　　힘

제 3 절 국제정치의 설정　　　　　　　　　109
　　주체적 입장
　　객관적인 상황

제 4 절 국제정치의 제도화　　　　　　　　113
　　사실관계에 있어서의 '힘'과 호혜성
　　국제질서

제 5 절 '힘'과 질서　　　　　　　　　　　117

4장

근대국가의 국제정치사적 여건

제 1 절 근대국가의 역사적 성격　　　　　　123
　　근대국가의 관념
　　중세적 국가유형과의 비교

제 2 절 군사국가　　　　　　　　　　　　133
　　역사적 조건
　　군사국가로서의 근대국가
　　전쟁·병비·군비
　　군사국가에 있어서의 조국

4 장

근대국가의 국제정치사적 여건

제 3 절 경제국가　　　　　　　　　　　　　　167
국가경제
국부 · 국가정책
국부 · 국가정책(속)

제 4 절 식민지 국가　　　　　　　　　　　　209
식민사적 소묘
식민사적 소묘(속)
식민의 국제정치

5 장

국제정치의 자기전개적인 여건

제 1 절 군사 · 경제 · 정치　　　　　　　　　251
자기변이의 제상
자기변이의 제상(속)

제 2 절 국제주의의 요인에 대하여　　　　285
초국가사회와 국제경제
'계급' · '자본의 무국경' · '다민족'

부표

부표 1
　구주 열강의 식민지 진출 대상지역별 분류표　　306

부표 2
　구주 열강의 동양방면 진출 식민지 개척사 연표　　320

부표 3
　구주 열강의 아프리카 대륙 및 중근동 방면
　식민지사 분류 연표　　330

부표 4
　구주 절대주의 열강의 신대륙 진출과 중남미 방면
　식민지 개척사 대상지역별 분류 연표　　338

⟨일러두기⟩

1. 본서는 1962년 박영사博英社에서 초판 발행한 동주 이용희 『一般國際政治學(上)』을 한글판 가로쓰기로 새로이 펴낸 것이다.
2. 저자의 본래 의도를 해하지 않는 범위 내에서 동시대의 독자들을 위해 원고의 세로쓰기 형태를 가로쓰기로, 띄어쓰기 및 문장기호 등을 수정하였다.
3. 한글판 취지에 따라 본서의 내용은 한글로 표기하는 것을 기본으로 하였으나, 저자가 인용한 원전의 표기 및 의미의 오해나 혼동의 여지가 있는 단어의 경우에는 한문을 병기하였다.
4. 작품명과 신문·잡지명, 단행본은 모두 『 』로 표시했으며, 논문의 경우 서양어로 된 경우에는 이탤릭체로 한글로 옮긴 경우에는 「 」로 표시했다.
5. 원고의 미주 형태는 각주로 새로이 처리하였다.
6. 직접 인용문의 경우 " ", 간접 인용문의 경우 ' '로 수정하였다.
7. 원문의 강조 및 구분 표시인 「 」은 ' '로 대체하였다.
8. 국가의 명칭은 본문에서는 옛 방식 그대로 표기하였고, 부표에 들어 있는 명칭은 현대적으로 수정하였다.

1장
예비적 고찰

제 1 절   국제정치의 개념

1. 국제정치라는 말

우선 국제정치라는 말부터 생각해 본다. 우리가 지금 쓰고 있는 국제정치라는 말은 본시 외국에서 따온 말로서, 정확히 말하면 구미어歐美語에서 빌려온 것이다. 국제정치라는 말은 우리에 앞서 먼저 구미歐美사회에 유포되었고 그것도 벌써 수십 년의 역사를 지니고 있는데 우리는 이 남의 말을 직접 간접으로 수입해 들인 것이다. 그런데 이렇듯이 남에게서 따온 국제정치라는 말에 대응하는 외국어는 여러 개가 있다. 가령 영어에서만 보더라도 '국제정치'로 직역되는 말이 있고 International Politics, 또 굳이 직역한다면[1] '국제관계', '세계정치', '국제정세', '세계정세'라고 옮겨놓을 수 있으나 사실상 국제정치의 어감을 갖는 여러 말이 있다. 그리고 이들 여러 말은 영미英美 사회에서 거의 경합 상태에

---

1) Politics among Nations; International Relations; Wold Politics; International Affairs; World Affairs.

있으며 그 중에도 '국제관계'같은 말은 저으기 우세한 감을 주는 형편이다.² 그럼에도 불구하고 우리는 이러한 여러 가지 어투에 대하여 국제정치라는 한 말을 거의 배타적으로 채택하였다.³ 개개의 학자에 있어서는 모르되 일반으로는 거의 압도적으로 이 한 말을 쓰게 되었다. 이로써 살피면 우리에게 있어서는 정치라

---

2) 영미(英美) 학계에서만이 아니라 영미 학계의 영향을 받고 있는 유럽 제국(諸國)에서도 대체로는 '국제관계'란 말을 채택하는 것 같다(Relations Internationales; internationale Beziehungen). 그러나 이렇듯이 대체로 같은 분야를 취급하고 대략 같은 의미로 이해된다는 것은 일상적인 용례에서 뿐이지 학자에 따라 저간(這間)에 상당한 구별을 두려는 노력이 있는 것을 잊을 수 없다. 가장 대표적인 미국의 예로는 라이트 교수나 던 교수를 들 수 있다. 던 교수에 의하면 '국제관계론'에는 '국제정치', '국제경제', '국제법 및 조직', '외교사', '정치지리'의 부문이 포함된다고 하며(F. S. Dunn, "The Scope of International Relations," World Politics, Vol. 1, NO. 1, p. 146). 라이트 교수에 의하면, 국제관계는 비단 국가 사이만의 관계가 아니라. 국가 · 민족 · 정치 · 인민 · 지역 · 동맹체 · 연방 · 국제조직 · 산업단체 · 종교단체 등의 관계이기도 한데, 또 그 관계는 다시 세분하여 정치 · 법 · 조직 · 경제 · 교육 · 윤리 · 사회 · 심리 등으로 나눌 수 있다고 보았다 (Q. Wright, The Study of International Relations, 1955, pp. 6-7). 유럽의 대표예로는 루소씨를 들 수 있는데, 그에 의하면 '국제관계'는 다시 '국제정치', '국제관계사', '국제관계지리', '국제경제'로 세분된다(Ch. Rousseau, Droit International public, 1953, p. 7). 그러나 실제로 국제관계의 중심은 정치일 뿐 아니라(F. S. Dunn, "The Present Course of International Relations Research," World Politics, Vol. 2, No. 1, p. 86; J. B. Duroselle, "L'Étude des Relations Internationales," R. F. S. P. Vol. 2, No. 4. 최근의 마티센에서 보듯이 이들 여러 용어는 거의 상통하는 것으로 쓰이고 있다(T. Mathisen, Methodology in the Study of International Relations, 1959, pp. 2-4).

3) 물론 '국제관계'라는 말이 전연 쓰이지 않았다는 의미는 결코 아니다. 1947·1948년도 서울대학교의 교과목표에는 '국제관계론'이라는 강좌가 기재되어 있었는데 그것이 'International Relations'의 역어(譯語)인 것은 틀림이 없을 것이다. 다만 재미있는 일은 이 표에는 또한 '국제정치론'이라는 일(一) 강좌명도 실려 있었는데 과연 이 두 강의가 어떻게 틀리는 것인지, 작성자의 뜻을 알 길이 없다. 또 근자(近者) 외무부 채용 시험과목에는 새로 '국제관계론'이 채택된 일이 있다. 이 사정은 일본학계에서도 비슷한 것 같다. '국제관계론'이라는 말은 제정(帝政) 시대에 쓰였거니와 현재도 쓰이는 예가 종종 있는 듯이 보인다. 그러나 그렇다고 해서 '국제정치'라는 말이 압도적으로 채택되어 있는 사실에는 조금도 변함이 없다.

는 말의 어감이 영미와 다를 뿐 아니라 '관계'이든 '정세'든 간에 영미의 여러 말의 내용이 사실상 주로 우리가 일컫는 바 정치사항이었다는 이해가 뚜렷하다고 할만하다. 아무튼 국제정치라는 말을 남에게서 따옴에 있어서 우리 사회의 특정한 태도가 투입되었다는 것은 의심이 없을 것이다.

2. 일상적 의미의 의미

국제정치라는 말은 학문의 개념으로 채택되기에 앞서 먼저 우리 사회에 통용되는 일상어이며 또 일상어대로의 의미를 가지고 있다. 말로서의 국제정치는 일상적인 용례에서 고정되고 대화적으로 의미가 정립되었다고 하여도 과언이 아니다. 무릇 국제정치란 한 나라를 초월하는 정치, 나라 사이에 이룩되는 정치, 외국과의 관계사항, 세계적인 의미를 갖는 사태 등등으로 여겨진다. 대체로 일국적一國的이 아닌 것, 여러 나라에 관련되는 것, 그리고 그것이 정치적이라고 여겨지는 일이라고 해석될 것이다. 이런 경우에 근본되는 생각은 그것이 나라라는 의식에서 여러 나라에 관련된다는 것이며 또 그것은 정치로 보여진다는데 있다. 미소美蘇 정상회담은 국제정치적인 것이며, 유엔안보나 북대서양동맹이 모두 그렇고, 한일 관계와 국공國共 문제가 이에 속한다고 생각할 것이다. 그러면서도 국제정치라는 일상어는 분명하고 명확한 것이냐 하면 그렇지 않다. 미 대통령 선거나 소련 수뇌의 교질交迭은 세계적 의의를 가졌건만 국제정치라고 하는 데는 특별한 입장이 필요하다. 알제리아 문제나 남아南阿의 인종차별문제는 한 나라안의 일이오, 따라서 국내문제라는 입장도 있으나 한편 국제정치로 보는 측이 압도적이다. 이러한 구체적 사례만이 아니라 오히려 국제정치의 '국제'와 '정치'부터가 문제이기도 하다. '국제'란 나라 사이를 의미할 것이나 이 경우는 세계와 거의 상통하는 어감으로 쓰이고 따라서 뜻이 막연하다. '정치'라는 말에 이르러서는 진정 의미가 애매하여 한정하기 곤란한 형편에 있다. 이런 고로 '국제정치'라는 일상어는 애매하고 몽롱하고 다의다양하며 입장과 각도에 따라 유동하는 것이 실정이라고 할만하다.

그러나 생각하면 그도 그럴 수 밖에 없을 것이다. 왜냐하면 원래 일상어란 한 사회에서 통용하는 경험적 부호일 따름으로써 이것을 의미 설정의 기능에서 본다면 이른바 언어개념·대화개념·경험개념에 불과하며, 이 까닭에 논리적 개념과는 달라서 의미가 다의다양한 것이 보통이기 때문이다. 이러한 일상적인 경험개념은 성질상 의미가 부동적浮動的이고 관행적이로되 그것이 통용되는 사회안에서는 적어도 말이 가리키는 표상이나 이미지image는 충분히 코뮤니케이트되는 것이 특징이다. 말을 바꾸면 일상어란 관행적 의미에서 이해되며 사용가치가 일정하다는 것인데, 다시 설명하면 사물·현상·관념에 대한 의미 반응의 폭이 관행적으로 같다고도 할 수 있다. 그런데 '국제정치'는 객관적으로 존재하는 실체에 대한 지각 내용을 표시하는 언어는 아니다. 그것은 또 다른 현상과 객관적으로 독립하여 계기繼起하고 발생하며 따라서 명백히 구별하여 인식하지 않으면 아니되는 그러한 현상도 아니다. 그것은 차라리 사회가 흩으러져 있는 사상事象 속에서 선택하고 엮어서 묶고 메질해서 사용한다고 할 수 있는 부류에 속한다. 다른 사회과학의 말과 같이 한 사회의 선택적 태도, 범주적 활동이 의미부여의 근원이 된 말이라고도 할 수 있다. 이렇게 보면 우리 사회에서 통용되게 된 '국제정치'란 말이 애매몽롱한 대로 '나라' 의식을 중심으로 하고, 그리고 또 구미歐美 사회에서 먼저 유포된 것을 따온 것이라는 일이 대단히 심각한 의미를 갖게 된다. 왜냐하면 – 마치 광석 속의 협잡물狹雜物을 제쳐놓고 철분만으로 유리시키듯이 – 구미歐美에서 먼저, 국제정치라는 이름아래 고르고 가리고 묶을 수 있는 현상의 분야, 또는 카테고리를 생각하였다는 것이며, 또 특정한 경험과 인지를 '국제정치'의 경험과 인지로 본 태도와 각도가 먼저 그곳에 생겼다는 것을 의미하는 까닭이다. '국제정치'라는 말이 지닌 의미관련의 틀이 계보로서는 먼저 구미歐美에서 결정되었다는 말이다. 우리가 지금 국제정치라는 말을 외국에서 따다가 쓰는 중에는 실은 이러한 구미歐美 사회의 태도와 각도를 얼마간에 받아들였다는 의미가 숨겨져 있다. 따라서 국제정치라는 말은 그것이 비단 외국에 유래하였을 뿐 아니라 나아가서는 일정한 사상事象을 '국제정치'라는 카테고리로 엮어보는 독특한 구미歐美 사회적 의미연관의 틀이 말에 묻어서 들어왔다고도 해석된다. 물론 이 경우 받아들이는 사회의 체취體臭가 혼합되고 태도가 뒤섞였으리라는 것은 쉽사리 이해된다. 외국의 여러 말에 대하여 유난히 '국제정치'라는 어투에 잡히는 우리 사회의 예에서 보듯이 받아들이는 사회의 상황이 반영되지 않을 수 없다는 일은 용이하게 짐작이 간다. 그러면서도 구미歐美적인 국제정치의 의미가 일상화된다는 일은 그런 일상화를 가능케 하는 전제가 – 곧 구미歐美적 문물과 관념이 이미 그 사회에 도입되어 있고, 이 조건 위에 '국제정치' 관념의 국제적인 의미권이 형성되어 있다는 전제가 선행한다는 것을 의미한다. 우리말이면서도 남의 시각이 들어있고 내 사회의 관심과 태도가 주입되어 있으면서도 국제적인 의미연관을 지니고 있는 점이 바로, 하기는 국

제 1 절 국제정치의 개념

제정치적이라고 하겠다.

3. 국제정치의 개념

일상어로서가 아니라 학문어學問語로서 국제정치를 채택한 것도 역시 구미歐美려니와 그 역사도 수십 년이 된다. 국제정치라는 과목 아래 대학에 강좌가 설치되고 국제정치를 연구하는 기관과 학자가 나타남에 일상어로서의 '국제정치'가 학문 개념화하였다고 할 수 있다. 이처럼 국제정치의 학문이 구미歐美, 특히 영미英美에서 일어나고 그것이 구미歐美 정치의 팽창에 따라 우리 사회에까지 퍼지게 되었는데 이런 점에서 볼 때에 국제정치의 학문은 특정한 성격을 띠우게 되었다.

본래 구미歐美, 특히 영미에 있어서 국제정치의 학문은 의당 경험과학이 되어야 한다는 전제 아래 발달하였다. 제1차 대전 이후 국제연맹의 성립에 따라 여러 가지의 이상론이 국제정치론에 혼입混入된 것이 사실이기는 하지만 그 경우에 있어서도 개념 설정이나 입론立論은 경험적 사실에 연沿하지 않을 수 없었다. 경험적 사실과 부합되지 않는 국제정치의 개념이란 당초에 허망한 것이라는 입장이 있었다. 이런 고로 국제정치를 다루는데 채택된 개념은 적어도 경험적 사실에 대응한다고 여겨지리라. 그런데 이 경우 문제되는 것은 경험적 사실을 표시하는 일상어가 이미 유포되고 있다는 점이다. 경험적 사실로서 일상어화한 '우천'雨天에 대하여 새로 '청일'晴日이라는 개념 설정을 한다면은 개념 설정의 자유로서는 몰라도 경험적인 언어의식과 괴리되어 일대 혼란을 일으킬 것은 틀림없다. 이와 같이 이미 일상어로서 유포되어 있는 경험사실이란 실은 단순히 경험이 아니라 말하자면 언어적 경험으로 정리되어 있는 경험 의식이라고 할 수 있다. 그리고 이러한 경험이 지각적인 것, 따라서 어느 사회에서나 공통되는 때는 언어적인 경험의식도 비교적 보편적이라고 여겨진다. 그러나 그것이 지각적 경험이나 개인적 경험이 아니라 복잡한 사회현상·사회사건에 대한 사회경험이며 이러한 사회경험이 이미 일상어화한 사회에 있어서는 경험은 단순한 것이 아니라 일상어로서 코뮤니케이트되는 사회적인 언어의식으로서, 그러한 언어의식을 통하여 사실은 정리되고 또 역으로 일정한 각도에서 구성된 언어의식을 통하여 사회의 유대감이 깊어진다. 따라서 이러한 언어의식에 맞지 않는 개념 설정이란 - 그것이 언어를 매개하여 구성되는 한 경험적인 사실이라는 명목아래 있는 사회적 태도와 충돌아니할 수 없다. 이 까닭에 적어도 언어 수단을 통한 학문적 개념규정은 - 사회과학에 있어서는 - 언어가 지닌 일상어적 용례를 무시할 수가 없게 된다. 국제정치에 있어서도 똑같은 일이 일어났다. 영미의 국제정치학에 있어서도 국제정치의 개념 규정은 그 사회의 일상어적인 용례 안에서 맴돌고 있다. 가령 대부분의 학자는 '국제정치'는 '나라 사이의 정치' 또는 '나라 사이의 관계'라는 유어類語 반복적이며 언어분석적인 개념 규정으로 만족하고 있다. 이 경우에 나라State, Nation라는 언어 의식에 나타난 영미 사회의 독특한 현실경험은 이미 양해된 사항으로 더 따지지 않는다. '정치'나 '관계'도 마찬가지이다. 개념 규정은 사실상 일상어의 언어적 분석 곧 유어類語 반복에 불과하다. 미국의 모겐소 교수 같은 사람은 국제정치를 나라와 나라 사이의 권력투쟁으로 정의하였고, 영국학자 중에는 '국제정치란 국제사회 현상 곧 국제사회의 성질·발전·요소·구조 등등에 관한 것이라.'고 보았으며 프랑스의 어느 학자는 국제정치를 가리켜 국제관계 콤플렉스Complex Relationnel International이라고 하였다.[4] 이 경우를 보더라도 개념 규정은 모두 다른 듯이 보이나 그러나 그 밑바닥에 있어서는 국제정치라는 일상어를 일의적一義的으로 개념화함으로써 해석하려는 태도를 엿볼 수 있다. 말하자면 일상어적인 여러 용례를 포함하는 포괄적이면서 일의적인 정의를 내리려고 노력하였다고 할만하다. 그러면서 '국제사회', '나라 사이', '권력', '관계 콤플렉스' 같은 결정적인 말에 이르러는 그대로 일상어적인 애매에 맡겨놓고 만다. 이렇듯이 국제정치의 개념 설정은 그 실實 일상어가 지닌 관용적 용례의 테두리를 벗어나지 못하고 있다. 아니 학문 개념으로서 국제정치는 일상어의 지배하에 있다고 하여도 과언이 아니다. 이런 고로 국제정치의 학문 개념도 현상으로는 구미歐美 사회의 독특한 시각이 들어있는, 한 입장을 고집하게 되고 우리는 또 모르는 사이에 이러한 입장 위에 선 학문 개념을 받아들이고 있다.

4. 국제정치학의 성격

국제정치의 학문은 영미에서 먼저 발전하였다.[5] 따라서 국제정치학의 현상現狀에는 이러한 사실의 결과가 밑에 깔려 있다. 구미歐美에 있어서 국제정치학은 먼저 몇 가지 사회과학 분야의 '국

---

4) Hans J. Morgenthau, *Politics among Nations*, 2nd ed., 1955, pp. 19-21; G. Schwarzenberger, *Power Politics*, 2nd ed., 1951, p. 8; C. A. W. Manning, *The University Teaching of Social Sciences, International Relations*, 1954, p. 10.

5) 국제정치학이 그 계보로 보아서 주로 영미계(英美系) 학문이라는 관념은 비(非)영미계 학자 사이에 간혹 느끼는 바이다(芳川俊憲, "美英國際政治體系の一批判," 『國際政治』 誌特輯, 「國際政治學の體系」, p. 2). 최근에 와서는 앞서 인용한 노르웨이의 마티센씨(氏)의 저술에 이 점이 누차 강조되는 것을 본다(동서 p. 22 이하, 특히 p. 27).

제적인 면'만을 모아서 취급하는 학문으로 여겨지기도 하고 또 한편 국제정치라는 '고유한' 대상을 취급하는 독립된 학문으로도 제창되었는데[6] 어떤 경우에 있어서든지 국제정치의 여러 내용과 양상을 경험적으로 밝힌다는 입장에 섰다. 이리하여 우선 학문 절차로서 학문상의 개념 규정을 하고 그 위에 서서 혹은 서술하고 혹은 이치理致를 알아낸다고 하고 또는 방향을 이념화하기도 하였다. 그런데 이러는 가운데 다른 사회과학과 똑같은 일이 국제정치학에도 일어났다. 무엇이냐 하면, 종잡을 수 없이 잡다한 학설·해석·개념 규정이 나오고 또 경합적으로 존재하게 되었다는 것이다.

무릇 학문의 개념은 명석하고 분명하여야 되며 그러려면 뜻은 일의적으로 규정되어야 한다고 여겨졌다. 그리고 동시에 사회과학의 개념은 현실의 경험사실에 타당하고 또 부합되지 않으면 안된다고 여겨졌다. 개념과 논리와 서술은 경험적으로 실증되어져야 된다. 그럼으로써 진부眞否는 판단된다고 한다. 그리고 개념은 몇 가지 방식으로 일의적 규정을 받았다. 그 중의 하나는 경험적 사실에 부합하는 일의적인 경험 판단으로서의 규정이다. 개념은 그대로 한 개 사실에 대한 판단이었다. 이에 대하

---

6) 제2차대전말까지 대체로 국제정치학은 여러 학문분야의 '국제적인 면'을 모아놓은 종합적인 학문으로 이해되는 경향이 있었으나 종전(終戰) 후로는 독자적인 학문으로서의 논의가 눈에 뜨이게 되었다. 계간 「세계정치」지(誌) 창간호에 실린 전인(前引) 던씨(氏)의 '국제정치론의 범위'에서 이미 시사되어 있는 바이거니와 이 경향은 이른바 미국의 '행태주의자'(behaviorist)들간에 특히 강력하며 일방 영국에서는 전인(前引)한 런던 정경대학원의 맨닝 교수가 거의 그의 전활동을 이 문제에 경주하고 있으며, 또 불(佛)·독(獨) 학계에서는 전인(前引) 듀롯셀씨(氏)의 '국제정치연구론', 그리고 W. 마이어씨(氏)의 '정치학과 외교정책' 등에서 이 경향을 엿볼 수 있다(W. Meyer, "Politische Wissenschaft und Aussenpolitik," *Aussenpolitik*, February 1952). 저간(這間)의 일반 경향은 전인(前引)한 마티센씨(氏)의 '국제정치학방법론' 제1부, 제1·2장.

여 또 하나는 조작적 개념 설정이다. 개념은 경험사실에 대응하는 것이 아니라 경험사실을 서술·설명·실증·체계화하는 조작상의 수단으로 본다는 것이다. 그 개념이 과연 적절하고 타당하냐의 여부는 경험사실에의 부합도가 아니라 사실을 서술·설명하는 유효도에 달렸다는 것이다. 마치 물가의 추세를 살피는데 물가 지수라는 개념을 채택하는 것과 같다. 그러나 이렇든 저렇든 간에 적어도 채택된 개념은 일의적이어야 되며 따라서 뜻이 명석하고 분명하여 혼돈의 여지가 없어야 되며, 경험적 판단에 자贍하여야 된다는 데는 입장의 다를 바가 없다. 이럼으로써 학문을 다루는 사람은 제각기 일의적 개념 규정에 서서 경험적 관찰과 판단을 휘둘러서 서술·설명을 하고 또 자연과학의 범範을 따서 법칙화의 야심을 표출하기도 한다. 그러면서도 한 사회 전체로는 다의적이며 분분하고 또 다양적이며 종종의 학설·학파를 이룩하게 된다. 여기의 문제는 다른 데에 있는 것이 아니라 – 요청되는 '일의적 판단'에 있어서 개차個差가 허용되고, 개별이 존중되고, 독자적 입장과 각도가 강조되고 또 이러한 개차에서 표현되는 부분 사회가, 또는 여러 사회계층의 견지가 가치있는 것으로 여겨진다는 데 있다. 혹은 말하기를, 설령 제설諸說이 분분하다 할지라도 그것은 경험적 사실에 대한 타당여부로 음미吟味 될 것이니 다의다양한 것은 외견뿐이라고 한다. 그런 경우가 많고 또 그러므로 무제한한 개별성·독자성이 걸러지는 것은 사실이다. 더욱이 음미吟味 의 기준이 지각의 대상인 실체이거나 물리적 현상이거나 폭동이 일어났다는 것이거나 사상四相 회의가 열렸다는 것 등에 대해서는 문제가 없다. 어떠한 국제정치 현상에 이러저러한 인간의 행위가 있었다고 하는 것도 문제가 없다. 그러나 한걸음 더 나가서 물리적으로나 객체로는 식별되지 않는, 곧 – 사건과 행위에 의미를 설정하여야 되는 마당에서는 음미吟味의 기준부터가 음미吟味감이다. 인간행동의 외적 상태가 아니라 사회적 행위의 동기를 읽고 인간 의욕의 논리를 더듬는 마당에 있어서는 진부眞否란 자칫하면 입장과 관점의 차일 뿐이다. 이런 고로 경험적 사실에 대한 타당 여부로 옳은 편을 골라야 한다는 소리는 높으면서도 여전히 제설諸說이 난립한다.

앞서 보았듯이 국제정치학도 개념 규정에 있어서 언어수단을 사용하는 한 일상적인 관용에 의하여 제약되고 구속받는 면이 있었다. 일상적 의미는 마치 큰 굴레같아서 그것을 완전히 집어치우고 자유스러울 수는 없다. 그럴진댄 기호논리학에서 숫자를 쓰듯이 현실의 언어경험에서 될 수 있는대로 절연하는 것이 좋을 것이오, 또 이 까닭에 사회과학을 정밀화하려는 사람들은 꾸준히 수식화數式化·양화量化에 매력을 느끼리라. 그러나 일상언어를 빌어 학문하려는 한에는 일상적 의미는 굴레와 같은 구실을 한다. 그러면서 또 한편 그 애매몽롱한 일상적 관용의 범위 내에서는 개차적인 개념 설정과 논리와 입장이 가능할 뿐 아니라 의당宜當 한 것으로 인정된다. 애매몽롱하고 다의다양한 일상적 관용에 연沿하는 한에 있어서 뽑고 거르고 깎고 문질러서 자기대로 일의一義를 부여하는 개별적 행위가 의당宜當 있을 수 있는 일로 공인된다. 말하자면 제각기 제 판단으로 일의적인 개념을 설정하고 그것을 과시하는 풍風이 엿보일 뿐 아니라 일반은 일반대로 자기 판단과 기호嗜好에 의하여 이들 경합적인 개념 규정 중에서 하나를 선택하여 동감할 수 있는 자유를 갖는다. 이 까닭에 이러한 사회에 있어서는 설령 학자와 학파에 있어서는 일의적 개념과 동일한 이론과 유사한 입장·각도로 뭉칠 수 있다고 치더라도 이 개차, 이 자유, 이 독자성으로 인하여 사회 전체로는 다의다양한 국제정치 개념이 통용되는 결과가 될 것이다. 될 것이 아니라 이미 그러한 현상現狀에 처하고 있다. 이렇듯이 오늘날 국제정치학은 다의다양한 면모와 생리를 지니고 있으며 그 까닭은 이론의 부족이나 학문의 내용이 그런 것이 아니라 그 학문을 낳고 또 퍼뜨린 사회가 바로 개차와 자유와 경합이 공인되는 자유주의적 사회구조를 가진 탓이었다. 자유주의적 사회나 그 사회의 영향아래 있는 지역의 사회과학이란 설혹 자연과학에의 유추로 일의적 개념 설정에 의한 일의적 학문체계를 지향한다 할지라도 그것은 지향일 따름이지 사회 전체로서는 구경 다의적 개념·다양한 학설이 나타나는 결과가 되기 쉽다. 이런 의미에서 국제정치의 학문도 이 자유주의 세계에서 겪은 사회과학의 운명을 면할 길이 없다. 이 까닭에 국제정치의 학문은 그 개념도 체계도 논리도 다양다색하다. 이 점은 공산주의 세계의 국제정치론이 개념·논리에 있어서 비교적 제동齊同·통일되어서 개차란 보잘것없는 것과 호대조好對照를 이룬다. 이렇듯이 다색다양한 국제정치의 제설을 우리는 학문의 현상現狀으로 우러러 보고 또 본따고 있거니와 그렇다고 해서 개차가 무제한한 것이 아니라는 것은 앞서 든 바와 같다. 첫째로 개념과 논리, 서술과 설명이 명백히 경험적 사실과 어긋날진댄 그것은 아니라고 할 수 있다. 또 개념과 의미, 정의와 설명이 같은 언어의 일상 관용과 정면으로 충돌될 때에는 학문의 도구로서 채택된 언어의 현실감을 잃게 된다. 이런 의미에서는 개차적인 개념과 분분한 제설은 그대로 총집계되어 사회에 통용되는 일상적 용례의 다색다채로운 관용 의미를 표현한다고도 볼 수 있으리라. 일의적인 개차적 학문의 합계가실은 일상 속에 담겨있는 현실 경험의 다양성을 표시한다고도 볼 수 있다. 이런 뜻에서 우리는 일상어로 받아들이고 또 쓰게 된 '국제정치'라는 말 속에 학문 대상을 지어주는 분야 설정의 기능 혹은 카테고리 설정의 의의를 깨닫게 된다. 그리고 이러한 일상 관용 속에 담겨있는 그 사회의 특이한 태도와 관점이 바로 학문의 출발점을 형성하고 있는 것을 엿볼 수 있다. 우리가 지금 취급하는 국제정치의 학문은 이로써 짐작되듯이 구미歐美 사회의 시각으로 시작되고 자유주의적 개차를 겪어 우리 사회의 현실에 조절되지 않으면 안되는 그런 학문이다.

제 2 절 국제정치의 성립

1. 역사적 배경

　국제정치학은 구미歐美에서 시작한 학문일 뿐 아니라 또 20세기의 신학문이기도 하다. 국제정치학이 20세기의 새 학문이라는 데는 의미심장한 바가 있다. 왜냐하면 국제정치라는 것이 의식되고 조사되고 관찰되고 연구되는데 있어서 가장 현저한 사실은 그것이 오늘날에 있어서 세계적 또는 전지구적 관심에서 이루어진다는 것이다. 말하자면 관심이 세계적 규모인 것이 오늘날 국제정치가 국제정치라고 의식되는 연유이기도 하다. 그것은 사회과학에서 흔히 어느 현상은 본질적으로 보편타당하다는 전제를 취한다든가 혹은 초지역적인 역사 현상이라고 한다든가 또 혹은 임의의 국가간의 관계라는 의미에서 구경究竟은 세계 각처에 해당된다는 뜻은 아니다. 그것은 또 기幾개인의 견지와 입장이 세계적이었던 까닭에 그렇다는 것도 아니다. 국제정치 의식이 세계적 관심에서 존립한다는 의미는 다름아니라, 어떤 사회현상은 그 바탕으로 해서 전지구적인 관련과 영향과 반응에서 이해되어야 한다는 의식에 존립한다는 것이다. 아니 전세계적인 관련과 영향과 반응에서 의식되고 거기에 존립하는 까닭에 국제정치라는 분야 관념이 생겼다고 할 수 있다.[1] 이런 의미에서 국제정치는 세계적 관심을 전제로 하는데 이러한 세계적 관심이 바로 20세기를 전후하여 가능하게 되었던 것이 주목된다.

대저 역사에서 보면 진정한 의미의 세계사는 19세기 후반에서 20세기로 들어서면서부터다 시작한다. 세계사를 단순히 같은 지구 위에 존재하는 인류의 역사라든가 혹은 각 지역·각 사회·각 국가의 역사를 총괄하였다는 의미에서가 아니라 전세계라는 좌표에서 비로소 이해되는 역사, 또 전지구적인 관련에서 진행되고 의식되는 역사라고 생각할진대 그것은 아주 최근의 일이라고 아니할 수 없다. 왜냐하면 19세기의 전반까지만 하더라도 유기적인 관련에서 역사적 공통감을 의식하고 또 한 개의 역사적 세계를 느낀다는 데 있어서는 그것은 기껏해서 유교적인 것이 중심이었던 동북아시아, 이슬람을 중심한 세계 그리고 구미歐美 세계를 벗어나지 못하였기 때문이다. 설령 동서東西의 교통이 아주 없었던 것은 아니며 동서의 지식이 전연 결여하였던 것은 물론 아니었다 하더라도 그것은 어디까지나 지견知見일 따름이고 교섭·교류에 그쳤을 따름이지 각 문화권은 서로 역사적 세계 속에서 안연晏然하였으며, 남의 세계는 이역의 절처絶處라고

---

[1] 이런 의미에서 정의한다면, 국제정치란 세계적인 관심과 관여를 수반하는 세계적인 관련과 영향이 있는 정치현상으로, 세계적인 규모에서 이해된 것이라고 할만하다. 따라서 국제정치라고 보는 사상(事象)이 입장에 따라 국내적이라고 불리울 수 있으나, (프랑스측의 알제리 문제같이) 그것이 세계적인 관여와 관심의 대상이 되고 따라서 세계적인 관련과 영향을 가져오게 되면 국제정치로 다루게 된다. 이러한 국제정치에의 이해는 국제정치가 지닌 관심과 태도의 표시와 현실적인 관련의 여부, 그리고 이러한 의미부여의 방식을 모두 포함한다는 점에서 의의가 있다고 생각된다.

관념하였다. 말하자면 세계는 문화적이며 역사적인 세계이지 전지구적이라는 의미의 세계는 아니었다. 전지구적인 의미의 세계는 단순히 지리적 개념이 아니라 역사적인 관념으로 출현하는 것은 말할 것도 없이 구미歐美 세계의 정치세력이 전지구적으로 팽창함에 비롯하는 것이며 또 그것이 대체로 19세기 후반에서 제1차 대전까지에 완결되었다고 여겨진다. 국제정치가 문제되는 것은 이러한 독특한 역사적 단계에 대응하는 세계적 관심이 생긴데 있다. 말의 논리로 보면 나라와 나라 사이의 정치가 반드시 전지구적인 세계를 전제하는 것은 아닐 것이며 또 국제정치의 현상을 구태여 20세기적인 것으로 한정한다는 것도 국제정치라는 어투에 벗어나는 느낌이 없지 않다. 그러나 그럼에도 불구하고 국제정치라는 현상과 의식이 현대인의 관심을 북돋우고 나아가서 학문의 대상으로까지 고양된다는 사실의 배후에는 이러한 역사의 새로운 전개가 가로 놓여있다고 판단된다.

그런데 이 새로운 세계사의 등장에 있어서 주도적 역할을 담당한 것은 주지되듯이 구미歐美 사회였다. 세계 각 지역 사이의 관계를 일변시킬 정도의 교통·통신의 혁신도 유럽에서 시작하였고 지구상의 자원과 시장의 정치·경제적 의미를 일신케 한 것도 그 사회의 과학의 발달이오, 그리고 이러한 과학과 기술과 물질력과 세계정책 위에 압도적인 군사력이 서서 다른 문화권을 제압하는 결과를 가져왔다. 이에 따라 역사적 사건을 세계적인 관련에서 평가하기 시작한 것도 구미歐美 국가며 또 이런 고로 능동적으로 전지구적인 시야에 선 세계정책을 취할 수 있었던 것도 구미歐美에서 비롯하게 되었다.[2] 역사적인 의미에서 종래 정립

---

2) 전지구적인 단일한 세계의 관념을 들고 나선 것은 18세기 프랑스의 계몽가, 특히 자유교역을 내세우던 중농파들이었다고 한다. 유명한 튤고나 서대느(Sedaine)에서 보면, 한 세계―중국인이고 화란(和蘭)인이고 영국인이고

적鼎효的인 문화권이었던 유교문화권이나 회교문화권의 제사회諸 社會는 마치 쓴 약 마시듯이 이 새로운 세계사적 의미를 수동적으로 접하게 되었으며 그 중의 한 두 사회는 약싹빠르게 이른바 '서양문명'을 받아들일 뿐 아니라 그 외교정책의 방식도 섭취하게 되었다. 말하자면 현대의 국제정치는 19세기에서 20세기로 걸친 구미歐美 세력의 전지구적 팽창과 관계되어 있다. 이 까닭에 국제정치를 보는 최초의 눈은 구미歐美적인 것이었으며 구미歐美 세력의 세계정책적인 요인이 깊숙이 숨겨져 있었다.

2. 국제연맹 이후

국제정치라는 것이 학문적 의식에 첨예하게 반영되기는 제 1차 대전의 종결과 더불어 세계평화를 위한다는 명목아래 국제연맹이 생긴 후로부터이다. 먼저 국제정치에 대한 관심은 국제연맹 창설과 그 이념 형성에 주도 세력이 된 영국 · 미국 · 프랑스—특히 영미의 정책적 요청과 부합되었다. 대저 대전이 종결된 후 세계 여론은 대전의 공포와 참해慘害를 제거할 수 있는 세계평화를 희구하여 마지않았는데 연합국—특히 영국 · 미국 · 프랑스는 대전 후의 신세력 분포를 기준으로 하는 세계평화기구 곧 국제연맹을 구상하였다. 이에 따라 세계평화를 고취 · 선전宣傳함으로써 세계 여론에 부응하여 일방 연합국에 유리한 현상유

간에—모두 같이 살고 있는 한 세계가 논의되고 단일세계 내의 제국의 상호의존성이 강조되었다고 한다. 그러나 물론 이것은 그러한 사상이 유럽, 장차 세계를 지배하게 될 유럽에서 일어났다는 점에서 중요하다는 것 뿐이지, 그 때에 현실적으로 전지구적인 단일세계 관념이 인정되었다는 의미는 아니다. 참조—F. Gilbert, "The New Diplomacy of the 18th Century," *World Politics,* Oct. 1951, pp. 4-6; Friedrich List, *Das Nationale System der Politischen Oekonomie, 1841*, Kpt. 11.

지책이 이룩된 셈이었으며, 비록 국제연맹의 이상면을 대변하던 미국이 연맹가입을 중지하게 되었으나 이 본래의 구상은 그대로 고창高唱되었다. 더구나 대전 유발의 한 원인으로 해석되던 비밀외교에 대한 여론의 불신과 외교정책 수립에 대한 새로운 여론의 압박은 강국정치로 하여금 국제정치에 대한 여론의 지도와 계몽의 필요를 통감케 하였다. 한편 민간에 있어서는 1920년 국제연맹이 생기자 거연히 이상주의적 평화론이 유행하고 연맹 활동에 그것을 기대하는 풍風이 일어났다. 이에 따라 각국에 연맹협회가 결성되어 연맹의 취지와 더불어 각국간의 이해증진을 목적으로 하는 여러 가지 활동이 생기게 되었다. 이러한 기운에 접하여 여러 방면에서 여러 가지로 국제문제의 연구와 지식의 보급이 착수되었다. 첫째는 연구기관의 설치인데—연구기관은 유럽 각지에 설치되는 경향이 있었거니와 그 중에서도 유명한 것으로는 영국의 '국제문제연구소'Royal Institute of International Affairs, 미국의 '외교협회'Council of Foreign Affairs, '태평양문제연구소'Institute of Pacific Affairs 등을 들 수 있거니와 이밖에 이와 비슷한 것이 프랑스의 파리, 이탤리의 로마 등 여러 곳에 창설되었다. 이들은 대개 독자적인 입장에서 정치적 목적을 초월하여 자료의 수집과 공개, 연구업적의 발표와 지식의 보급을 뜻하고 있는 것이라고 되어 있었고, 한편 연맹의 주도로 '국제문제회의'International Studies Conference가 1928년, 1937년 양차兩次에 걸쳐 개최되었다. 그러나 이렇듯이 국제문제에 대한 관심은 연맹 이후 더욱 드높아지고 국제지식의 보급과 연구열은 일찍이 볼 수 없었던 바가 있기는 하였으나 그 연구와 지식은 대개가 '국제문제'라는 개개의 시사時事가 아니면 세계평화라는 이상주의 입장에 입각한 국제주의 · 연맹주의의 선양에 그치기가 일쑤였다. 이렇게 볼 때 시무時務와 이상에서 출발되고 연맹정신과 국제주의에서 설치된 감이 없지 않으면서 구경에 가서 국제정치학 발달에 직접적인 역할을 하게 되는 것은 다름아닌 국제정치 관계의 대학과정의 설치요, 또 이에 따른 학과의 독립이었다. 1925년에는 로마대학에 학부가 신설되고, 제네바대학도 이를 따랐으며 파리대학에는 외교학과가 설치되는가 하면 오슬로, 소피아에도 대학연구소가 개설되었다. 영국에 있어서는 이미 제1차 대전 직후 웨일스대학과 런던대학에는 국제정치학부가 설치되었고 한편 미국에 있어서는 각처 각대학에 새로 국제정치 강좌가 개설되었거니와 개중에는 부과급部科級의 독립학과 또는 대학연구소를 설치하는 곳이 허다하였으니 가령 프린스턴, 예일, 하바드, 존스홉킨스, 콜럼비아, 미시건, 캘리포니아, 시카고 등등의 대학이 그러하였고, 심지어 플렛처학원(대학원급), 조지타운대학교의 '외교학원'(학부급) 같이 단과대학급의 전문학교까지 설립되기에 이르렀다. 앞서도 잠깐 언급하였듯이 이들은 대개 연맹 설립 이후 연맹붐, 세계평화붐, 이상주의붐을 타고 발생한 것이기는 하나 일단 설치된 후로는 자연히 국제정치연구의 학문적 근거지가 되었다. 더욱이 국제정치라는 강좌를 개설함에 따라 우선 국제정치라는 학문분야는 막연하나마 구상아니할 수 없는 결과를 가져왔다. 물론 초기에 있어서 국제정치의 분야가 과연 무엇이며 또 어떠하여야 되느냐에 대해선 대체로 혼돈상태였다고 하여도 과언은 아니었고 과목의 이름조차도 가지각색이었다. 가령 미국의 예로서 보면, 1925년 하바드대학에는 '국제관계론'이라는 강좌가 개설되었는데 이에 앞서 1924년에 앞인 예일대학은 동강좌 이름을 '국제정치론'이라고 하였으며 한편 콜럼비아대학에서는 '세계정치론'이라는 이름을 붙였다. 내용에 있어서도 형형색색으로서 대체로 국제적이라고 할 만한 것을 망라하였는데 심지어 1913년 일찍이 '세계정치론'의 강좌를 개설한 일리노이스대학 같은 데서는 교과내용 설명에 '베를린 조약 이후의 유럽 국제정치의 주류'라고까지 적은 것이 있었다고 한다.³

이같이 이름조차 일정하지 않고 또 각도와 의론이 구구하였기는 하지만 그래도 우리가 보고 지낼 수 없는 연구의 줄기가 보이기 시작하였다. 곧 기왕에 구미歐美 정치의 연장시延長視하던 세계정치, 그리고 구주 열강의 외교정책이라는 안경을 통하여서만 문제되던 국제정치가 바로 국가대외정책의 기반이며 또 독자적인 성격을 지니고 있다는 인식의 출현이다. '진실로 말하자면 이미 외국관계라는 것은 없고 세계관계만이 있으며,'⁴ 국내외가 서로 엉클어져 있어서 일국의 입장에서가 아니라 국제정치의 입장에서 일국의 입장을 보는 것이 첩경捷徑인 것이라는 생각이다. 이러한 각도에서 볼 때 세 가지의 각도가 그 간에 현저하였다. 첫째는 세계평화의 지향이라는 목적론적 태도이요, 둘째는 현실의 투쟁상을 그대로 관찰하여 그렇게 되는 소이연所以然을 구명究明하려는 것이요, 또 셋째는 이 양자의 절충이다.

이상주의적인 또 목적론적인 국제정치론은 본래 국제협조 ·

---

3) 국제연맹 전후로부터 오늘에 이르는 국제정치학 발달의 대강은 좌기(左記) 서적과 논문에서 요령(要領)하였다. S. H. Bailey, *The Study of International Relations in Great Britain*, 1933; S. H. Bailey, *International Studies in Modern Education*, 1938; E. E. Ware, *The Study of International Relations in the United States*, 1937; A. Zimmern, ed., *University Teaching of International Relations*, 1939; G. Kirk, *The Study of International Relations in American Colleges and Universities*, 1947; E. L. Woodward, *The Study of International Relations at University*, 1945; UNESCO, ed., *Contemporary Political Science*, 1950, Pt. III, Chpt. 3; C. A. W. Manning, *The University Teaching of Social Sciences: International Relations*, 1954; W. T. R. Fox, "Interwar International Relations Research: The American Experience," *World Politics*, Vol. 2, No. 1.
4) S. de Madriaga, The Theory and Practice of International Relations, p. 105.

국제평화에의 기대라는 것임은 말할 것도 없다. 이러한 태도에서 국제정치를 볼 때 자연히 그 소론所論이 국제도덕성의 강조와 규율화에의 노력 그리고 국제적이며 평화적인 공존의 기본관념으로서 국제사회라는 개념을 도입하게 된다. 일찍이 이러한 논조는 국제연맹 창설 전후의 정객의 언론 그리고 종교가·사회 사상가의 윤리적 국제정치관에 볼 수 있거니와 그 으뜸되는 것은 바로 국제법학자의 연구와 성과라고 하겠다. 국제법 또는 국제정치에 있어서 '국제사회'라는 관념은 국제연맹 이후에 갑자기 유행하였고 또 애용도 되었다. 이 '국제사회'라는 관념은 실로 국제협조와 질서를 지향하고 또 질서와 협조에 논지를 둔 학자의 비방秘方인데, 이 관념의 배후에는—숨길 수 없이 국제관계도 구경究竟 국내관계의 법질서화와 같이 질서화하고 규범화될 수 있다는 사상이 있었다. 물론 국제법에 쓰이는 국제사회라는 개념은 반드시 사실적 현상으로서의 그것이 아니라 국제법 질서의 법적 궁극개념으로서 도입되는 수도 있다. 그러나 그렇다고 하여서 국제법학자가 국제법에 있어서의 이상주의적 태도를 이로써 표현한 것이라는 것을 부정하기는 어렵다.

 이에 대하여 현실주의적인 태도는 용사容赦없이 국제정치의 마키아벨리적인 현실을 결척抉剔하려고 하며 현실폭로와 그 현실관계를 지배하는 요인을 발견하려고 든다. 이미 1920년에 C. D. 번즈는 '국제정치론'International Politics라는 일서—書를 엮어 그 당시로는 놀라울 정도의 현실분석을 한 일이 있었다. 그러나 오랫동안 현실 국제정치의 기본적인 요소를 찾아내지 못하고 다만 공산주의적인 제국주의론만이 일관적인 방법으로 국제정치를 경제적 요인에서 규정하였다. 1939년 E. H. 카아 교수의 '20년의 위기: 국제정치연구 서설序說'이라는 책에서 비로서 '힘'power이라는 개념이 새로이 도입되어 마침내 영미 국제정치학계의 기본개념이 되고 말았다. 카아 교수 자신은 절충적인 태도를 취하였고 또 현실 국제정치를 권력정치로 규정한 것은 일종의 공로이기도 하지만, 또한 영미—특히 미국의 대對세계정책을 이론화한다는 의미에서 효용도가 높은 것이었다. '힘'의 형성, 그 발전, '힘'의 안정상태, 투쟁상태를 숨김없이 따져본다는 것은—마치 16세기초에 죽은 마키아벨 리가 당시의 추악한 정치상政治相을 적어놓은 것을 되풀이하는 셈이 되어—꺼림칙한 일이었다. 그럼에서인지 혹은 인간의 선과 악, 영혼과 육체, 이상과 현실 따위의 이원적인 성격을 따서인지—흔히 학자는 이 이상과 현실의 양론을 절충하여 국제정치의 양면을 구별하여 보려고 노력하였다.

3. 국제정치학의 현황

앞서 든 바와 같이 국제정치학은 국제연맹 이후의 학문인데 또 동시에 구미歐美의 학문으로 출발하였거니와 특히 영미의 학문으로서 자라나왔다. 먼저 국제정치학이 구미歐美의 학문으로 나타났다는 것에는 여러 가지가 있거니와 그 하나는 구미歐美적인 질서에서 세계의 편성을 구상해 보자는 것이었다.

당초 국제정치사의 대세에서 과거를 살펴보면 유럽에서 발달한 근대 제국가諸國家가 서로의 경쟁을 통하여 마침내 세계적으로 팽창하는 것이 그 줄기라고 볼 수 있으며 19세기말까지 구미歐美의 나라는 거의 세계를 영토화하거나 그 영향 아래 두게 되었다. 이러한 유럽 국가가 순조롭게 팽창하는 동안은 국제상황은 구미歐美 강대국의 전통적이고 일방적인 정치관념에서 판단되었고 또 그것으로 족足하였다. 구미歐美적인 국가정책이 바로 판단의 기준이오, 또 구미歐美 열국간의 외교정책연구가 긴요한 학문이요, 구미歐美 외교사와 유럽의 국제법이 필요한 것이었다.[5] 그러던 것이 제1차 대전후로는 근대국가적 유형의 변질이 시작되었으며 한편으로는 종래의 정책관이나 또 국내정치를 주로 한 정치학의 관념으로는 도저히 처리할 수 없는 국제관계의 구조적 변화가 나타나게 되었다. 첫째로, 20세기초에 와서는 구미歐美제국諸國의 세계팽창은 거의 그 극한에 다다랐다. 따라서 구미歐美열강 사이의 경쟁은 세계적인 규모의 적대 관계로 나타나고 그것은 전유럽의 자기분열적 현상으로 간주되었다. 이러한 사태는 또한 유럽을 하나의 문명체로 이해하고 섬겨오던 유럽의 인텔리겐챠에 중대한 혼란을 가져오게 되었다. 둘째, 구미歐美강대국을 중심으로 하는 정치질서 속에서 새로이 일어서는 신흥세력은 이 질서에 도전할 뿐 아니라 구질서의 기반이 되는 정치제도와 사상에 대하여도 공격을 가하게 되었다. 제1차 대전후 새로 강대해진 독일·이탈리아·일본과 미국·영국·프랑스의 관계가 그랬던 것인데 이무렵 유럽의 지식층에 문제가 되었던 '민주주의의 위기'라는 의식이 이런 관계를 반영하는 점이 있는 것은 말할 것도 없으리라.[6] 셋째, 근대 국가의 변질로서 이해되는 나치 독일이나 파시즘의 이탈리아와는 달라서 근대 국가의 유형과는 본질상 성격이 다른 공산주의 국가의 출현과 그 국제적 진출을 들 수 있다. 공산 세력의 팽창은 제2차 대전을 거쳐 오늘날까지 꾸준히 계속되고 있는데, 이러한 공산 국가세력의 진출에 따라 종전의 유럽계의 국가유형을 중심으로 하는 국제정치의 양

---

5) 지금도 유럽 나라 중에는 이런 경향이 보이는 점은 졸저,『국제정치원론』, pp. 21-22 참조.
6) 졸저,『국제정치원론』, p. 35, 각주 2 참조. 이 위기의식에 대한 발레리의 속편이라고 볼 것은, P. Valéry, *Notes sur la Grandeur et Décadence de l'Europe (Regards sur le Monde Actuel et autres Essais*에 수재(受載)).

상은 근본적으로 바뀌게 되었으며 이 결과 전통적인 근대국가적 국제질서는 새로운 국제질서와 대치하게 되었다. 이른바 자유진영 대 공산진영이라는 정식적定式的 관념은 이런 면에서 볼 수도 있을 것이다. 다음 넷째는, 제2차 대전후에 새 동향이라고 하겠는데 즉, 비유럽적인 아시아, 아랍, 아프리카의 신생국가가 국제정치에 중대한 영향을 미침에 따라 그 새로운 정치세력의 토착적인 요소는 무엇이냐 하는 문제가 일어났다. 이것은 자유·공산 양진영의 분규가 격화함에 따라 이 사이에 처하는 신생국가에 대한 양측의 회유 공작과 관계가 있는 것이기도 하나 아무튼 그 비유럽적인 고유성격을 파악한다는 것이 정책에 중대한 기여를 하게 되었다. 그런데 첫째 문제에 있어서 유럽 세력의 리더쉽은 영미 세력이 실질상 쥐게 되었던 것이고, 둘째에 있어서도 독일·이탈리아·일본의 추축樞軸 세력에 대하여 그 진출을 제어하는 세력의 중심도—소련을 제除하면—앵글로 색슨 국가였으며, 제2차 대전후 팽창하는 공산세력에 대항하는 반대세력의 리더쉽은 주지되듯이 영미 세력의 새 대표인 미국이었으며, 비유럽적 신생국가군에 대한 초미의 관심도 반공산국가의 주장主將인 미국과 식민지 국가였던 유럽세력의 정책상의 필요를 배경으로 하고 있다. 이렇게 볼 적에 국제정치학이 주로 영미에서 발전하여 나왔고 또 현재 어디서보다도 미국에서 왕성하다는 사실이 한낱 우연한 일은 아니다. 뿐만 아니라 영미의 국제정치학계도 위에 든 바 네 단계에 대체로 부합되는 발전을 해온 것으로 보인다. 가령, 연맹 자체가 영미의 구상을 주류로 하였을 뿐 아니라 연맹 직후로는 연맹 사상을 기초로 한 이상주의적 세계평화론이 주류였고 독일·이탈리아와의 대립이 치열하여짐에 따라 드디어 권력개념을 중심으로 한 현실주의가 등장하게 되었다. 제

2차 대전 이후 미·소의 세력이 정면으로 맞서게 되자 국제정치학의 주무대인 미국학계의 대세는 권력정치의 각도에서 세계정치의 양극화를 논하는 것을 중심과제로 하였으며, 냉전 격화에 따라 중립주의 국가와 신생국가의 향배, 식민지 문제 등이 휩쓸려 나오자 학계는 다시 지역정치 연구area studies 및 비유럽 지역정치론에 커다란 관심을 기울이기 시작하였다.[7] 이렇듯이 영미를 무대로 하고 발달한 국제정치학은 먼저 영미와 또 이와 유대를 맺고 있는 서구 세력의 역사적 운명과 관련이 있었다. 그것은 유럽 세력끼리의 사투였던 제1차 대전 이래의 유럽적 위기를 극복하려는 데서 출발하여 유럽적인 세계질서의 확립을 위하였던 것이 나아가서는 미대륙의 세력을 주장主將으로 하여 공산세력과의 대결 그리고 최종으로는 자유주의적인 세계질서를 목표로 한다는 구미歐美의 세계정책적인 방향과 관련이 있었다. 이런 점에서 볼 때 영미의 국제정치학은 공산세계의 경제 일원론적인 입장에 선 세계공산혁명이론, 제국주의이론, 평화공존이론에 대

---

7) 초기의 평화주의·이상주의적 분위기에 대하여는 전인(前引) 폭스씨(氏)의 논문 "양차 대전간의 국제정치연구: 미국의 예"와 E. H. Carr, *Twenty Years' Crisis 1913-1939*, 1939. 이밖에 p. 37 주석 1의 베일리, 짐먼, 우드워드, 커크의 제서(諸書) 참조.
  제2기의 권력론적인 현실주의 입장은, B. 럿셀의 『권력론』(1938)의 영향을 입었다는 전인(前引) 카―씨(氏)의 저서가 이상주의 입장에 대치하는 권력론적 현실주의 입장을 체계적으로 제시하여 유명하거니와 이러한 입장은 전쟁 중을 통하여 국제정치학계에 중대한 영향을 주게 되고 미국에 있어서는 1948년 모겐소 교수의 『국제정치론』으로 드디어 일각의 조류로 확립되었다(H. J. Morgenthau, *Politics among Nations*).
  제3기는 대체로 1947년 이후의 미소(美蘇) 냉전기를 계기삼는 것인데 이후부터 미국의 국제정치 교과서는 거의 전부가 이 실제적 필요에 응하여―첫째는 양대 진영의 대립의 의의와 이에 따른 미국의 세계정책이라는 각도를 중심으로 편찬되었다. 다만 이 경우 이러한 문제와 정책을 권력론적 현실주의에 서서 할 것이냐 그렇지 않으면 미국의 전통인 도덕적·이상적·법적 입장에 설 것이냐에 대하여는 학계의 일대 논전(論戰)이 있었다.

항하는 실천적 이론인 면이 있었다. 그리고 공산주의 사회의 정치이론이 그 일원적인 정치질서를 반영하여 일원적인 사회경제이론의 일환에 편입되어 그 학문상의 고유성, 분야의 독자성, 과학으로서의 독립성이란 인정되지 않듯이 국제정치도 또한 한 개의 독립된 학문분야로서 인정되지 않거니와, 현행의 국제정치학은 마치 영미 사회의 다원적인 구조와 이에 따른 다원적인 학문 체계를 반영하듯이 학學으로서의 독립성과 분야의 독자성을 주장하려고 하고 있다.

이리하여 영미에서 주로 자라나온 국제정치학은 자유세계의 리더쉽이 영국 그리고 다음으로는 미국에 옮겨지고 이에 따라 커다란 영향력이 우방에 미치게 되매, 첫째로는 유럽의 우방 그리고 나중에는 기타 자유지역에 '학문'으로 전파되기에 이르렀다. 특히 자유세계의 일원으로 참가하게 된 비백인 지역 국가에 있어서는 이에 미친 주도권의 압도적인 영향에 정비례하여 국제정치학의 관념이 일방적으로 유포되게 되었다. 그러면서도 자유주의적 세계의 자유주의적 학문의 특성이 한편에 볼 수 있게 되었다. 애초에 영미류英美流의 국제정치학이 전체로서는 이론상 정설이 없듯이 또 그리고 수출된 학문의 사후 관리에 범연하듯이 수입지輸入地의 고유성이 국제정치학에 투영되는 것이 자연시되었다. 이러한 자유주의적인 학문관념은 정치적인 영향하에 있어서도 학문상의 저항이 가능하였으며 이로 인하여 영미류의 세계정책적인 요소를 정치학에서 제거하고 볼 수 있는 길을 터 놓았다.

2장
국제정치권의 이론

제 1 절 국제정치권

1. 국가개념

    정치를 다른 현상과 구별하는 것은 다른 현상과 구별된다고 생각되는 현상 자체의 특이성이 있는 까닭이라고 한다. 그러면서 동시에 그것을 특이하다고 보는 의식이 개재하고 작용하여 그 특이성을 개념화할 길을 터 놓는다. 이런 의미에서 생각할 때 오늘날 정치라고 우리가 부르는 현상 의식에 가장 예민하게 투영된 것에는 통치자, 지배자의 존재며 또 그 통치자, 지배자가 다루는 통치·지배의 철쇄鐵鎖이며 그리고 또 그 통치자, 지배자의 통치·지배가 미치는 그 한도 — 지역적·사회적 한도가 있다. 통치자, 지배자가 존재하였고 또 한다는 것은 엄연한 현실이었으나 그러나 그것을 의식하고 관념화하고 급기야는 개념화하는 과정에서는 '천자', '신의 대리', '씨족의 장', '가장과 같은 왕', '주권자로서의 왕,' '주권자인 국민의 대표', 그리고 '무압武壓밖에 없는 폭군' 등으로써 의식되고 그 의식 위에 일정한 복종의 습관이 깃들었다. 또 통치와 지배는 정치집단이 이제껏 존립하여

온 필수의 과정이라는 점에서는 현실이라고 하겠으나 그러나 의식의 역사에 있어서는 혹은 종교적 귀의로써, 혹은 도덕행위의 일단으로써 또 혹은 '법의 존중'으로써 행위는 고정화하고 조직과 기구의 거미줄 아래 정치행위의 일정한 형태가 응결凝結되게 되었다. 또 통치와 지배가 미친다는 것은 지역이라는 점에서는, 자못 그 땅안에 현실적이며 실질적인 의미에 있어서 다른 통치와 지배가 있지 않다는 것이려니와, 그러나 의식에 있어서는 '나라', '국가'라는 심볼 아래 일상적인 행습行習의 유동類同으로부터 법과 사회의 규율에 같이 복종하고, '혈연', '지연', '종교', '언어' 등등을 에워싸고 심리적으로 단결하고, 조직과 기구 그리고 통치적 심볼에 귀속감을 느끼는 폐쇄적 공감권共感圈을 형성한다. 따라서 통치·지배의 사실은 단순할지 모르는 경우라도 통치·지배가 의식되는 과정이나 또 의식의 형태는 매우 복잡하다고 아니할 수 없는데 생생한 이미지를 지니고 있는 '말'로서의 '나라', '국가'는 바로 이러한 역사적이며 개성적인 의식 위에 서게 된다. 이런 고로 '나라'라 할 때는 제 '나라'나 제 '나라'의 개념으로 이해되는 '나라'일 수밖에 없고, '정치'라는 경우도 제 나라 '정치'나 제 나라 '정치'로서 유추되는 한에서 이해하는 도리밖에 없다.[1] 정치의식은 단순히 눈앞에 있는 실체에 대한 지각이 아니고

---

1) '정치관념에 관한 문제'

  구체적이며 일상적인 정치관념이 한 사회의 전반적 행위의식에서 우러나오고 관련되어 있어서 아들을 떨어뜨려 생각할 수 없다는 사실은 정치학상 중대한 문제를 제기할 것이다. 첫째, 종래의 정치학에 있어서 정치개념을 설정하는 방식은 주로 학문의 논리상의 요청에 입각하거나, 개인의 이념적 가치관에 의거하는 수가 허다하고, 관행적인 어의(語義)나 관념의 진의의(眞意義)를 파고드는 일이 적었다. 과거의 정치학이 설정한 정치일반, 정치제도 및 정치행위 일반의 개념은 – 마치 국가일반이라는 개념에서와 같이 – 그것이 단순히 학문 조작(操作)상의 필요한 개념이라든가 또는 규범적인 가치주장에서 채택한다든가 또 혹은 학문상의 순전한 분야 개념에 불과한 것이라는 입장을 벗어나서 마치 무슨

일상적인 것으로부터 울어나와 사회 일반의 행위 기준과 관련되는 개성적인 행위 의식인 까닭에 이 위에 서게 되는 정치 개념도

보편적인 역사사실을 개념화하였다든가 혹은 역사적인 현실에서 귀납한 보편적으로 타당하는 결론이라고 자처(自處)할 때에는 정치학은 커다란 착오를 저지르게 될 것이며 또 이제까지 이런 오류를 여러 번 범하여 왔다. 정치는 그것이 진정으로 연구되려면 특정한 사회현상을 '정치'로 관념하는 특정한 시기와 특정한 장소의 전체적 구조 속에서 이해되지 않으면 안된다. 이러한 정치 관념에 포함되는 독특한 태도와 의미부여는 그것이 특정한 역사적 시기에 존재하는 특정한 장소를 매개하여서 비로서 가능하다는 의미에서 '장소'적이라고 불러둔다. 이 경우 '장소'(topos)는 단순히 고장이 아니라 특정한 시기에 있어서 가능한 사회적 정형(定型)을 말한다고 정해둔다. 따라서 정치학은 이러한 장소적 입장을 도입하지 않으면 구경 특정한 지역의 정치개념을 보편화하여 초'장소'적인 기준을 삼으려는 과오를 범하거나 혹은 현실정치의 시녀로서 프로파간다화하고 말 것이다. 현재로는 이러한 정치학이 성행하는 것이 실정인데 이러한 정치학의 실정이 바로 국제정치의 현실과 관계가 있다고 여겨진다. 둘째, 종래의 비교정치학 혹은 비교정부론이 이러한 점에서 얼마나한 모험을 감행하였나를 알 수 있다. 특정한 사회 또는 다른 문화권에 계속(繫屬)하여 있는 정치제도와 정치관행을 그것이 담겨져 있는 전체적 구조와 가치체계에서 임의로 분리·추출하여 모아놓고 이른바 비교가 된다고 하여 그것을 비교의 정도(正道)라고 생각하던 것이 그 얼마나 소박하고 위험한 태도인지 알 수 있다. 이런 따위의 지식은 경우에 따라서는 거의 프로파간다적 효과를 거두는 사이비지식이 아니면 국제정치의 전파과정에서 일어나는 동계(同系)의 유동(類同)을 분별하는 것밖에는 아닐 될 것이다.

이렇게 볼 때 '정치'는 특정한 의미로 통용하는 사회 곧 '장소'적 의미권에서 이해되거나 그렇지 않으면 특정한 의미권에 정복된 국제적인 의미권에서 해석되어야 할 것이다. 가령 이씨 왕조 때의 '정치'란 유교적인 의미권에서 통용되는 특정한 의미로 이해되었으니 이 경우 정치란 정치(正治)『正以治民』(左傳·桓二)이며, '정치(正治)'란 이른바 왕도에 의한 군왕의 통치였다 『在君爲政 在臣爲事』 (左傳·昭二十五注). 말하자면 군왕의 지배술·지배권·지배양식이 정치로서 관념되었으며 따라서 민(民)은 어른의 선정(善政)을 기다릴 뿐이었다. 영미 세계의 고전적인 관용으로 보아 정치(politics)가 국사(國事)에 관한 일이라는 것은 사서(辭書)에 습견(習見)하는 바이거니와 그것이 정당정치의 유행에 따라 점차로 변하여 미국같은 데서는 정치란 '정당질', '파(派) 싸움'의 의미로 통용할 뿐 아니라 심지어는 불미(不美)하다는 어감을 갖게 되었다(Fowler, Modern American Usages의 politics). 연고(然故)로 하버드대학에서는 정치학과를 당초에 Department of Politics 라고 하려다가 어감과 관용이 좋지 못하여 Department of Government로 고치었다는 일화까지를 낳게 되었다(D. W. Brogan, Book Review on "Crick's

그 사회에서는 적어도 개성적이며 구체적이며 공감적이며 이미지를 지닌 생생한 언어로서 작용되어야 한다. 이 까닭에 옛 그리스인은 자기의 '폴리스' 의식이 적용되지 않으면 거연히 '바르바로이'(야만인)라고 폄貶하는 것이 일수였고, 또 자기의 국가체제에 벗어나면 중국인은 남을 이적夷狄이라고 얕보았다. 얼마 전가지 학자 중에는 국가는 곧 '근대국가'라는 익숙한 유형에 젖어서 유럽 중세에는 국가가 없다고 생각한 일도 있거니와[2] 아마 지금도 유럽의 국가형태에 익은 나라에서는 유럽적인 국가형태밖에 어떻게 다른 것이 있을 수 있을까 하고 의아할지 모른다. 이렇듯이 '국가'니 '정치'니 하여도 구경은 구체적인 정치의식 그리고

The American Science of Politics," *Political Qaurterly,* Vol. 31, No. 1, p. 96). 따라서 학자가 무어라고 개념설정을 하든지간에 미국사회의 politics 관념은 단순한 관념이 아니라 현실의 정당정치에 대한 사회태도까지를 포함하는 것으로서 사회에 통용된다. 한편 영미계의 정치관념은, 그 세력의 영향을 받는 지역 일대에 퍼지게 되고 우리땅에도 유포되게 되었는데, 이 경우 그 의미는 고전적인 의미인 '국사(國事)'라는 관념이 우리의 전통적인 관념인 '정치'와 연결되기 쉬웠던 관계로 제일차적인 의미로 채택되었다. 이렇게 보면 우리에게 먼저 수입된 '정치'는 오히려 Statesmanship에 해당하는 말이려니와 근래에 와서는 미국의 Politics 관념이 정당정치의 도입과 더불어 점차 유포되어가는 과정으로 보인다. 다시 말하면 우리의 정치관념은 국제정치의 현실에 따라 점차로 영미계를 중심한 국제의미권에 전입(轉入)하여 가고 있다. 이러한 영미계의 정치관념에 대하여 공산세계의 정치관념이 판이하다는 것은 말할 것도 없다. 마르크스적인 계급적 정치관념은 마르크스, 엥겔스, 레닌의 시대에 있어서 학설적이었다고 할 것이나 그러나 지금에 와서는 그것은 공산세계에 통용하는 일상관용의 의미로 고정하게 되었다. 이런 의미에서 'Politika'를 계급적 의미로 설명한 파노마례프(B.N. Panomareb)의 용례는 공산주의의 선전이라기 보다는 오늘의 관용이라고 보아도 좋을 것이다 (Politicheskii Slovar, 1958, p. 435.)

전술 중 비교정부론의 과거의 약점이 인식되어 지적된 예로는 참조 – G. Heckscher, *The Study of Comparative Government and Politics,* 1957, Pt. I. the Configurative Approach, Pt. II. esp. Area Studies.

2) A. Weber, *Die Krise des modernen Staatsgedankens im Europa,* 1952 (제1장 제2절 국가와 국가개념); C. Schmitt, *Verfasungslehre,* 1928. s. 45ff; H. Heller, *Staatslehre,* 1934, s. 126ff.

생생한 국가의식에서 출발하여 엮어보는 개념에 불과하다. 말하자면 정치 일반, 국가 일반을 거론하는 경우에도 실은 개성적인 정치의식과 역사적인 국가의식을 기준으로 하여 시時의 고금과 양洋의 동서에서 이에 맞게 긁어모아 입론하는 것이 보통이었다.

2. 국제정치권

국제정치는 적어도 한 개의 '나라'에서 빚어지는 정치형태는 아니다. 국제정치는 적어도 폐쇄적인 정치공감권을 이룬다는 의미에서 한 '나라' 이상을 전제로 한다. 그러면 사실상 여러 '나라'가 병존하여 있기만 하면 국제정치의 요건은 성립한 것이냐 하면 그렇게는 말하기 어렵다. 왜냐하면 국제정치도 앞서 든 '정치', '국가'와 마찬가지로 단순한 객체적인 존재가 아니라 국제정치 의식에서 피아의 유동類同이 행위형태로 고정화하는 권역을 형성하는 까닭이다. 가령 근대에 들어서서 보면 유럽 내에서 각국이 폐쇄적인 정치사회로서 혹은 왕국, 혹은 후국侯國, 혹은 제국의 이름 아래 서로 병존하던 것도 사실이거니와 또한 유럽 밖에 있었던 아시아 국가와 시대를 같이 한 것도 틀림이 없다. 그러나 유럽 제국諸國은 - 신성제국과 영국·프랑스와 같이 - 설령 정치체제가 서로 다른 경우라 하더라도 정치의식으로는 양해되고 이해되는 체제로서 통용하였다. 비단 국가의식과 정치의식의 교류가 유동類同뿐만 아니라 그 속에 숨겨져 있는 법, 도덕, 문화의 관념과 인륜, 사회의 의식이 서로 행위의 기준을 낳고, 제도의 국제성을 가져오고, 피아의 이동異同을 같은 사상체계 속에 담아서 일반 개념화하고, 그것을 다시 기독교 문화의식으로 버티었다. 이러한 유럽의 기독교 사회에서 존재하는 국제정치란 간단히 서로 나라가 병존한다는 사실로서만 이해되고 따라서 복수 국가 사이의 정치관계라는 비생산적인 추상에 그치는 것이 아니라 실은 충분히 커뮤니케이트되는 공동의 관념체계와 공통의 개념구조와 공유의 정치의식으로 엮어져 있어서 그것이 마침내 행위의 일정한 형태를 낳고 또 그래야 비로서 행위의 명분이 유지되고 정당화되는 국제질서의 차원에 존재하는 정치의 정치의식이었다. 이런 고로 국제정치는 이 경우 권역圈域 을 이루고 있다고 할 수 있으며 또 말을 바꾸어 '국제정치권'이라는 것을 상정할 수도 있다. 물론 이러한 의미의 국제정치권은 고정적인 것은 아니리라. 중동지역의 팽창에 따라 – 유럽사회의 세계적 팽창에서 보듯이 – 권역圈域의 질서와 의식형태가 재조정될 수 있으며 또 다른 국제정치권과의 접촉·충돌에서 보듯이 필요한 행위 형태의 조절이나 개념 체계의 수정도 있을 수 있다. 그러나 그것이 권역圈域 내가 아닐 때에는, 곧 권역圈域 밖에 대할 때에는 말할 여지도 없이 역내의 행위질서를 유지하는 규율의식은 줄어들고 적나라한 무력행위가 무통제無統制하게 나타나는 것을 우리는 역사에서 보아왔다. 권역圈域 내에서는 전쟁과 평화로 단순한 전투의 유무가 아니라 제도화되고 규율화하려는 행위질서로서 평가받는 법이려니와 그것이 한번 권외에 대할 때는 그것은 진정 규율을 초월하는 단순한 전투행위일 수가 많았다. 경건한 기독교인인 스페인인이 미대륙의 토인土人에게 취한 행위라든가 경건한 회교인이 이교도 정복에 허용된 잔학殘虐을 생각하면 족할 것이다.

그런데 이러한 국제정치권은 그것이 단순한 정치의식에 그치는 것이 아니고 그 속에 생활 일반을 지배하는 행위양식 그리고 또 그 속에 담겨있는 행위의식에 관련되어 있는 까닭에 급기야는 국제적인 문화권과의 밀접한 관계를 지니게 된다. 말할 것도 없이 문화권 곧 정치권은 아니다. 그러나 정치권의 궁극에는 행위양식이 놓여 있고 또 그 행위양식은 구체적으로 생활양식 일반의 양식 속에 옷감의 올과 같이 짜여져 있는 까닭에 서로 도저히 떨어질 수 없다. 문화권이 성립하는 것은 두말없이 한 권역圈域에 두루 타당하는 생활행위와 양식의 보편성인데 이러한 문화적 보편성 속에 얽혀 들어가 있는 보편적인 정치행위와 의식이야 말로 바로 국제정치권의 권역성圈域性을 규정하는 요건이었다. 이런 점에서 볼 때 근세사상近世史上 뚜렷한 국제정치권이 압도적인 유교문화권, 회교문화권 또 기독교문화권과 대체로 권역圈域을 같이 하였었다는 것은 매우 암시적이라고 아니할 수 없다.

제 2 절　전파 이론

1. 국제정치권의 형성

　　국제정치권은 말하자면 일정한 정치행위의 의미가 보편타당하는 권역圈域을 가리킨다. 이 까닭에 권역 내에 있어서 세력의 경합문제라든가 전쟁과 평화 또 외교와 교섭의 문제에 관하여는 대게 양해되고 정당화될 수 있는 명분을 정하고, 이 명분 위에 제도화하는 양식을 취하며 심볼과 이데올로기의 체계를 구축한다. 가령 중국을 중심으로 한 유교정치권에서 보면 세력의 경합은 정통과 혁명의 명분으로 장식되고 전쟁은 정征·벌伐·의전義戰으로 명분을 따지고 외교와 교섭은 사대와 교린의 예를 들었는데,[1] 그 뒷받침으로는 유교의 예교 사상이 있어서 현실을

---

1) 정통론(正統論)은 진한(秦韓) 때 왕조의 계승을 오행설에 붙여 설명하던 것이 송(宋)·명(明)에 이르러 춘추(春秋)의 체례(體例)를 따라 사서를 편찬함에 있어서 왕조의 정당한 계승을 명시할 필요가 생겨 사대부 간에 요란하게 논란(論難)되었다. 참조 － 内藤湖南, 『支那史學史』, p. 277 이하 및 p. 364 이하. 혁명론의 혁명은 유교에 있어서는 '역성혁명(易姓革命)'으로 역(易)에 이른바 "天地革而四時成, 湯武革命順乎天而應乎人"(夬傳, 卷五)으로서 하늘과 백성의 뜻을 따라 왕조가 바뀐다는 것으로 고래(古來)로 왕조변혁의 이론으로 썼다. 중국 고대로부터 내려오는 전쟁관으로서의

호도糊塗하였었다. 또 회교권에서 보면 국제적 주도권은 칼리프 (외교주) 이론으로 정당화되었으며 전쟁과 평화는 대외적으로는 지하드(성전) 이론으로 규율되었다.[2] 유럽사회의 근대국가간은 어떤가 하면, 강국의 쟁패爭霸는 고전적인 세력균형론에서 보는 바와 같이 같은 명분에서 이해되고 또 조절되었으며 전쟁과 국교는 유럽적인 관행을 따라 발달된 제도로 바뀌어 행위의 규구規矩로 작용하였다.[3] 이렇듯이 국제정치권은 일정한 권력구조, 특정한 이데올로기, 고정한 행위양식으로 엮어져 있는 국제사회인 것이 상례常例라고 할 수 있다. 그렇다면, 이러한 유동類同적인 정치양식과 보편적인 개념체계는 어떻게 폐쇄적인 국가정치를 초월하여 있을 수 있으며, 또 어찌하여 폐쇄적인 국가사회는 이러한 국제정치권의 일원으로 존재하여 그 구조적 구실을 담당

정(征)·벌(伐) 등에 대하여는 참조 – 陳顧遠, "中國國際法溯源," 제4편 제1장. 유교세계의 외교관념은 거의 선진(先秦) 시대의 외교관념에 유교의 명분과 예설(禮說)을 담은데 불과하다. 선진 시대의 외교형태는 전인(前引) "中國國際法溯源," 제2편. 사대(事大)·교린(交隣)의 예(禮)로서의 빈례(賓禮)의 대략은 참조–『禮記』 經解 제26 및 聘義 제48; 『通典』, 『續通典』, 『淸朝通典』의 각 '빈례'(賓禮) 조(條)의 전문(前文); 『通志』, 『續通志』의 각 '빈례'(賓禮) 조(條)의 전문(前文); 『東國增補文獻備考』, pp. 171-179. 상기 『東國增補文獻備考』, p. 177에 부록된 '한일수호조규'(韓日修好條規)는 이미 '사대', '교린'의 시대를 넘은 현대외교의 산물이었거니와 유교권을 대표하던 중국의 '방교'(邦交) 관념도 유럽세력에 밀려 함풍(咸豊) 10년(1860년)부터는 유럽의 체례(體例)를 따르게 되었다(『淸朝文獻備考』 337卷 外交考).

2) Caliph(정확히는 Khalifa)에 대한 이론·사상사 및 역사에 대하여는 참조 – E. Tyan, *Le Califat*, T. I., 1954; T. W. Arnold, *The Caliphate*, 1924; E. I. J. Rosenthal, *Political Thought in Medieval Islam*, 1958, Pt. I, ch. 2; H. A. R. Gibb and Harold Bowen, *Islamic Society and the West, Introduction à l'Étude de Droit Musulman*, 1953, p. 46 et seq. L. Gardet, *La Cité Musulmane*, 2. éd., 1961, Pt. II, ch. 2; A. Sanboury, *Le Califat*, 1926, pt. 1, titre 2, et pt. II.
'성전'(聖戰, 지하드) 이론에 대하여는 참조 – Majid Khaduri, *War and Peace in the Law of Islam*, Bk., II.

3) 하권 "국제법의 역사적 성격" 및 "세력균형론" 참조.

하게 되었느냐 하는 문제가 일어난다. 본래 국제정치권을 형성하는 역사적 과정에는 여러 가지가 있었다. 회교권에서와 같이 아랍 민족의 성전을 표방하는 무력팽창 또 중국과 유럽 세력의 군사적 확대도 있었고, 한편 중국의 요遼·금金·원元·청淸, 회교의 투르크, 유럽의 게르만 민족같이 피정복지의 문물에 동화 또는 감염된 경우도 있고 또 문명의 파급으로 주변이 흡수되는 수도 있었다. 그러나 이러한 모든 경우를 통하여 인정되는 사실은 군사적 점령이나 단순히 통치·지배가 바로 국제정치권을 형성하는 것이 아니라 특정한 정치조직, 정치제도, 정치권력이 정치의식의 밑받침을 얻어 정당화되고 또 합리화되어 정치행위의 국제기준으로 침전될 때에 비로소 국제정치권은 형성되었다고 할 수 있다. 따라서 국제정치화의 선행적 조건은 – 객관적 계기는 어떠하든간에 핵심적 행위형태, 개념체계 제도조직이 국제적인 것으로 전파되었을 때 그 전파된 지역과 사회에 국제정치권이 성립한다는 것이다. 자연발생적으로 각처, 각국에 공통되는 정치행위의 틀이 생기고 심볼의 체계가 나타나며 그것이 일괄돼서 한 개의 국제적 행위와 심볼체계를 이룬다는 것은 적어도 역사적 사실은 아니다.

반대로 국제정치권은 언제나 강력한 정치세력을 매개하여 특정한 정치가 다른 지역, 다른 사회에 전파됨으로써 이룩된다. 특정한 정치체계가 권역에 두루 타당하는 보편적인 정치체계로 전개하는 과정이 바로 국제정치권이 이루어지는 과정이기도 하다. 이 점은 회교권, 유교권 및 유럽에서 역사상 의심의 여지없이 명백하였던 사실이며 또 19세기부터 금세기에 걸친 구미歐美 정치 또 금일의 소련정치의 국제적 팽창을 새로운 예로 들 수 있는 경험적 사실이기도 하다.

제 2 절 전파이론

2. 전파와 저항

전파는 몇 가지의 요건과 여러 가지의 형태를 갖고 있다. 지금 정치사회로서의 개성과 통일과 폐쇄성을 지니고 있으면서도 국제정치권의 일원으로서 국제적인 행위형태에 적응하는 경우에 무엇보다 먼저 필수로 인정되는 요건은 첫째, 우월한 정치세력이 매개되어야 된다는 것과, 둘째 그것이 시간적으로 상당히 지속되어야 한다는 것, 또 셋째 전파는 피전파被傳播 사회의 지배층을 매개로 하여야 한다는 것이었다. 다른 문화행위에 있어서는 왕왕히 군사 · 경제 · 정치의 강약 관계없이 코핑 · 모방 · 채택이 행하여진다. 종교 · 음악 등의 세계에서는 비교적 많은 예를 볼 수 있다. 그러나 특정한 정치와 정치사상 체계에 이르러서는 우월한 정치세력의 지속적 중압이 없으면 거의 절대로 다른 정치사회에 전파되어 나가지 못한다. 토착적인 정치와 이에 따른 심볼체계는 대체로 대단히 완강해서 반드시 저항하고 나오는 것이 상례常例라고 할 수 있다. 더욱이 새로운 정치의 전파는 반드시 재래在來의 정치지배 체계의 변동을 가져오는 까닭에 고정된 정치가치의 대표인 지배층의 치열한 저항을 가져온다. 따라서 국제정치적인 의미의 전파는 적어도 표면상 국내정치에 관여하지 않는다는 위장을 쓰게 되며 여기에 국내정치와 국제정치를 구별함으로써 지배층의 국내적 지배에 무관한 척한다. 말하자면 국내지배에 대한 직접적 관여를 회피함으로써 전파와 비전파의 양측의 지배층이 타협하게 된다.[4] 이 견지에서 볼 때 유럽정치에

---

4) 서양 세력의 동점(東漸)에 따라 발생된 터어키 제국, 섬라(暹羅), 중국, 조선, 일본 등의 소위 개국 사정을 살피면 저간의 관계는 명백하다. 이조(李朝)말만 보더라도 조선은 일본을 위시하여 미국 · 영국 · 프랑스 · 독일 · 러시아의 각국과 불가부득이(不可不得已)하여 통상 · 우호의 조약을 맺음으로써 유럽적인 국제법질서에 편입되게 되었다. 이러한 새 관계가

있어서 국내정치와 국제정치를 구별하는 사상이라든가 또 국제법의 이른바 국내정치의 불간섭원칙 그리고 유교권의 사대주의 원칙에 있어서 속번屬藩의 내정불관여같은 것은 이런 사실을 합리화하는 좋은 사례라고 간주된다.[5] 그러나 설령 국제정치의 행

> 사대자소 관계 이외는 상상못하던 전통적 사회에 있어서는 그 얼마나 대사건인가는 말할 여지도 없는 것인데 이 경우 그래도 이런 정도의 전환이 가능한 것은 무엇보다도 국내 지배양식에는 직접 관여하지 않는다는 유럽 국제정치질서의 성격에 유래된다. 이에 대하여 최근 팽창하고 있는 공산세계에 있어서 공산권내의 국제정치질서의 전파는 피전파측의 국내지배의 양식으로부터 시작하여야 되는 혁명이론 위에 서 있는 까닭에 그 형식이 대단히 다르다고 할 수 있다. 그것이 공산정치가 유럽정치와는 그 성격이 다른 데서 오는 것은 말할 것도 없으리라.

5) 유럽정치에서 국내정치와 국제정치를 구별하는 사상은 그 국가관념 자체에서 유래하거니와 그것이 통용된 것은 근세초로부터 점차적으로 시작하다가 마침내 18세기에 이르러는 근대국제법의 한 개 근본원칙으로 확립되고 다음 19세기에 들어서서는 외교사의 형식으로 '국가의 대외관계'라는 독립 분야를 설치하게 되었다(이 모범 예는 폰 랑케의 유명한 '강국론', 1833년). 유럽국제법은 원래 군후(君侯) 간의 법, 주권자(곧 당시로서는 군주) 사이의 법으로 발달하던 것이 나중에 법인격으로서의 국가 사이의 법으로 이해되게 되었다. 이렇게 국제법의 주체로서 국가를 채택한 것은 물론 국가주권 사상의 영향 아래 이루어진 것이려니와 동시에 국가를 통일적인 주권체로 보는 까닭에 그 통일체의 내부에 관여하는 것은 이론상 주권침해라는 설을 낳게 하였다. 여기서 이른바 국제관계의 주체가 되는 대외적 주권체 관념과 국내정치의 궁극개념으로서의 대내적 주권관념을 도입하여 국가의 대외관계라고 하여 대내관계와 나누어 생각하게 되었다. 이에 대하여 유교권같은 데에 있어서 사대자소의 관계는 명분에 있어서 예교의 질서이므로 이른바 국내정치가 비유교적 질서 곧 사교적 정치가 될 수는 없으며 책봉권(冊封權)이라든가 조공반역(朝貢頒曆)의 의식은 이러한 예교질서가 국내질서로서 있다는 것을 공인하는 셈이 되었다. 이 의미에서 보면 유교질서의 핵심에서는 국제체제와 국내체제는 본질상 구별될 수 없는 것이었는데 이 점은 현대의 공산주의정치관과 일맥 통하는 데가 있다. 그러나 일단 예교의 명분에서 사대자소의 관계가 서면 유럽정치의 의미에서의 이른바 내정간섭이라든가 정치관여는 존재하지 아니하였다. 간섭이 생기고 정치적 압력이 가하여지는 것은 대개 사대의 명분에 분규가 생긴 경우 곧 새로운 정치세력이 정통의 명분없이 무력으로 상국(上國)의 지위를 인정시키려는 준전시적인 분위기에서 발생하는 것이 보통으로서 — 예를 들면, 요·금·원과 고려 및 청·한 간의 분규를 들 수 있다. 또 하나 간섭의 예로는 유교사회의 명분을 어겼다고 해서(찬탈 등) 견책 또는

위양식만을 채택함으로써 국제정치권의 일원으로 편입된다 하더라도 국내지배와 국내정치에는 미동도 있지 않다는 이러한 원칙이 바로 위장에 불과한 것은 말할 것도 없다. 우월한 정치세력의 압박을 지속적으로 받으면서 국제정치의 행위양식만을 따르고 그리고 국내에서는 전통적인 정치를 유지한 나라는 역사에 보이지 않는다. 그 당장에는 마치 무사한 듯이 보일 것이나 정치의 국제적 압력이 지속하는 동안에는 급기야 국내정치가 일변한다. 터어키가 그렇고 중국 역사가 그렇고 일본이 또한 그랬다는 것은 우리가 모두 아는 바이다.

다음 전파도 여러 가지 형태로 나타난다. 먼저 법관념이나 법체계로 전파된다. 유럽정치가 온 세계에 팽창할 무렵에 앞세우고 또 구경에는 남도 채택하여 통용하게 된 것은 첫째 국제법 관념이었다. 동양사회에서 중국과 조선을 관계짓던 공식 관념은 사대자소였는데 사대자소는 본래 예로서 해석되었거니와 이 경우 예는 오늘날의 법적인 개념이라고 보아야 할 것이다.[6]

절조공(絶朝貢)하는 것인데, 가령 홍무 년간에 안남(安南)의 여일원(黎一元)이 '살군부도'(殺君不道)하다고 하여 절조공하고 견책한 것이 일례이다.

6) 사대자소(事大字小)는 대(大)를 섬기고 소(小)를 사랑한다는 뜻. '사대자소'는 이미 춘추(春秋)의 전(傳)에서 볼 수 있는 말인데 본래는 '이사대국, 소이존야'(以事大國, 所以存也)(좌전 상공 17년)에서 보듯이 소국의 자존의 궁형(窮形)을 말한 것이려니와 정(鄭)나라의 자산(子産) 때에는 사대자소의 관계를 규범화하여 예(禮)관념으로 처리하려는 경향이 보였다(좌양(左襄) 28년 및 좌조(左昭) 30년). 예(禮)는 본래 제사받드는 법에서 시작하였다고 하는데 나중에는 사대부의 생활과 행위의 규범(법)으로 이해되었으며, 나아가서 국가간의 규범으로 쓰이게 되었다(좌양(左襄) 원년 좌은(左隱) 8년, 左成 9년 등). 이러한 선진(先秦) 시대의 용례는 예(禮)관념이 유교의 전개에 따라 철학화한 뒤에도 중국 법체계의 핵심적 법관념으로서 병형(兵刑)을 주로 의미하던 '법'자(字)와 더불어 통용하였으니, 곡례(曲禮)에 이른바 "그 예(禮)는 써 친소(親疏)를 결(決)하고, 동이(同異)를 구별하고, 시비(是非)를 명백히 한다... 도덕인의(道德仁義)는 예(禮)아니면 이루지 못하고, 교훈정속(教訓正俗)은 예(禮)아니면 갖추지 않고, 분쟁변송(紛爭辨訟)은 예(禮)아니면 끝나지 않고, 군신 상하와 부자 형제는 예(禮)아니면

회교 사회가 팽창할 때 타 지역과의 관계를 결정하는 것은 지하드(성전)가 적용되는 황외荒外 지역과 샤리아성법,聖法가 적용되는 이슬람 지역과의 구별이었다. 법은 이런 경우 국제정치권을 정당화하는 수단인 것이 보통이다. 다음에는 전쟁과 평화에 따른 여러 제도가 있다. 앞서도 든 바와 같이 전쟁은 본래 무력에 의한 투쟁과 충돌인 것이겠으나 국제정치권에 있어서는 그것이 그것에 그치지 않고 한 개 제도로서의 의미를 갖는다.[7] 이에 따라 전쟁에 관한 제도·관례법이 생긴다. 또 평시에는 외교·통상·교통·협력에 따른 제도가 없을 수 없으며 이러한 제도의 전파는 권역圈域 의 형성 과정에 필요하고 불가결한 요소가 된다. 또 다음으로 널리 심볼체계라고 부를 수 있는 관념체계·정당성 의식을 들 수 있다. 그 중에도 국가관념·정치개념·정치적 정부정正不正, 권위와 신념 표식標識에 관한 심볼체계의 전파가 중요한데 이러한 심볼체계의 전파가 없을진대는 국제정치권 내의 국제정치 행위는 단순한 일회적 행위의 의미를 가질 따름이지 고정된 행위 형태로서의 의미를 갖기는 어려울 것이다. 말하자면 심볼체계는 국제정치를 한 개의 국제적 의미권으로 만드는

    정돈되지 않고 환학사사(宦學事師)는 예(禮)아니면 가까이 할 수 없고 반조치군(班朝治軍)과 이(임)관행법(涖(臨)官行法)은 예(禮)아니면 위엄이 행(行)치 않느니라."는 정신이 그대로 중국 역대의 법(율·령·격·식 등)에 나타났다.

7) 그로티우스의 『전쟁과 평화의 법』(1625)이 전쟁을 힘으로 싸우는 '상태'로 보고(제1권 제1장 제2절) 또 전쟁은 합법적이라고 증론(證論)한 이래(제1권 제2장) 유럽사회에서는 전쟁을 국제분규의 해결방식으로 오래 인정하여 왔다. 참조 - Lothar Kotzsch, *The Concept of War in Contemporary History and International Law*, 1956(제1부 제2장 6절 이하 및 제2부). 회교(回敎) 정치에 있어서 전쟁은 이미 든 바와 같이 성전(지하드)과 관련되어 공인되어 왔고, 유교권에 있어서도 전쟁은 정(征)·토(討)·침(侵)·습(襲)·벌(伐)·전(戰)의 여러 문자로 표시되듯이 서계적(序階的) 질서에 역시 규율되는 제도적인 것으로 인정되었다.

제 2 절 전파이론

데 중요한 구실을 맡는다. 뿐만 아니라 넓혀서 생각하면 앞서 든 바 법관념도 여기에 포함시킬 수도 있을 것이다.

3. 국제정치권의 중심과 주변

국제정치의 전파에 따라서는 또한 정치권의 중심과 주변을 나누어 생각할 수 있다. 그러나 중심과 주변의 문제를 다루기 전에 먼저 가려야 할 것에 – 이른바 전파자와 피전파자의 관계가 있는데 전파자와 피전파자의 관계 중에 중요한 것은 다음의 두 가지이다. 첫째, 전파자가 정치·군사·문화의 각면이 모두 강력하며 발달되어 있고 피전파자는 반대로 무력에도 약세일 뿐이 아니라 정치·문화에 뒤졌을 때 전파는 급속하고 강열하며 시일時日의 지속에 따라 국내정치 체계에까지 쉽사리 파급되는데, 대체로 중국과 한반도의 고대사가 이에 해당한다. 둘째, 전파자가 군사·경제적으로 우월한 것이 공인되는데 대하여 피전파자도 문화도文化度가 높은 경우에 피전파자가 문화·정치의 전통적 가치를 고수하려는데 있어서는 물론 문화·정치의 저항이 강렬한 것은 말할 것도 없다. 더욱이 이 피전파자가 문화권의 중심세력인 경우라는가 중심세력 지대 가까이에 있는 세력인 경우는 한층 이 저항이 치열할 것은 쉽게 추측이 될 수 있다. 청말淸末에 한참 서양세력에 밀리던 중국이 '채서'采西, '양무'洋務를 부르짖기는 하면서도 전통적인 정치와 문화를 자랑하든 것이 일례가 아닐 수 없다.[8] 그러나 이 경우에 있어서도 정치적 압력이 계속하

---

8) 풍계분(馮桂芬)의 『교빈려항의』(校邠廬抗議) 하권에 실은 「채서학의」(采西學議)로부터 강남해(康南海)의 변법사상에 이르기까지 중국 조야(朝野)의 신사상이란 대개가 이러한 채서자강론(采西自强論)으로서 그 요지인즉 서양의 기계와 경제를 배우고 받아 들여 "가히 설욕의 길"을 마련치 않으면

면 구경에는 전통적인 국제정치의 개념을 버리고 새로운 국제정치에 적응하며 동시에 국내정치 체계도 체계로서는 흔들리게 되는데 이런 때에 있어서도 적응은 저항을 받고 새 행위에의 동조 conformity는 생소하지 않을 수 없다. 한말韓末 외교에 있어서 청조淸朝가 한편으로는 한국의 근대적 자주권을 인정하면서도 또 한편으로는 전통적인 병번屛藩으로서 대우하려는 이른바 한청韓淸 종속론은 이 좋은 예라 하겠다. 이 예에서 보듯이 전파는 전파의 중심 세력에서부터 전파해가는 과정에 있어서 대체로 피전파자의 저항에 따라 전파의 속도와 심도가 달라질 것이다. 뿐만 아니라 입장을 고쳐서 전파 세력의 편에서 볼 때에는 중심세력의 안전과 근역近域의 안정을 위하여 최중요最重要하다고 인정되는 지역에는 자연히 정치적 압력이 가중할 것이며, 중요도가 얕은 지역에는 자연히 압력이 경輕할 것이 틀림없을 것이며 이에 따라 전파의 강도나 속도도 영향을 입게 될 것이다.

　이렇게 볼 때, 전파의 중심부와 중심의 근접부와 주변이라는 방식으로 이 현상을 생각할 수 있는데 가령 이러한 전파의 중심부는 바로 국제정치권의 중심 – 중국사의 역사적 용어를 빌린다면 이른바 중원으로서, 우세한 정치세력의 소재지며 또 국제정치질서의 심볼이나 개념체계의 근원지가 된다. 설혹 이 중심부의 중심세력이 역사적인 의미에서 '원原 중심세력'이 아니었다고 하는 경우가 있을지라도 이러한 도식적 이해에서는 별로 문

(풍계분(馮桂芬)의 제양기의(制洋器議)), "借西方文明之學術以改良東方之文化"(용굉(容閎))하여 자강하자는 것이었다. 이러한 중국인의 태도는 당시 중국에 유(留)하던 서양인에게도 그대로 관찰되었다. 가령, 한미수호조약에 힘썼던 슈펠트(Shufeldt)에 의하면 "중국은 천천히 서양의 기예를 배우고 있는 중인데, 그 배운 것으로서 장차에는 외래상품뿐만 아니라 외국인을 그 나라에서 제거할 작정으로 있다"고 보여졌다. "An Open Letter by R. Shufeldt to the Hon. A. A. Sargent," p. 3, 奧平, 『朝鮮開國交涉始末』 권말에 수재(收載).

제될 것이 없다. 오늘날의 미국이 전통적인 전파세력(서유럽)의 새로운 계승자인 경우가 바로 여기에 해당한다. 중심부 곧 중원에 대하여 이러한 전파세력에 이미 충분히 순응하여 이 중심부의 견고한 외곽을 이룰 뿐 아니라 나아가서는 다른 지역에 전파자의 구실까지 하는 세력을 근접세력 혹은 근접지역이라고 부른다. 아마도 유교권에 있어서의 조선의 위치가 그러하였던 것 같다. 이에 대하여 전파도傳播度가 얕고 중심세력의 정치압력이 비교적 경輕하며 저항도가 강해서 다른 전파세력권으로 일탈되거나 반발의 가능성이 높아서 적응과 동조의 성적이 나쁜 지역을 주변지역 혹은 주변세력이라고 부른다. 주변세력의 특색은 전파자의 견지에서는 – 국제행위 양식의 소화도消化度가 나쁘고 국제정치의 틀에 어긋나는 면이 많으며, 전파자의 심볼과 개념체계나 '정치'가 국내정치 체계로서는 완전히 침투되지 않거나 외면화에 그치고 동화적 단계에 들어가지 않는 세력 또는 지역이라고도 볼 수 있다. 메이지明治 이전의 일본이나 유럽에 있어서의 러시아가 이에 가까웠다고 생각된다. 이밖에 아주 극한으로는 순전히 군사적·정치적 압력에 못이겨 정복자의 정치 양식을 추종하기는 하되 결국 시일時日의 경과가 모자라 전파라는 과정에 미처 못들어간 – 혹은 전파과정의 초初 단계에 있어서 아직 고정된 반응을 보이지 않는 경우를 생각할 수 있다. 본래 국제정치의 전파에는 군사정치의 우세에서 오는 강제적 동조의 경향이 농후하거니와 이 경우는 특히 잠정적인 군사 점령하에서 왕왕往往히 경험되는 바이다. 이와 같이 국제정치권을 구조적으로 중심·근접·주변의 지대로 엮어져 있다고 볼 때에 대체로 전파의 방향은 정치력의 우세에 비례하여 주변으로 가중하고 또 반대로 주변으로부터 저지받는다. 물론 이러한 때에 있어서 정치력의 증감과 동시에 피전파자가 같은 계系의 문화에 속하느냐 아니냐, 그리고 전파의 요소가 얼마나 자주 또 강렬히 커뮤니케이트되느냐 하는 것이 문제될 것이며 동조·적응을 강요하는 강제조직이 어떻게 작용하였느냐 하는 것이 중요한 것은 말할 것도 없다. 대체로 이러한 국제정치권의 구조가 한편 문화권의 중심지역 대對 주변지역의 등계等階 사상과 그 도식적 표현에 있어서 유사한 것도 주의할 만하다. 가령 고대 중국인이 요순堯舜 시대에 의탁하여 지은 5등복五等服의 '후候·전甸·수綏·황荒' 사상에서 왕기王畿를 중심으로 원근의 복속을 가린 것이 그 일례라고 할 만하다. 여기의 황외荒外는 이른바 화외化外로서 정치적·문화적 소통疏通이 불가능하고 오로지 무력과 호혜의 편의만이 이론상 통용하는 원칙이 된다. 역사적 실제에서는 이처럼 황외荒外라고 할 만한 정치권 외의 접촉에 있어서도 일종의 예절과 통교通交의 양식이 행하여지던것 같이 보인다. 권역圈域간에 있어서도 접촉이 잦으면 이 잦으면 그것을 합리화하는 예건例件이 생기지 않는 바는 아니다. 다만 이 경우 – 역사적 사례에 있어서는 대개 그 관계를 조절하는데 있어서 그 중의 한편의 관행을 따르는 것이 보통이었다.

제 2 절 전파이론

제 3 절　　역사적 유형

1. 국제정치적 차원

　국제정치는 국내정치에 비하여 단순히 혼돈·무질서 그리고 미개와 무정부 상태를 의미하는 것은 아니다. 국가 특히 근대국가의 유형에서 미루어 볼 때 국제정치가 국가와 같은 강력한 질서로 통합되어 있지 않고 또 집권集權적인 최고 권력도 없고 그리고 제재를 강행할 수 있는 법구속력도 가진 바 없다는 사실이 얼핏 착목되는 것은 이해할 만하다. 또 국내정치의 개념에서 평화는 질서를 대표하고 전쟁은 무질서를 표시한다고 개념하는 태도도 알 수 있다. 그러나 정치를 일원적으로 생각하여 정치질서는 다만 국가형태라는 정치질서로서만 존재한다고 고집한다면 그것은 망발이 아닐 수 없다. 또 정치는 일원적인 차원 위에서 진화론적으로 전개하리라는 가정 밑에 장래 국제정치는 필히 국내질서의 양식으로 진화하였으면 하는 염원이 머리 속의 염원에 그치지 않고 사실상 역사적으로 존재하여 왔다고 믿고 또 장래 필히 그리 되리라고 믿는다면 역시 망발이 아닐 수 없다. 또 이미 존재하고 있는 국제정치 질서를 질서가 아니라고 부인할 도리도 없다. 하기는 이미 17세기의 영국인 존 록크는 국제관계는 상위의 심판자 없는 '자연상태'state of nature로 보고 무정부 상태로 간주하여 이런 경우의 '전쟁상태'state of war는 자위만이 있는 것으로 생각하였다.[1]

지금도 학자 중에는 국제정치의 특징은 혼돈과 무질서에 있으며, 그래도 정치라고 한다면 일종의 미개 상태에서 방황하는 형편이라고 생각하는 사람이 있다. 이러한 사고는 — 앞서 말한 바와 같이 — 국내정치와 국제정치를 한 차원 위에 벌려놓고 진화론적 전제에서 논리를 엮는 것이며 또 이 사고방식의 배후에는 정치 일반이라는 일원적 보편개념을 설정하고 그것이 마치 한 차원 위에서 정리될 수 있는 역사적 사실에 대응하여 있는 것 같이 가정을 세우고 있다. 그러나 이러한 입장은 기실 근대국가라는 관념으로 표현하는 특정한 차원의 정치를 기준으로 한 것이며 객관적인 사실 경험을 무시하고 다른 차원을 한 차원의 척도로서 자r질 하겠다든가, 또는 보아야 한다는 입장에 불과하다. 물론 국내정치와 국제정치는 긴밀히 상관되어 있으며 차원 사이는 단절이 아니라 상호의존 — 아니 오히려 상호매개함으로써 존재하는 처지라고 해석된다. 국가는 국제정치를 한편 매개하고 또 한편 차원을 바꾸는 매체적 개념이라고도 할 수 있는데, 이 점은 말하자면 '사람'이라는 관념이 물리적 외계와 심리적인 내계內界를 매개하면서 동시에 외계와 심리의 분야 구별을 가능케 하는 매체개념이라고 할 수 있는 것에 비유할 수 있으리라. 따라서 국내정치는 국제정치를 매개하여 비로소 존재하고 국제

---

1) 국제관계가 일종의 미개 상태인 '자연 상태'라는 로크의 견해는 그의 유명한 『정치론』인 *Two Treatises of Government* 제2권 제2장 종미(終尾)에 있다. '전쟁 상태'와의 관련은 동권 제3장 전쟁상태론에서 유추되는 의론이다.

정치는 국내정치를 매개함으로써 비로소 존재하는 터이라고 볼 것이나 그러나 국제정치가 국제정치대로의 질서를 지니고 있다는 것은 마치 심리현상이 심리현상대로의 독자성을 지니고 있는 것같이 조금도 이상스러울 것이 없다. 역사적으로 볼 때 국제정치는 국제정치대로 엄연히 국제정치권의 차원에서 존재해 왔다. 오늘날 구미歐美 정치의 세계적 팽창에 따라 전지구적인 관련에서 이해되는 세계정치가 등장함에 있어서도 그것은 그때까지 광대한 지역을 지배하던 타他정치권 – 특히 회교권이나 유교권의 정치양식을 분쇄하는 형태로 이루어졌으며 또 동시에 이 지역의 정치의 복잡성도, 전파된 또는 도입된 새 정치양식이 전통적인 사회 견제遣制와 관련되어 잔존하는 전통적인 정치행위 양식과의 혼잡에서 발생하는데 있다. 뿐만이 아니라, 과거에서 보면 역사적 국제정치권이 다른 정치권과 상당한 시일時日 접촉하게 되면 그 사이에 반드시 모종의 질서를 가져왔었다. 오랫동안 계속된 회교사회와 유럽사회의 대치는 구경 외교교섭의 제도적 통로와 정치적 호혜에 따른 맹약盟約 관계를 낳게 하였으며,[2] 한편 권역간의 교역이 성행함에 따라 오리엔트 일대에 유럽 상인을 위한 영사제領事制가 발생하게 되고 중국같은 데서는 회교 상인 등을 위한 번방제蕃坊制가 설치되게 되었으니[3] 이것으로 보아도 권역간 같은 그야말로 '자연상태'에 있어서도 국제행위의 제도적 합리화가 전개되었음을 짐작할 수 있다. 하물며 그것이 한 개의 국제

---

2) 중세기 십자군 시대의 접촉은 그만 두고 근세만 따지더라도 1535년의 터어키 · 프랑스 맹약 이래 회교국이 유럽정치와 맺은 관계는 깊다. 이러한 긴밀한 관계에 비할 바는 아니로되 중세기(13세기) 몽고 한국(汗國)과 로마 법왕 사이의 문서 왕래에 의하면, 로마 법왕의 몽고한(汗)에 대한 개종권유나 또 회교도를 상대로 한 동맹은 역시 일정한 교섭의 양식을 암시한다. Paul Pelliot, *Les Mongols et la Papauté*, 1923, 3 vols.

3) 대략은 – Karl Lipmann, *Die Konsularjurisdiktion im Orient*, 1898, Kapt. 2 및 桑原隲藏, 『蒲壽庚の事蹟』, 岩波版, p. 51 이하.

정치권일진데는 반드시 그 정치권은 동조의 기준이 되는 보편적인 정치개념 체계·심볼군群·행위형태·기준조직을 가지고 있게 된다. 이런 의미에서 오늘날 세계정치로 팽창확대한 유럽정치권을 제除하면 19세기까지 유지해 오던 유력한 국제정치권이 바로 회교문화권에 형성된 회교정치권과 유교문화권에 이룩되었던 동북아의 정치권인 것은 역사에서 쉽게 알 수 있다.

2. 역사적 유형과 세계정치

국제정치권이라는 개념은 특정한 정치양식과 행위의 '룰'이 타당하고, 이에 따라 심볼과 이데올로기가 수반하는 권역으로 이해하였거니와, 이러한 정치권은 과거 역사에 있어서 흥망을 거듭한 여러 문명 및 국제사회의 문화적 보편성과 밀접히 관계되어 있었다. 고전 그리스의 세계는 요컨대 폴리스적 정치가 타당하는 세계려니와 그것이 바뀌어서 호모노이아Homonoia 관념 위에 서는 알렉산드로스의 '세계국가' 정치로 넘어 간다는 것은, 단순히 '폴리스' 정치의 변동이 아니라 정치권의 교체가 온 것을 의미한다. 또 로마세계라는 개념은 정치적 입장에서 볼 때 단순히 로마의 무력이 정복한 세계라기보다 이른바 로마의 법Jus과 정치가 타당하던 세계를 가리킨다. 물론 이러한 국제정치권은 혹은 쇠衰하고 혹은 성盛하고 또 혹은 망하고 혹은 흥한다. 이 경우에 있어서 비교적 안정된 국제정치권의 특색은 ― 지배층의 행위가 국제정치적으로 고정화Stereotyped되고 이에 따라 정형적으로 가치체계가 관념화하는데 있다. 이 까닭에 이러한 안정된 권역내에 있어서는 정형화한 고정태도가 지극히 당연하고 또 자명한 것이라고 여겨지고 설명의 필요없이 통용될 것이며 반대로 불안정한 국제정치권에 있어서는 그것은 강렬히 또 의식적으로 지지되거나 혹은 회의와 비판의 대상이 될 것이다. 곧, 전파의 초기에 있어서는 계속繼續적으로 또 계획적으로 특정한 행위와 가치와 심볼과 개념과 제도와 조직이 고취되고 지지되고 선전되고 계몽되고 설득되고 또 강요되어서 관행화의 단계에 올리려고 할 것이며, 반대로 쇠퇴의 시기에 있어서는 전통적이고 자명하고 관행적인 행위와 명분과 사고방식은 새로이 반성의 야野에 굴러 떨어지고 회의와 비판과 토론과 공격의 대상이 되었다가 그 권역의 소망消亡에 이르러는 마침내 명분은 붕해崩解되고 고정양식의 잔재는 야유와 조롱의 목표가 되고 만다. 그러면서도 이 아나크로니스틱하다는 잔재적 행위양식은 조롱과 모멸 속에서도 인간행위의 속깊은 심층에서 무의식적으로 새로운 양식에 저항하고 완전한 동화를 오래 거부하는 것이 통례이다. 이러한 과정에서 볼 때 일반적으로 사회행위 중에서도 이 과정이 가장 손쉬운 것이 정치려니와, 또 그 중에서도 '체계'라고 부를 수 있는 심볼과 개념의 통일성, 행위양식과 가치의 조화가 가장 빠르게 타격을 받는 것은 바로 국제정치 체계라고 할 수 있다. 왜냐하면 대개의 경우 국제정치 체계는 지배층의 반독점 영역에 속하고 있는 까닭에 일반 민중에 보편타당하는 일상적 관행 및 습관 또는 고정태도 등으로 침전하여 있는 도度가 비교적 엷은 까닭이다. 물론 특정한 국제정치 체계의 몰락에 뒤이어 필연적으로 따라오는 국내정치 체계의 변동 ─ 다시 말하면 국제정치로 시작하는 전全정치 체계의 동요는 그것이 국내 체계에 이르를 때 좀처럼 동화하지 않는 완강한 저항에 부딪치고, 이 까닭에 표면상의 전파에도 불구하고 전파자의 양식과도 다르며 전통적인 양식과도 또 구별되는 중간색이 나타나는 것은 ─ 민주주의의 형식을 빌려서 전통

제 3 절 역사적 유형

적인 정치행위를 반복하는 아세아 사회에서 보듯이 – 우리가 역사에서 흔히 경험하는 바이다.

그런데 앞서도 적은 바 있듯이 금세기에 들어서서 뚜렷한 일대경이―大驚異―는 – 여지껏 지구상의 이쪽 저쪽에서 존재해 오던 특정한 국제정치권이 유럽에서 발달한 구미 정치권의 팽창으로 말미암아 그만 단일한 세계정치를 남기고 사라졌으며 또 이 세계정치는 단일한 세계정치라는 차원에 존재하면서 그안에 다시 준準권역적인 국제정치의 분열을 가져왔다는 사실이다. 뿐만 아니라 표면상 사라져버린 듯한 역사적 정치권인 유교권과 회교권의 유태遺態는 명분과 가치 체계의 무대에서는 시대착오적이라는 모멸을 받으면서도 새로운 유럽 양식을 받아들이는데 있어서는 다시 막후에서 전통적인 행위양식으로 섞이고 또 반발하여 세계정치의 국면을 대단히 복잡히 하고 있다. 뿐만 아니라 역사적인 권역별에 대하여 세계정치의 평면을 나누어 놓은 새로운 공산권의 출현에 있어서, 전파가 채 완결하지 않은 이들 유儒・회回의 역사적 지역이 바로 유럽정치와 새로 나온 공산정치의 양편의 주변을 이룬다는 사실은 이들 지역의 부동성浮動性을 더 한층 북돋고 있다. 더욱이 이들 역사적 정치권은 현 세계정치의 기조를 이루게 된 유럽정치권의 성격과는 너무나도 다르고 이색異色진 까닭에, 그로 인하여 이 역사적 지역의 전통이 세계정치 속에 담겨 있는 유럽 기준에 따르려는 동조의 노력은 상당한 제한을 받고 있다. 지금 이 두 정치권의 특색을 대관大觀하건대 –

1) 유교적 국제정치권

이른바 중국문화권에 대응하는 정치권이로되 그 주변지대는 시대에 따라 출입이 있으나 대체로 서쪽으로 중앙아시아, 남의 성라星羅, 태국, 동북의 일본·류구流球, 막북漠北의 몽골 등이었다. 이 권역의 정치양식은 유교의 정치관념에 유래하고 있으며 국내의 법질서나 지배질서가 당唐·명明 율계律系나 충효사상에 입각한 가부장적인 전제이듯이 국제정치적 질서는 예교를 본으로 하되, 권역을 막연히 '천하'라 하여 천명을 받드는 중조中朝의 천자의 덕이 미치는 범위로 관념된다. 이 '천하'는 그것이 중조中朝의 문화가 미치는 '터'이며, 예교의 '명분'이 유지되어야 되는 곳이며 또 신분적인 유교의 예사상을 따라 그 구조가 서계序階적이 아닐 수 없었다. 이러한 예교의 질서가 통행하는 천하 안에 존재하는 상·하와 질서의 '명분'을 규율하는 제도가 소위 '사대자소事大字小'의 '예'로서 거기에는 반드시 조관朝觀과 빙문聘問, 공헌貢獻과 사뢰賜賚, 봉삭奉朔과 책봉冊封 등이 따라는 것이라고 여겨졌으나 또 동시에 사대자소라는 이와 같은 '조빙예문朝聘禮文'일 뿐이지 기외其外는 번국藩國에 '일병일역一兵一役'을 괴롭히지 않는 것이라고도 인정되는 것이 보통이었다.[4] 이런 고로 상하와 서계序階에 있어서 상국上國은 상국으로 공인됨으로써 비로소 이 사대자소의 '예'가 '예'로서 통용될 것이므로 그것이 군사와 무력에 의한 경우에는 '명분'은 어그러지게 되고 사대의 '예'가 '예'가 아닌 '힘'의 지배로 변할 것인데, 대개는 권역내의 '헤게모니'의 변동에 따라 이런 긴장 상태가 생겼었다. 또 이런 고로 상국으로서

---

4) 실록(實錄), 선(宣)26, 윤(閏)11월 수재(收載)의 명(明) 황제의 칙유(勅諭)에 이르되 "짐이 왕을 봄에, 비록 외번(外藩)이라고 부르되 그러나 조빙예문(朝聘禮文)일 뿐이지 그밖에는 원래 일병일역(一兵一役)을 왕에게 괴롭히지 않았으니" 운운(云云). 청말 중국·조선의 종속 문제를 위요하여 사대관계의 성격을 논의한 중국총리아문(中國總理衙門)과 일본의 모리(森) 공사(公使)와의 문답으로도 — 적어도 중국의 전통적 입장으로서는 사대자소 관계는 영토관계가 아닌 대외번(對外藩) 관계이므로 하국(下國)의 국사는 자주에 임해 왔다는 것을 당연한 것으로 인정하였다. 그것이 근대 국제법 관념을 내세우는 입장에서 이해가 아니된다는 것은 또 다른 문제일 뿐이다.

중조中朝를 계승한다는 정통사상이 중요하게 되었으며 특히 조송趙宋의 사론史論이 정통을 논한 이래로는 사대주의라는 '예' 명분에 새로운 중대한 요소로 작용하게 되었다. 이러한 상하·서계적序階的인 국제사회에 있어서는 동반同班의 제국간諸國間은 이른바 '교린交隣'·'상빙相聘'의 관계이며 상하 관계는 이른바 '복종'인데 그 복종의 의의는 천명을 받든 왕덕王德에 복종한다는 것으로서 종속宗屬의 명분이 이로써 완결되는 것이며, 상국은 이 명분 위에 은혜와 회유의 의미로 사뢰賜賚를 내리고, 호시互市와 교역을 허용하는 것이라고 자처하였으며,[5] 또 이 까닭에 사대·교린은 예부禮部 소관의 국법으로 규율되었다. 말하자면 형식상 적

---

5) 사대자소(事大字小) 관계는 현실적으로 국가무역의 실효를 거두려는 소국의 목적이 내포되어 있었다고 하는 점은 고인(古人)의 관찰이나 고적(古籍)에도 엿보이는 바이다. 일찍이 명(明) 태조의 유훈이라는 것에 "四方諸夷皆限山隔海僻在一隅得其地不足以供給得其民不足以使令"이라고 하였으며 또 명사(明史) 열전(列傳) 제91, 당주전(唐冑傳)에 보면, 안남(安南) 토벌을 말리는 상소 중에 가로되 "외방(外邦)이 입공(入貢)함은 그들의 이로움이니 일(一)은 정삭(正朔)을 받들이 그 인방(隣邦)에 존대함이오, 또 일(一)은 무역을 통하여 그 국(國)을 족하게 함이니, 고로 지금 비록 병란이 아직 누누(累累)한데도 표전(表箋)을 받들고 방물(方物)을 갖추어 관소(關所)에 청하여 입관(入關)을 구한다."고 하였다. 한편 우리나라 역사에서 보면 인조 병자호란 때 금한(金汗)에 보낸 답서에 이르되, 조선이 중국(명)에 신사(臣事)함은 본래 예의의 당연한 바이며 또 중국은 조선의 지존하게 여기는 나라로되 중국이 조선을 "대함에 수례(殊禮)로써 하였고 사명지간(辭命之間)에 일찍이 만사준책(慢辭峻責)을 가한 일이 없으며, 아국의 공헌은 지극히 박하나 중조(中朝)의 사뢰(賜賚)는 극히 후하였으니 이것은 곧 요번인(遼藩人)이 밝게 아는 바"라고 하였다. (실록 인조 14년 6월 경인(庚寅)). 이러한 사실은 여러 학자들간에도 이미 주목된 바로서 근자에는 구미(歐美)학자들까지 이에 관심갖게 되었다. 가령 – J. K. Fairbank and S. Y. Têng, "On the Ching Tributary System," *Harvard Journal of Asiatic Studies*, Vol. 6, No. 2, 1941. 그러나 그런 면이 있다고 하더라도 그것이 상하·서계(序階) 관계라고 관념된 질서에서 은택(恩澤)·사뢰(賜賚)라는 명분을 최하였다는 사실은 틀림이 없다. 심지어 공인된 교역 곧 '호시(互市)'까지도 – 이른바 목사이야(牧四夷也)에 회유지도(懷柔之道)·기미지의(羈縻之義)가 있다고 하며 호시지설(互市之設)은 "其懷柔羈縻之旨"라고 하고, 호시(互市)는 또한 "我戎之一術也"라고 자존하였다(冊府元龜, 卷之九 199, 互市條).

어도 평등한 주권국가의 평등한 공존이라는 구조를 내세우는 근대국가 사회 곧 유럽사회와는 근본적으로 다른 구조를 지닌 국제정치권이었다.

2) 회교 국제정치권

이른바 회교권에 대응하는 정치권으로서 그 권역의 주변은 북아프리카의 서단, 흑黑아프리카의 일부, 동東의 중앙아시아, 동남아의 인도네시아에 이르는 광대한 지역에 걸쳐 있었다. 회교권은 – 유교권이 문화적인 유교의 정교政敎가 타당하던 지역이었음에 대하여 다른 종교를 허용하지 않는 배타적인 종교로서의 회교적 신조가 타당하거나 지배적이었던 지역이었다. 또 유교권이 대체로 농업경제를 저변으로 하고 비도시적인 농촌사회를 기반으로 하는 정치세계였음에 대하여, 회교권은 대체로 건조지대의 상업경제를 토대로 하고 도시사회를 근거로 하는 종교적인 정치세계로서 존재하였다.[6] 회교세계를 단일한 정치세계로 치리할 수 있는 근거는 무엇보다도 그 세계를 휘덮는 회교의 종교적 정치사상이었다.

---

6) 이에 관련하여 유(儒)·회(回)·기독(基督)의 3대 권역의 도시성격의 차는 저윽이 시사적인 구석이 있다. 곧, 농업사회의 유교적 정치세계에 있어서 도시는 대개는 행정적인 요인으로 발달되고 (물론 화남(華南) 등의 예외는 있으나) 회교도시는 캬라반적인 무역로 위에 교역도시로 번창하고, 유럽의 대표적인 예는 산업도시로 팽창하는 방향으로 나갔다. 본문 중의 회교도시에 관하여는 참조 – Xavier de Planhol, The World of Islam, 1959 (영역본 원본 1957년간), p. 18 이하, p. 42 이하, p. 76 이하 각처. 회교사회에 있어서 군왕권력의 집결이 도읍과 관련되어 있다는 것은 이미 14세기의 이븐·할둔이 전개한 사상에서 볼 수 있다(Ibn Khaldun, *The Muqaddimah*, translated by Franz Rosenthal, 1958, Vol. 2, p. 237ff). 참조 – G. E. von Grunebaum, *Islam*, 1955 소수(所收)(The Structure of the Muslism Town).

회교사회는 성법聖法, 샤리아의 실현과 확대를 목적으로 하는 종교사회로서, 이슬람지역Dár-al-Islam과 이교異敎의 적지역Dar-al-harb을 명백히 구별하는 국제사회 의식을 가졌다.[7] 회교의 이상은 단순히 국가·정부에 의하여 도달되는 것이 아니라 초국가적인 이슬람의 영도자Imam[8]에 의하여 달성될 것이며, 교도의 평생 염원은 성지의 참배이고 또 교도의 의무는 지도자에 따라 이교 지역을 정복하여 이슬람 지역을 넓히는데 있다고 여겨졌다.

이런 고로 회교 교주에 대한 귀일歸一이라는 종교적 사상을 제외하면 신도는 국가·정부를 초월하여 이맘 아래 상하없는 교우敎友·형제 관계를 이루고 있었으며 또 이 까닭에 회교도인 한에는 군주·지도자의 종족상의 출자出自를 굳이 가리지 않고 오히려 강력한 회교 군주에 칼리프권權을 인정하는 기풍까지를 낳게 되었다. 가령 1876년 법으로 터어키의 '압둘·하밋트' 살탄이 칼리프의 자격을 선포한 예는 이에 해당할 것이다. 이렇게 보면

---

7) cf. - Louis Milliot, *Introduction à l'Étude du Droit Musulman*, 1953, pp. 33-80. 전인(前引) 하두리, "이슬람법에 있어서의 전쟁과 평화," 제1권 제1장 『국가론』. 전인(前引) 그루네바움, 『이슬람』 소수(所收) "이슬람정치론"(Government in Islam) 및 전인(前引) 갈데 『이슬람 국가』 제1편 제2장, 제3장의 p. 94 이하, 제3편.
8) 영도자라는 의미는 그 원의(原義). '이맘'은 회교의 선양(宣揚)을 담당케 되는 교도의 지도자로서 모하메드의 후계자라는 의미에서부터 이슬람 법통의 계승자이며 이슬람교의 대표인 칼리프(Caliph)와 동의(同意)로 쓰이는 수가 많다. 칼리프는 회교의 통일적인 정통이론의 핵심이며 또 종교적 정치관념의 중심으로 칼리프위(位)가 허위(虛位)로 돌아간 후로도 이론상으로는 이슬람 세계에 몇 개의 군왕국, 술탄, 민족이 있더라도 이 세계의 최고권위자, 주권자는 칼리프라고 관념되었다. 물론 현실은 이론과 달라서 권력은 오래 군왕, 술탄의 손에 분산되어 왔지만 그러나 이슬람의 세계에 있어서는 이러한 칼리프 혹은 이맘이라는 최고의 공적(公的) 영도자(領導者) 관념이 지속되어서 터어키의 술탄같이 그것을 이용도 하였거니와 또 회교의 혁신·개혁에도 반드시 이 관념이 도입되었다. 심지어 회교권이었던 아랍 지역에 지금 전개되고 있는 아랍 민족운동에 있어서도 초국가적인 이맘 사상이 엿보이고 있다고 볼 수 있는 점이 있다.

회교 질서는 – 사대자소의 상하질서나 또 원자적인 주권국가의 공존질서와는 달라서, 초국가적인 종교질서이며 국가정부는 오히려 제2차적인 것으로 짐작하게 된다. 연고然故로 정의의 전쟁 관념도 국가의 존망에서 보다도 이슬람의 선양宣揚을 위한 지하드성전, Jihad나 이슬람교권의 방어에 있었다.

이렇듯이 존재하여 오던 유儒・회回의 국제정치권은 19세기에 이르러 유럽의 국제정치권에 압도되게 된다. 먼저 터어키제국의 쇠미衰微에 따라 회교정치권이 흔들리고 다음으로 아편전쟁 이후 중국세력이 쇠퇴하여 짐에 유교정치권이 동요되더니 금세기에 들어서면서 마침내 이 두 국제정치권은 권역으로서는 붕해崩解되어 버리고 말았다. 그리하여 이에 뒤이어 유럽정치가 온 세계에 전파되기 시작하였으며 국제연맹 창설 전후해서는 급기야 유럽에서 출발한 유럽적인 정치가 세계정치의 성격을 결정하면서 동시에 세계정치로 변모하게 되었다. 여기에 이르러 국제정치는 다름아닌 세계정치의 이명異名이 되고 말았고 또 국제사회라는 개념은 유럽사회나 회回・유교사회 같은 특정한 국제사회의 차원으로부터 실질적으로 세계사회라는 의의를 지닌 한층 고차적인 차원으로 옮겨 쓰이게 되었다. 이런 면에서 볼 때 시사적인 것은 '국제사회'라는 말이다. 본래 유럽에 있어서 국제사회라는 말은 구경究竟 유럽사회 혹은 구미歐美 사회라는 의미였으며 이른바 국제법도 원래 '구미歐美 나라사이의 법' 곧 구미歐美 사회의 법이었다.[9] 그러던 것이 20세기에 이르러 국제사회라는 말은

---

9) 니스씨(氏)에 의하면 – 기왕에는 유럽의 국제법이라는 말이 보통 용례이며 또 혹은 '구미 국제법'이라고도 하였다고 한다(E. Nys, l'Étude du Droit Int. *et de Droit Politique*, 2me, série, 1901. 소수(所收) *Le Concert Européan et la Nation du Droit International*, p. 3). 하기는 19세기말까지 국제법 책(冊) 중에는 유럽 국제법이라는 유명한 저술이 있었으며 조금도 이상스럽지 않았다. 가령 – J. L. Klüber, *Droit des Gens Moderne de l'Europe*, Ire éd., 1819; 2e

결국 전지구적인 세계사회를 실질적으로 의미하게 되었으며 이러한 세계사회라는 의의에서 국제법도 이해하려는 노력이 엿보이게 되었다. 유럽사회의 법이던 전통적 국제법을 거연遽然히 전지구적인 세계사회에 통용되는 법으로 이해하고 이 법의 '터'로서 '국제사회'를 내세우는 경향이 생겼다.[10] 말하자면 '국제'國際는 단순한 '국제'가 아니라 그 어감에 있어서 사실상 '세계'를 의미하는 국제로 해석되고 이러한 단일한 의미체계 혹은 행위체계가 통용되는 '터'로서의 국제사회라는 개념을 구성하였다.

3. 세계정치의 자기분열

그런데 이러한 새로운 세계정치에 있어서 몇 가지 명백한 특색을 가려볼 수 있다. 첫째는 - 말할 것도 없이 이 세계정치의 패턴型이 먼저 유럽정치였다는, 착오의 여지없는 역사적 사실, 둘째는 - '피전파'의 처지에 있으면서 동시에 전통적인 문화의 도度가 높았던 까닭으로 자연히 저항도가 높은 전유前儒 · 회回 지역이 대체로 세계정치의 새로운 변경같은 지위를 차지하고 왔다는 사실, 셋째 - 러시아는 전통적인 유럽사회에 있어서는 역사

éd., 1874; A. G. Heffter, *Das Europäische Völkerrecht der Gegenwart*, 1. Auf., 1844; 4 Auf., 1883.

10) 국제연맹 설치 이래로 국제사회라는 개념이 대유행에 들어섰거니와(가령 - P. M. Brown, N. M. Butler, J. S. Reeves 등의 국제사회론), 더욱이 국제법에 있어서는 비엔나파의 '페어드로스'를 위시하여 '라우터팩트' 등 여러 사람이 국제사회라는 개념을 도입하였다. 상기한 사람만의 저술을 들면 - P. M. Brown, *International Society,* 1923; N. M. Butler, *The Family of Nations,* 1938; J. S. Reeves, *La Communauté International*, Recueil de Couirs, 1924, Tome 3; A. Verdross, *Völkerrecht*, 2, Aut. S. 2ff; *Idem, Die Verfassung der Völkerrechtgemeinschaft*, 1906; H. Lauterpacht, ed., *Oppenheim's International Law*, 8th ed., pp. 8ff; *Idem, The Fuction of Law in the International Community*, 1933.

적으로 주변의 위치를 오래 차지하고 왔었다는 사실, 이들 사실 중에 주목할 바에는 소위 주변·변경의 지역정치가 지니고 있는 의미이다. 말할 것도 없이 주변지역이란 이 경우 전파도傳播度가 비교적 얕은 곳, 따라서 새로운 국제정치의 양식은 배웠으나 아직 고정화하거나 관행화하지 않은 지역이다. 이 까닭에, 더구나 국내정치 양식에 이르러서는 개념체계와 제도양식만 급작히 바꾸어 놓았지 가치체계나 행위양식에 있어서는 충분히 학습되거나 정형화될 수 없어서 마치 전통적인 구舊 행위형태에, 신新 수입의 제도·개념체계를 어설프게 접목하여 놓은 것과 같은 불안정한 지역이다. 그렇지 않아도 인간행위에 있어서 문화적인 정치적인 사회행위의 변동은 시일時日을 요하거니와 더욱이 새 정치가 반드시 요청하는 생활양식·생산양식·경제수준의 어느 정도의 충족없이 오로지 정치적 압력의 지속으로 전파가 진행될 때에는 거기에는 필연적으로 새 정치의 개념체계와 제도의 가장假裝 아래 구舊 정치에의 왜곡과 굴절이 은연隱然하게 실시되기 쉽다. 새 정치의 명분 아래 옛 정치와 혼잡으로 이룩되는 잡탕이 생기기 쉽다. 이러한 혼합과정은 하기야 어느 정도는 과도기에 없을 수 없는 것이라고는 하지만 그것이 옛 정치의 사회경제적 기반이 공고함에서 연유하여 오래 계속될 때에는 사실상 신구新舊의 양 가치체계의 도괴倒壞를 가져오고 정치윤리의 상실에서 오는 무정부적 상태가 전개될 것이다. 이로써 발생하는 사회의 불안은 거의 걷잡을 수 없으리만치 정치를 추잡한 것으로 만들거나 그렇지 않으면 오로지 '힘'에의 동경으로 몰아넣는다. 그리고 정치행위의 방향은 회고조懷古調를 띠우게 된다. 고로 이러한 '새 주변' 지역정치의 특색은 새 정치에의 저항이 강할수록 '전파'의 압력에서 탈출하려는 양상을 띠우며, 더구나 주위에 비유럽적이며 유사적인 정치가 나타날 때에는 탈출의 욕구는 일층 더 강해지지 않을 수 없을 것이다. 그렇다고 해서 옛 정치적인 행위 유형(遺型)은 그대로 옛 정치로 돌아가는 요인은 못된다. 이미 유럽정치에의 적응을 시행한 후로서는 다시 20세기 전에 존재하던 특정한 국제정치 유형(類型)으로나 또 특정한 국내정치 체계에 되돌아갈 수는 없다. 설령 '옛 정치'의 꾸준한 저항이 있다손 치더라도 그것은 어디까지나 저항일 따름이지 '옛 정치'에의 역행과정은 될 수가 없다. 없는 것이, '옛 정치'를 떠받치고 있던 생활과 사회와 경제의 양식과 수준이 이미 무너져버리고 말았기 때문이다. 이러한 주변지역의 존재는 오늘날에 와서는 중대한 의미를 갖게 되었다. 왜냐하면 첫째 - 역사적으로 유럽정치의 주변이었던 러시아[11]에서 성공한 공산주의 정치양식이 오늘에 이르러 전통적인 유럽정치에 대항하는 새로운 정치권역을 이룩하게 되

---

11) 러시아의 아시아적 요소는 여러 사람의 논의한 바로되 특히 흥미있는 것은, 레닌같은 사람이 노제(露帝) 정체에 '아시아적 전제' 요소가 있다고 본 점이다. 가령, 비교적 민족문제를 자주 취급하던 1913-1914년대 논문 중 특히 로자 룩셈부르크 여사 등에 대한 논박으로 집필된 논설 "자결권으로의 민족권에 대하여"(*O prave Nasti na Samopredelenie*, 1914)에 보면 '아시아 전제'(Aziatskogo despotizma)는 완전히 가부장적인 전(前)자본주의의 특징이 농후한 경제체제에 대응하는 지배적인 정치형태로서, 제로(帝露)는 폴란드와 달라서 이러한 전(前)자본주의적 특색이 짙은 나라이며 따라서 '아시아적 전제'의 요소가 있다는 것이 긍정된다(1948년도 전집 제20권의 동(同)논문 특히 pp. 375-376, pp. 378-380). 이러한 레닌의 '아시아적 전제'의 관념이 마르크스에서 오는 것은 말할 것도 없다. 마르크스의 - 자본주의 체제에 선행하는 체제 중 아시아적 양식과 이른바 '동양적 전제'(아시아적 전제'에 대하여는, 특히 미발표 초고 "자본제적 생산에 선행하는 제(諸)형태"(*Formen, Die Kapitalistischen Produkion Vorhergechen*, 1952, Kleine, Burcherei des Marxismus-Leninismus Ausgabe, S. 6ff). 이러한 러시아의 아시아적 전제요소를 마르크스·엥겔스·레닌 업적에서 박인광수(博引廣搜)하면서 결국 현 소련 정치형태에의 연관을 강조하는 특별한 입장으로는 '동양적 전제'(Oriental Despotism)의 저자 '위트 포겔'의 논구(論究)를 참조(Karl A. Wittfogel, "The Marxist View of Russian Society and Revolution," *World Politics*, July 1960).

었다는 사실, 그리고 둘째 - 과거의 유儒·회回 정치지역이었던 지역이 바로 이 새로운 공산정치와 구미歐美 정치 사이에 끼어서 마치 양편의 주변격의 위치를 차지하게 되고 있다는 사실이다.

　공산정치권이 새로운 정치권역의 성격을 띠우고 있는 것은 그 정치질서가 유럽계와 대단히 다른 점으로 일견하여 짐작이 된다. 유럽계가 무엇보다도 먼저 '국가'라는 관념에서 정치체계를 구축하고 전개하고 또 한계지은 것은 주지되는 일이려거니와 일방 공산정치는 그 근본적 관념이 초국가적인 '계급'이라는 차원에서 비롯하여 형제적인 동계급同階級 국가의 정치질서를 구축하고 전개하고 또 확대하려는 것도 주지되어있다. 그러면서 동시에 공산권역은 그것이 바로 유럽계의 세계정치의 품안에서 출현하였다는 점에서 과거에 존재하던 국제정치권과 근원을 달리한다. 전세기까지 유럽정치와 어깨를 나란히 하여 존재하던 유儒·회回의 정치는 유儒·회回 사이는 물론이요, 유럽정치와도 정치로서는 역사와 연원淵源 과 전통과 지역을 달리하여 따로따로 전승되어 오던 정치들이었다. 말하자면 역사의 산맥 위를 서로 따로따로 나란히 내려오다가 유럽정치에 흡수되면서 하나의 세계정치를 낳게 되었다. 이에 대하여 공산정치는 그 이데올로기로부터가 유럽의 태생胎生이며 정치의 기본관념도 유럽정치의 변증법적 발전으로 자처한 셈이오, 또 그 실세력도 제1차 세계대전 후에 일어나, 겨우 성립을 본 세계정치의 일각에서 자라나왔다. 유럽적인 세계정치가 역사와 전통을 달리하는 다른 국제정치권을 정복하여 마침내 단일화된 것임에 반하여 공산권의 출현은 구경究竟 유럽적인 세계정치에 대한 체내體內의 도전이라고 비유할 수도 있다. 그리고 이러한 체내적인 도전에 의하여 세계정치의 체계는 급기야 전통적인 유럽계와 공산계로 분열되고 말았으며, 그 중간에 서서 구시대적인 사회·경제를 아직 탈각脫却못하고 있는 여러 지역은 주변지역으로서의 동요를 금치 못하고 있다. 주변지역은 주변지역대로 '전파'에 항거하여 새 정치의 양식을 실질적으로 왜곡하여 변작變作하려 하면서 외면으로 심볼과 개념과 제도와 법체계를 채택하여 현실을 호도糊塗 하려는 듯이 보인다. 또 유럽적인 세계정치에 연연戀戀한 일파一派에서는 지금도 한 개의 유럽정치라는 동질적인 세계정치가 존재하고, 따라서 동질적인 한 개의 국제사회라는 세계가 존재하고 또 따라서 하나의 국제질서와 한 개의 국제법이 통용한다고 믿고 싶어한다. 그리하여 공산정치의 출현은 한낱 세계정치의 질병 – 마치 구舊 팟쇼·나치와 같은 세계정치 과정에 나타난 질병으로 보려고 든다. 그러나 세계정치의 현실은 엄연히 자기분열의 방향에 직면하고 있으며, 세계정치의 특색을 단일개적單一個的 현상이라고 규정한다고 하더라도 그것은 복잡한 하부구조를 지닌 정치, 여러 차원을 내포하고 있는 정치로 이해하지 않으면 아니되게 되었다. 그리고 그러한 이해를 위하여서는 우선 유럽정치적인 세계정치로부터 시작아니할 수 없으리라.

3장
근대적 국제정치의 경험

제 1 절 국제정치에의 경험

1. 내 '나라'

　사람은 나서 죽을 때까지 국가라는 테두리를 벗어나지 못하고 왔다. 첫째로 법질서라는 거미줄에 잡혀있고, 둘째는 법질서를 밑받침하는 정치제도·정치기구·정치관습 같은 정치질서에 얽매어 있다. 나날이 당當하고 있는 개개인의 경험은 국가라는 테두리에 억눌려 있을 뿐 아니라, 사회적 생生의 의의조차 그 안에서 찾아보지 않으면 아니되게 되어 있다. 곧 국가의 모든 현상이 개개인의 사회생활과 사실상 관계되어 있을 뿐 아니라 일보를 진進하려 국가생활은 개개인에게 있어서 귀중한 가치로 여겨지지 아니할 수 없다. 자기 생生이 의의를 갖는 테두리로서의 국가는 – 가치관념을 간직하고 있지 않은 무감정의, 개념적이며 초역사적인 국가 일반은 될 수 없다. 어디까지나 의지依支되고 미덥고 소중하고 갸륵한 것이거나 혹은 고약하고 미웁고 따라서 다른 모양으로 고쳐야 된다고 생각하는 구체적이며 현실적이며 애증의 대상이 되는 '나'의 국가이다. 또 비록 속심으로 자기네의 테두리되는 국가가 덜 마땅하고 모자라고 시원치 않다 하더라도 - 자기네의 정치 생生을 그대로는 용납하여 주지 않는 다른 나라에 비하면 그래도 애중愛重하고 또 의탁이 될 것이다.[1]

국제정치를 문자 그대로 국가간의 정치현상이라고 불러본다. 그러나 이 경우의 국가는 결단코 무색투명한 개념 '국가'라든가 '내' 국가나 '남'의 것이나 다 같다는 유類의 국가 일반은 아니다. 차디찬 눈으로 '국가'의 일반성격을 논하고 그 본질을 따지는 학문상의 국가개념은 거리에 서성거리는 시민의 '나라' 관념과는 인연이 멀다. 보통 사람에게 '나라'란 대개 따스한 것, 가슴이 뿌듯한 말, 꼭 섬겨야 하는 성스러운 내 '나라'인 것이며 또 남의 나라도 내 '나라'에 대한 남의 나라로 대하는 것이 일상례日常例이다. 물론 '나라'나 '국가'는 국민과 시민이 어떻게 느끼든간에 제도와 조직으로서 엄연히 존재한다. 제아무리 애중愛重하고 의탁되고 고귀하다고 여겨져도 그것은 여기는 사람의 마음뿐이지 그것이 '나라'나 '국가'의 성질과는 무관계하다고 하면 그만인 것같기도 하다. 싫어하거나 좋아하거나 현실적으로 여러 나라가 있고 또 그 여러 나라가 외교·통상·교류·전쟁·협조의 여러 가지로 얼기설기 맺어있는 것뿐이라고 하여도 사실에는 틀림이 없다. 이렇듯이 '국가'가 서로 공존하면서 여러 가지 관계

---

[1] 국가나 나라가 한 개의 추상적 개념에 그치지 않고 체험적 표상 혹은 동감적 실체로 느껴진다는 것은 이른바 '조국' 관념과 같은 근대적인 관념인데 이미 루소는 이러한 '조국' 관념이 시민의 교육과정에서 형성되는 것을 논하여 "사람의 영혼에 나라 형태를 부여해야 되며, 이럼으로써 사상과 성벽(性癖)을 지도하여 성향으로나 감정으로나 필요로나 애국자가 되게 하는 것은 바로 교육이다. 소아(小兒)는 눈을 뜨자마자 조국을 보게 되고 또 죽을 때까지 조국 이상을 볼 도리가 없다. 진정한 모든 공화국인(시민)은 어머니의 젖과 더불어 조국의 사람을 빤다. 곧 법과 자유의 사랑을 빤다. 이러한 애정이야 말로 그의 전존재(全存在)이다…" J. J. Rousseau, *Considértations sur le Gouvernment de Pologne*, chap. IV, éd. Vaughan, Vol. II, p. 437.

를 맺고 있으니 이 점에서는 어느 국가나 매한가지라는 것은 틀림없는 객관적 사실이다. 그러나 이러한 사실 – 객관적 사실은 어디서 출발하는 것일까. 두말없이 국제정치에 있어서 주인되는 활동자는 개개의 국가이다. 어떠한 국제정치적 활동도 국가라는 (따라서 정부라는) 기구를 통하지 않는 예는 없다. 국제연합 같은 기구도 구경究竟은 국가라는 단위 위에 서있고 코민포름 같은 공산당 기관도 단위는 국가가 되어 있었다. 그런데 이 국가는 그 법질서・정치질서에 있어서 객관적 사실이기도 하나 그 이상으로 국제정치에 있어서 중요한 것은 – 개성적 가치를 지닌 상징이요, 개개인의 사회 생生을 집단화하는 가치표식價值標識이라는 사실이다.

국가란 모두 동일하다고 개념짓는 것은 국가를 한낱 개념으로만 보고마는 이론가의 병통病痛일 뿐이며 국가는 어느 국가든 그 나라 국민에겐 특별히 소중한 심볼이리라. 누구든지 남보다는 자기가 더 소중하다. 제 생生이 더 아깝다. 그렇듯이 제 국가가 더 아깝고 달갑고 위해진다. 이러한 국민의 애정과 감회感懷를 지닌 여러 나라들이 맞서고 다투는 것이 객관적 사실의 의미이기도 하다. 모두 같은 것 같으면서 실은 남다른 감정으로 대하는 자기만의 '심볼'로서의 국가가 서로 대한다는 것은 그리 간단한 사실은 아니리라. 앞에 이른바 개관적 사실에 대하여 주관적 사실이라고 할까. 그렇다면 국제정치의 객관적 사실은 그 기저에 있어서 주관적 사실에 의하여 매개되어 있다고 하여도 좋다.

지금 세계에는 백십여 개의 나라들이 있다. 현대로 보자면 국제정치는 이 나라들 사이의 능동・수동적인 사실관계이지만, 이 백여 개의 나라는 거계擧皆가 '나'의 국가라고 경험을 하고 사는 사람과 사람의 집단 위에 서 있다. 뿐만 아니라 지구상 어디서 일어나는 국제문제이든간에 사람은 예외없이 '나'의 나라라는 관념을 통하여 받아들이고, 또 국가의 지도자는 이러한 국민의 '나'의 나라라는 관념을 토대로 하여 행동하고 있다. 연고然故로 국제정치의 개관적 사실과 개별적 국가를 통한 경험이라는 주관적 사실의 상호관계는 이를테면 주관적 사실이 부단히 객관화하며 또 객관적 사실이 끊임없이 주관화하는 사태事態라고 할 수 있다.

2. 국제정치의 틀

이렇게 국가라는 관념은 정감에 물들어 있어서 '내', '남'이 예민하게 구별되는 것이다. 그러면 내 '나라'만 고집하면 그만이고 내 국가만 고집하는 국제관계만이 있다는 말일까. 사실은 그렇지 않다. 애당초 내 '나라'라는 나라 관념부터가 서로 자명하다고 생각하는 개념으로 피아가 이해하고 또 통通한다. '국가'란 서로가 양해할 수 있는 말이며, '주권'이라는 - 서로 안다고 생각되는 성질을 가지고 있다고 믿는다. 국가라는 이름으로 서로 대할 때 서로 교환하는 외교 어투語套로부터 피아의 대표의 접대에 따르는 예절, 통상관계에서 생기는 이해의 관념 그리고 국제행위로서는 불법이라고 규정되는 기준에 이르기까지 서로 충분히 이해하고 또 의미를 알아차린다. 남의 나라에 조공을 바치고 삼궤구고두三跪九叩頭하는 것이 국욕國辱이니 차라리 일전一戰을 결행할 것이지 어찌 국가로서 할 수 있느냐 하는 생각도 이씨李氏 조선 때는 알 수 없는 이치理致이지만 지금은 어느 나라든간에 즉각으로 알아듣는다. 이렇듯 국가의 위신에 대하여도 서로 이해가 간다. 또 전쟁 중의 포로를 취급하는 전시법하면 각국이 다 별

의심없이 곧 양해한다. 말하자면 여러 나라는 각기 제나라 중심이기는 하지만 같은 의미로 통하는 같은 정치사전을 가지고 있는 식으로 서로 같이 해석이 되고 서로 비슷이 평가할 수 있는 행위와 언사를 사용한다. 아니 실은 서로가 같이 양해하고 또 인정하고 있는 우열·강약·선악·예절·이해의 기준에 따라 내 '나라'를 내세우고 남의 나라와 다투고 싸우고 협조하는데 불과하다. 서로 서로가 마치 알아 들을 수 없는 말을 뇌까리는 괴인怪人의 괴국怪國을 상대한다든가 또는 남 나라 사람을 바르바로이蠻種라고 부르던 고대 그리스인이나 타국은 이적夷狄이라고 아예 하등시下等視하던 중국과 같이 행동하는 것이 아니라 서로 같은 것을 좋다고 하고 서로 낮은 것을 낮다고 할 수 있는 커다란 '양해의 세계', '의미체계' 안에서 행동하고 있다. 이렇게 서로 평가하고 이해할 수 있는 행위와 개념과 또 심볼과 제도 안에서 얼키설키 관계되고 악착같이 경쟁하고 죽자살자 투쟁하며 또 이리저리 협력하는 독특한 양식이 바로 국제정치의 틀이라고 할 수 있는 것이다.

제 2 절   대외정책의 저변

1. 대외적 태도

　국제정치의 객관적 단위로서의 국가 일반은 현실 속에 사는 경험자의 입장에서는 한낱 허구에 불과하며, 국제정치에 있어서의 국가는 어디까지나 '나'의 국가라는 가치를 지는 주체라고 보았다. 그런 고로 어느 사람, 어느 사회집단에 있어서도 국제정치에의 관심과 또 관계는 '나'의 나라라는 강렬한 가치관을 통한 입장인데, 이러한 가치관적 입장은 곧 무엇인가를 지향하고 행동하고 목적하는 실천적인 입장이 될 것이다. 손쉽게 설명하자면 '나'의 나라라는 척도에서 옳고 그리고, 하여야 되고, 아니하여야 되고, 또 번영하고 풍족하여야 된다는 입장이다.

　이러한 실實로 현실적이며 행동적인 인간의 입장에서 볼 때 국제정치는 우선 '내' 나라의 목적·의사·상황과의 관련 하에 파악되어야 된다. 국가의 의지하는 바와 그 현실이야 말로 최대의 중요사重要事이다. 국제정치도 결국에 있어서는 경험적인 인간의 세계에 있는 것이요, 또 '나'의 나라라는 개성적이며 역사적인 현실국가가 단위인 한에는 불가불 나라의 주체적 견지가 근원이 아니될 수 없다.

일반적으로 한 나라가 대외정책의 목적으로 삼는 바는 여러 가지가 있을 수 있다. 허울좋은 세계평화·인류행복으로부터 영토확장·정치권력의 확대·국내의 번영·국위의 선양 등등을 적극적 목적이라 한다면 소극적으로 국가의 유지 혹은 독립이라는 명목의 지탱支撐 같은 것도 들 수 있다. 정치집단으로서의 국가의 지향하는 바가 다양할 수 있은즉 목적도 또한 허다할 수 있다. 그러나 어느 나라의 대외목적이든간에 예외없이 공통되는 특색이 있다. 앞서 국제정치에는 국제정치의 틀이라고 할 수 있는 것을 들었다. 피차가 대체로 기준으로 하고 행동하는 의미와 행위의 틀을 들었다. 그러나 이 틀은 어디나 또 누구에게나 꼭 같이 계량되고 평가되는 것은 아니다. 틀은 틀이지만 큰 틀이 돼서 그 속에 노니는 국가는 '내 나라'의 입장에서 조금이라도 유리하게 써 보려는 틀이며, 또 그것이 그 틀의 성격이기도 하다. 곧 '내'나라의 해석에 의한 정의·평화에 불과하다. 국제적 경제질서 또는 국제법질서라 하여도 '내' 나라의 가치관을 본보기로 하여 해석하고 계획하고 '남'에게 요구하고 있다는 것이다. 국제정의라고 하여도, 세계평화라 하여도 구경究竟 '내' 나라에게 유리하거나 납득되는 질서에 불과하다. 인류사회의 번영이라 할지라도 '내' 나라의 번영이라는 이론에서 출발한다. 주의主義·주장·제도·문물의 국제화도 따져보면 '내' 나라의 틀이라야 된다는 것이 심저心底에 있다. 민주주의같은 말의 의미까지도 그러하다.

2. 힘

그런데 이러한 주체적인 목적이 현실화하는데 있어서는 수단이 필요한 것으로 – 그 수단에는 때로 교섭이라든가 때로는 위협·무력이라든가 또는 모략·선전이라든가 그리고 교환·거래 등등 여러 가지가 있을 수 있다. 널리 구별하여 평화적 수단과 전쟁이라는 – 후에 상설詳說하는 – 것이 있다. 그러나 이러한 모든 수단은 목적에 이르는 효용도에 의하여 평가될 것인데 – 효용도는 상대의 항거를 약화할 수 있는 도수度數로써 표시할 수 있다. 이러한 의미에서 볼 때 국가의 대외정책을 실시하는 경우에 있어서 수단의 효용도를 가장 높이는 것을 이른바 힘(권력)이라는 개념으로 표시한다. 국가의 힘은 모든 국가수단을 유효하게 하는 보급창과 같다. 모든 국가목적은 그 실현에 있어서 '힘'이 필요하다는 의미에서 '힘'은 목적에 이르는 공약수라고 할만하다.

본래 국가의 대외목적과 '힘'과는 이론상 판이한 것이다. 그러나 힘의 축적이, 바꾸어 말하여 '남'과 비교하여 힘이 강하다는 것이 목적에 이르는 최대의 가능성이라 한다면 '힘' 그 자체를 목적시할 가능성이 현실에서 있게 된다. 부국강병은 절대로 국가의 목적 그 자체는 아니라고 선현先賢은 주장하여 왔다. 그러나 현실에서 볼 때 각국이 예로부터 부국강병을 마치 목적처럼 본 것은 숨길 수 없는 사실이다. 이론상 '힘'은 국가목적을 대외적으로 달성하는 수단이라고 할만하다. 그런데 이러한 목적과 수단이 구별되면서 또 동일시되는 것이 현실의 국제정치의 일모一貌이다. 이것을 학자는 이른바 권력정치의 세계라 하고 또 혹은 국제정치의 마키아벨리적인 구조라고도 부른다.

제 3 절 국제정치의 설정

1. 주체적 입장

주체적 입장에서 본 국제정치는 어디까지나 '내' 나라의 목적달성, 그리고 그에 이르는 현실적인 필수물로서 권력의 증대를 중심으로 한다. 이 경우 '내' 나라와 '남'의 나라와의 관계는 목적달성과 존립에 유리한 우호관계이거나 불리한 적대관계이거나 그렇지 않으면 아주 무관할 수 있는데—완전한 무관계 상태는 현대에는 있지 않고 대개는 잠재적인 우적友敵 관계에 서 있다.[1] 또 이러한 주체적인 국가입장에서 보면 '내', '남'의 관계는 완전한 지배복종의 관계에 서는 것이 이상적 상태라 하겠다. 형식적으로 어떤 관계에 서는 것이 가장 이상적인 국제적 지배복

---

1) 주체적인 입장에 설 때 국제정치가 우적(友敵) 관계라는 견해는 독일 C. 슈미트의 설(說)이다. 슈미트의 설은—여러 오해에도 불구하고—본질상 국제정치의 이론이라고 할 수 있다. 뿐만 아니라 종래의 국가정복 기원설 같은 것도 따져보면 주체적 입장에서 본 국내정치의 국제정치 기원설이라 할 수 있다. 참조—Carl Schmitt, *Der Begriff des Politischen*, 제3판, 1933; L. Gumplowicz, Rassen-Kampf (선집 제3권, 『인종투쟁』, 부록 인종과 국가, 제2장, "국가는 어떻게 성립되었는가," p. 351 이하).

종의 관계이냐 하는 것은 그때그때의 형편에 따를 것이나 본질적인 점은 국가목적이, 혹은 그때그때의 국가정책이 '남' 나라와의 관계에서 충분히 실현될 수 있다는 것이 중요하다. 다음으로 '내' 국가의 최악의 경우는—국제정치적으로 보아—정책목적을 실현시킬 주동성이 전무하고 다만 '남' 나라의 정책과 주도에 호응추종하여 겨우 존립을 보전하거나 그렇지 않으면 최소한도의 정책구현을 보는 때이다. 이 경우도 그 형식이 반식민지이건 위성국적 존재이든 지금은 문제가 아니다. 요要는 주도력이 전무하다는 것이 문제이다. 위에 든 두 가지의 경우를 양극으로 하여 그 중간에 많은 여러 가지의 중간형태를 생각할 수 있다. 또 그 형태는 일시적일 수도 있고 또 비교적 장기일 수도 있다. 이러한 수많은 국가간의 관계와 그 형태에 대한 분류기준은 다름아니라 '힘'(권력)이라는 개념으로 표시한다. 힘의 강약으로 이러한 관계를 인정하고 또 관계의 형태를 이름짓는 것이 보통이다. 가령 소련 대 폴란드波蘭 관계가 대국과 위성국의 관계라고 간주하는 사람이 있는 연유는 구경究竟 '힘'의 강약과 동시에 강약국 사이의 정치관계가 고정하였다는 것을 의미한다. 몽고인민공화국이 소련정책에 완전히 동조함으로 인하여 그 존립을 유지한다고 하는 평評은 약자의 또 하나의 예일 수 있다. 그러고 보면, 주체적인 '내' 나라라는 견지에서는 '힘'이 '내', '남'의 단기·장기의 관계를 결정짓는 한 개의 척도가 될뿐 아니라 나아가서는 약국의 '내' 나라적 입장에서 본 국제관계라는 것도 실상은 강대국의 주도하에 형성되어 있다는 것을 부인하기 어렵다. 이론적으로 말하자면 강대국은 약소국의 상대개념이며 따라서 국제관계는 강약의 상대관계에서 이루어진다고 할지 모르나, 적어도 '내' 나라라는 주체적 관점에서 주도적인 '힘'이 국제관계의 동인이요, 기저라고 한다면, 국제정치는 필경 국제적 범역範域에 있어서의 강대국의 정치라고 부를 수 있게 될 것이다.

2. 객관적인 상황

국가의 대외정책은 사람에 비긴다면 국가의 의사요, 또 그 실시는 행동이라고 할 수 있다. 의사에서 행동이 나올 수 있으나 그러나 한번 이루어진 행동은 걷어들일 수 없고 행동은 의사와는 달라 물질적인 세계의 법칙에서 뛰어나갈 수가 없다. 한번 행동으로써 '남'과의 사이에 객관적인 사실관계가 이루어지면 그것은 어찌할 도리가 없다. 한번 남을 때리면 때렸다는 사실을 없앨 수 없고 또 남과 구원構怨한다면 원수怨讐의 관계를 그 전前 관계로 돌이킬 수가 없다. 주체적인 입장에서 '내' 나라가 정책과 목적을 세우고 또 지니는 것은 자유로되 한번 그것이 실시의 단계에 가거나, 또는 국가행위에서 이루어지는 국가간의 관계가 생길 때는 제아무리 주체적 견지로써 합리화한다 하더라도, 결국 주체적 가치관이나 '내', '남'의 관계라는 실로 자기중심적인 태도만으로는 어찌할 수 없는 객관적 사실이 되고 만다. '나'의 입장에서 출발하여 어떠한 입장과 의사를 주장하였든 간에 보편적인 정치의 틀 속에 객관적으로 위치하게 된다. '나'의 나라라는 가치포함적인 국가관념에서 출발하는 국가간의 관계는 그 출자出自의 성격에도 불구하고 사실관계로 객관화되지 않을 수 없고―그러면서도 그러한 객관적 사실이 주체적 국가에 반영될 때는 또 다시 주관화되고 '내' 나라라는 가치포함적 사태事態로 환원하게 된다. 그 말은 곧 단 한 개의 객관적 사실에 대하여 관계 각국의 여러 개의 독자적인 그리고 주체화된 영상이 있다는 것을 의미한다.

객관적 사실관계는—그것이 적어도 사실관계로서 존재하고 동시에 그렇게 해석되고 이해되는 최소한의 조건은 그 사실관계가 한편만이 아닌 양편의 관계인 것이 납득될 수 있는 극소의 합의가 관계국간에 있어야 한다는 것이다. 그것이 적어도 관계국의 극히 일방적인 태도·행동 등에서는 이루어지기 어렵다는 의미에서 객관적 사실관계는 합리적이며 합의적이어야 될 것이며 또 그것이 관계를 의미지어주는 높은 차원의 관계에서 이해될 때에는 더욱이나 합리적으로 인정될 것이다. 그리고 그러한 객관적 사실관계가 오래 지속하면 할수록 이러한 합리적인 요소가 크다고 볼 것이다. 왜냐하면 합리적 요소의 희박은 합의의 근저가 얕다는 것을 의미하는 고로 합리도와 합의의 심도는 정비례한다고 비유할 수 있기 때문이다. 그런데 주체적 입장에서 보면 객관적 사실관계의 합리성이란 결국 불가피한 타협에 불과하다. 더욱이 최소의 타협으로 객관적 사실관계를 조성할 수 있는 것은 말할 것도 없이 강국이다. 따라서 이 경우 합리성이라 하여도 기껏해서 사실관계의 유지를 좌우하는 강대국 중심의 합리성인 것을 부인할 수 없다. 또 따라서 강대국 중심의 정치의 틀이라고도 할 수 있다. 가령 1938년에 영국·독일·프랑스·이탈리아가 맺은 뮌헨 협정은 영국·프랑스의 대독對獨 유화로서 유명한 일이었는데, 그것은 4대강국의 입장에서는 타협이요, 협정이 성립된 정도에서는 합리적인지 모르겠으나 국토를 희생한 체코슬로바키아의 입장에서는 비합리적이었을 것이다. 혹은 반발할 수 없는 경우에 있는 최대의 타협이요, 최소의 합리성이었을 것이다.

제 4 절　국제정치의 제도화

1. 사실관계에 있어서의 '힘'과 호혜성

　국제정치에 있어서 객관적인 국가간의 사실관계는 그것이 관계로써 성립되고 또 존속하는 한에 있어서 '내', '남'의 나라 사이의 합의를 가능케 한 합리성과 그것을 밑받침하는 의미체계 위에 서 있다고 말하였다. 그리고 또 그러한 객관적 사실관계의 장기적 지속은 요컨대 합의의 지속이요, 그럴수록 합리도가 심화한다고 보았다. 대체로 국가간의 객관적 사실관계는 '힘'이라는 척도에서 볼 수 있기도 하고 또 '내', '남'의 나라에 대한 호혜도互惠度 · 유용도有用度에서도 볼 수 있다. '힘'의 관계가 비교적 고정되어 있을 때는 어떤 식의 평화이든간에 좌우간 평화적 관계라고 일컫는다. 이런 의미에서 미국과 남미 제국諸國과는 오랫동안 평화관계가 유지되었다. 다음으로 '힘'의 관계가 잠시도 쉴새없이 변화한다고도 생각되고 혹은 '힘'의 관계가 채 서지 않았다고도 볼 수 있는 극단의 경우가 전투 사태事態라고도 하겠다. 전투는 - 이러한 의미에 있어서 - 객관적 사실관계의 수립을 더듬고 있는 사태라고도 표현할 수 있다. 이론적으로는 전투는 사실관계의 변화가 극심한 특례라고 할 수 있다. 관계의 극심한 동요와 불안정은 관계자간에 있어서는 요컨대 합의의 극소, 타협의 극소 그리고 합리성의 극소 – 현실에 있어서는 영秊을 가리킨다. 그러면서도 '전쟁상태'라고 의식할 때는 그것은 또 하나의 관계의식이라고 할 것이다.

다음으로 호혜도互惠度 · 유용도有用度에서 이루어지는 객관적 국제관계를 헤아려 볼 수 있다. '내', '남'의 나라에 두루 유용하다는 것은 '힘'이라는 자의 치수가 대단히 커서 어지간한 힘의 차는 문제가 아니된다는 것이다. 사람은 이것을 국제협조라는 이름으로 부르기도 한다. 이러한 '힘'의 대소에 비교적 엷게 영향받는 상호혜택의 관계도 일종의 합리성임에는 틀림이 없다. 본보기를 들자면 국제전신전화협정같은 국제행정관계가 그것인데, 전쟁에 있어서도 이런 의미의 상호혜택 · 유용성 그리고 합리성은 이미 예로부터 전시법 중에 많이 채택되었다.

2. 국제질서

국가간의 객관적 사실관계가 오래 지속될 때 사람은 관계가 고정되었다고도 하는데 이 경우 '내' 나라적인 주체적 반응은 습관화하고, 관계의 호혜성互惠性은 곧 자체의 효용으로 간주되고, 그리고 '내', '남' 사이의 지속적 합의로써 관계는 제도화된다. 본래 여러 나라 사이의 착잡다단錯雜多端한 관계는 어느 모로나 정돈되지 않을 수 없는 것이다. 뿐만 아니라 반드시 그 본되는 정치범주를 기준삼아 관계의 의미와 질서가 전제되어 있다고 하여도 무방하다. 정치적 · 경제적 · 군사적 · 문화적 상호관계는 현대에 있어서는 이루 헤아릴 수 없는 정도이며, 이러한 거미줄같은 관계가 형태·내용간에 무질서하게 생기고 엇바뀌고 없어진다는 것은 정치의 의미와 틈을 없다고 보는 것이며 나라의 견딜 수 없는 사무복주事務輻輳와 혼란을 일으킬 것이다. 이 점에 있어서 이러한 복잡성을 처리하고 정리하는 방법의 하나가 '제도화'라 할 수 있으며, 연고然故로 국제관계의 복잡도는 제도량制度量의 증가와 비례한다고도 볼 수 있다. 국제정치의 제도화 과정은 필연적으로 국제질서의 안정을 가져오게 된다. 제도화는 대소광협大小廣狹의 각종 규모로 이루어질 수 있으며, 이 각종의 제도는 또 종횡으로 정돈되어야 할 것이다. 관계국의 반발이 없는 한 제도로서의 합리성이 지니고 있는 자기관철적인 성격은 국제정치에 있어서도 뚜렷하다.

　국제질서에는 여러 가지의 내용이 있다. 첫째 국제법적 질서인데 국제법이 법인 한에는 물론 사실관계는 아니다. 그러나 국제법의 법률적 성격에서 가정하고 있으며 또 그로 인하여 효과를 거두는 국제적 사실관계는 국제법적이라고 부를 수 있는 정도로 특이한 것이며, 그 으뜸되는 정치적 효용은 국제관계의 제도화라는 일언一言으로 덮어버릴 수가 있다. 둘째는 정치질서인데 그 구체적인 한 예로는 소련과 다른 공산국 사이 그리고 미국과 약소 자유진영국 사이에 빚어진 정치적 통솔관계이다. 그 통솔의 방식이 형형색색 일률적으로 규정할 바가 없으되 각각 정치세력권을 이루고 그 권내에 독자적인 질서를 유지하고 있는 것은 부인할 길이 없다. 셋째는 경제질서를 들 수 있는데 이미 정치학에서도 널리 차용하는 국제자본주의라는 사회경제사적인 용어가 이와 같은 관련이 있는 것은 말할 것도 없다. 이 밖에도 편의에 따라 군사적·문화적·사상적 질서를 마련하여 따질 수 있을 것이로되 – 이 모든 것이 국제질서의 내역內譯이며 또 모아서 국제관계의 제도화를 밑받침하고 있으며, 그리고 마치 의지적이요, 행동적이요, 동적인 '내' 나라적 권력정치에 대하여 고정적이요, 보수적이요, 정적인 객관적 제도화의 정치를 이룬다고 여겨진다.

제 5 절 '힘'과 질서

　국제정치는 그것이 '내' 나라라는 주체적인 국가 사이에서 빚어지는 한에는 '내' 나라식의 의지적이며 능동적이며 폭력적인 면을 지양할 도리가 없다. 동시에 내 '나라'의 정치적·군사적·경제적 또 문화적제목적諸目的 정책은 달성수행의 차원으로 옮겨놓아야 된다. 이에 따라서 현실적인 장해障害를 제거하기 위하여 타협·설득·우회·모략·투쟁·협력·명분화의 수단을 가리지 않게 된다. 그러나 이러한 정책실시는 곧 주관적 사실의 객관화를 의미하며, 사실관계의 최대의 합리화는 그 관계의 최대의 효용도라는 원리에 의하여 관계의 고정화·제도화의 단계로 들어간다. 그리고 마침내는 '힘'관계나 상호혜택 관계의 안정화를 위한 제도화가 새로운 '내' 나라적 의사 또 정책수행에 자갈이 되고 그리고 명에가 되어 스스로를 제약하게 된다. 국제정치는 단순히 '힘'만이 움직이고 '내' 나라만의 의사가 자기관철할 수 있는 터가 아니다. 또 국제정치는 단순히 제도화만이 있고 질서만이 있고 그 위에서만 평화가 이룩된다는 정지靜止의 세계도 아니다. 비유하자면 '힘'의 동動과 '질서'의 정靜이 양개兩個의 좌축이 되어 그 사이에 부단히 전동顚動하는 좌표와도 같은 것이 국제정치의 모습이오, 고정과 변혁의 기틀이 되는 것이 국제정치이기도 하다.

원래 현실 국제정치는 방박尨礴한 것 같으면서 명백히 골격을 갖추고 있으며, 또 역사를 아무리 치켜 올라간다 하더라도 국제질서가 전무하였던 때나 문명을 찾을 길이 없다. 이론에서 말하자면 현대국제정치에 있어서 '내'나라적 힘이 발동하여 목적을 이루고 정책이 실행되고, 그것이 다시 객관화하여 국제관계가 얽혀지고 나중에는 질서화하는 것을 순차로 따질 수 있다. 그러나 현실에서 보면 이미 어느 종류든간에 국제질서의 중심은 서 있고 틀도 잡혀져 있어서 그 질서의 틀안에서 '힘'이 발동하느냐 그렇지 않으면 점차로 신질서로 바꾸어 가느냐 또 그렇지 않으면 전쟁의 결과에서와 같이 급작히 바꾸어지느냐 하는 것만이 문제이다. 그것도 과거의 국제질서의 전역을 일시에 파기하고 새로운 것으로 별안간 바꾼다는 것은 경험의 세계에서는 있기 어렵다. 과거의 국제질서가 대폭으로 바뀌는 대표예는 아마도 문명권이 다른 세계 사이의 정복관계일 것이다. 칭기스칸이 몽고 기병을 앞장세워 회회교回回敎 세계를 유린하였을 때, 그리고 구주歐洲 세력의 인도·중국침략 같은 예가 역사상에 유명하다. 확실히 이러한 예가 국제정치권의 급격한 변동을 가져오고, 질서의 대폭적 변경이 오는 호례好例이기는 하다. 그러나 그것도 현대와 같이 유럽적인 정치형태가 세계화한 오늘날에 있어서는 다시 있으리라고 생각되지 않는다. 과거에도 대체로 그랬거니와 현대에 있어서는 더욱 어떠한 시각에서 출발하든지 먼저 그때에 엄존하는 국제질서로부터 생각하여 이에 대한 세계각국의 '내'나라적 정책과 그 실시를 고려하는 것이 자연스럽다. 이 경우 질서의 강약이라든가 완전 · 불완전 혹은 부단히 이루어지는 부분적인 변화보철變化補綴은 개의할 바 아니다. 이론상 '내' 나라적 '힘'은, 출발점이기는 하나 현실에서는 질서의 세계가 '힘'의 자태를 규정한다.

4장

근대국가의 국제정치사적 여건

제 1 절 근대국가의 역사적 성격

1. 근대국가의 관념

20세기의 세계정치라는 관념은 그 연원淵源으로 보아 유럽정치의 형태로서 출발한 근대국가 간에 이루어지는 특정한 국제정치관념에 유래한다. 따라서 오늘의 국제정치를 다루려면 부득이 그 연원淵源이 되는 유럽정치의 핵심인 근대국가와 그 사이에 빚어진 국제정치관념을 규명하지 않을 수 없다. 이런 목적에서 우선 유럽근대사를 전후의 양기兩期로 나누어 본다. 근대 전기는 대체로 16세기로부터 프랑스대혁명까지, 그리고 후기는 이 대혁명으로부터 제1차 대전까지로 정한다.[1] 이렇게 시대를 나누

---
[1] '시대구분의 문제'
    유럽사를 어떻게 시대구분을 할 것이냐 하는 문제는 곧 어떤 입장과 어떤 각도에서 역사적 타입을 설정하여 보느냐 하는 문제가 된다. 현재 유럽사의 연대구분론은 대체로 정치적·문화적·종교적 입장으로 나누어진다. 그 중에서 문화적 입장은 가장 오랜 전통을 가지고 있는 듯하다. 유럽사학에 있어서 고대·중세·근세(근대)의 시대구분을 처음으로 한 것은 근대초의 휴머니스트였다고 하거니와 그것은 대체로 종교적·문화적 입장으로서 – 후세의 종교적 입장 곧 도버(A. Dove), 트렐츠(E. Traeltsch), 폰 벨로(G. von Below), 쉬뉴러(G. Schnurer) 등이나 또 문화사적 입장에서 근세 출발의 표식(標識)으로 '르네상스'를 들고 있는

어 볼 때 근대국가라는 특정한 관념은 대개 전기를 통하여 유럽에서 지배적이 되고, 후기를 통하여 전지구 위에 퍼져 마침내 국제질서의 기준단위로 간주된 유형類型 관념이라고 볼 수 있다. 근대국가관념은 유럽이라는 특정한 사회에서 발달된 독특한 유형 관념이며 이에 대응하는 유형적인 양식과 제도는 특정한 역

입장, 곧 프랑스의 미슐레(Michlet), 독일의 부르크히르트(J. Burckhardt), 브란디(K. Brandi) 또 혹은 문예부흥과 종교개혁의 양자를 내세우는 입장 – 이들과 근본적으로 다를 바가 없다(대략은 W. Pauer, *Einführung in das Studium der Geschichte*, 1921, S. 103ff. 휴머니스트에 대하여는 G. Huizinga, *Zur Geschichte des Begriffs Mittelalter,* 1921, im "Geschichte u. Kultur," 1954. 다음 르네상스와 종교개혁을 더불어 드는 예로는 Ch. Seignobos, *Essai d'une Histoire Comparée des Peuples de l'Europe,* 1938, Ch. XI). 그러나 이 가운데 있어서도 근세를 어느 때로부터 잡느냐에 대하여는 이론(異論)이 분분하거니와 한번 정치사적 입장에 설 때에는 입장은 같아도 시기획정에는 역시 설이 나누어진다. 일찍이 17세기의 크리스토프 켈라리우스(Christoph Cellarius, 1638–1707)는 근세를 비잔틴제국의 몰락 이후로 보았고, O. 로렌쯔(Lorenz)는 1492년 콜럼버스가 미대륙을 발견한 해를 근세로 잡았다. K. 부라이지히(Breysig)나 헤겔(Hegel)이 게르만민족사적 입장에서 1494년 이후 또는 종교개혁 이후를 근세로 잡은 것은 대체로 로렌쯔와 시기로 보아 부합하는 것이며 여러 사가(史家)는 이에 전후하는 15세기 후반을 근세로 잡고 있다(상인(上引) 바우어 pp. 104-106; G. W. F. Hegel, *Philosophy of History*, translated by G. Sibree, pp. 412 et seq.). 이에 대하여 불룬츨리(J. C. Bluntschli)같은 법학자는 문예부흥설 · 종교개혁설 · 영국 명예혁명설 · 프랑스 대혁명설 등을 논의한 끝에 1740년 프러시아의 프리드리히 대왕 때를 근세로 잡았다(*Allgemeine Staatslehre*, 6. Aufl, 1886, S. 52 ff). 지금 이러한 제설(諸說)을 고려하면서 국제정치적 입장에서 생각하건대 유럽사가 유럽이라는 지역에서 이해되는 시기를 넘어서 세계사적 의의에서 이해되는 것은 말할 것도 없이 신대륙의 발견과 동양항로의 개척인데 이로 말미암아 유럽사는 단순히 유럽에 국한하는 역사로부터 일대 비약을 하게 되었다. 뿐만 아니라 15세기말은 이탈리아전쟁이라는 유럽 쟁패전이 시작되는 시기이기도 하며 또 문화사적으로도 문예부흥의 성기(盛期)에서 16세기의 종교개혁으로 넘어가는 시기가 된다. 15세기는 또 다른 의미에서 유럽세력 팽창의 여러 징조가 나타나는 때로서 가령, 그 중엽에는 프랑스에 상비군이 설치되었으며, 콘스탄티노플은 함락되었으나 레판토전(戰)에서 터어키세력을 막았고, 또 이탈리아의 반도에는 근대적인 도시적 지역국가들 사이에 영토 쟁탈전이 벌어져 마침내 그 후 유럽사를 장식하는 프랑스 대(對) 스페인 · 황제간에

사적 동안에 나타나고 있는 특정한 정치양식이며 제도라고 해석된다. 고로 근대후기말에 이르러서는 유럽정치의 세계적 팽창과 더불어 정치는 대체로 국가정치로 이해되고 또 국가정치의 '국가'는 곧 '근대국가'라고 인정되는 것이 보통이 되었다. 이러한 유형 관념으로서의 근대국가의 발달에 있어서 순차로 나타나는 것이 다름아닌 국가의 영토관념이오, 주권사상이오, 또 나중에 나온 국민관념이었다. 이미 근대 전기의 절대군주 시대에 있어서 영토국가의 관념과 영토 내의 배타적인 독점세력(통치력)의 사상은 확립을 보았다. 주권 또는 통치권 또는 지상공권至上公權이라는 사상은 이 점에서 볼 때 국토(영토) 내의 독점적이며 배타적인 유일권력에 대한 사상이며 이 까닭에 근대적 영토관념

쟁패전이 시작된다. 이렇게 볼 때 국제정치의 입장에서 15세기말부터를 근세 전기로 보는 것은 타당한 것으로 보인다. 다음에 프랑스 대혁명은 유럽사를 일변시키는 사건이라고 볼 수 있다. 왜냐하면 그 전에 영국의 명예혁명 또 미국의 독립전쟁이 있었으나 당시로 보면 프랑스가 유럽문화의 중심과 같아서 프랑스를 통하지 않는 한 그것은 지방적 의의 이상을 벗어나기 어려웠다. 그것은 마치 근세초에 이탈리아가 유럽의 중심이듯이 모든 문물을 유럽화하는 매개역할을 하였다는 점에서 프랑스 대혁명은 유럽의 구체제의 붕괴를 복(卜)하는 중대 사건이었으며 더구나 이 혁명을 계기로 하여 근대적 내쇼날리즘이 확립되게 된다는 점에서 그 의의가 자못 큰 바가 있다. 프랑스 대혁명을 잇달은 나폴레옹 전쟁과 그 결과인 비엔나 조약은 사실상 제1차대전까지의 유럽정치 질서를 확립하는 것으로 이 점으로 보아도 프랑스 혁명은 중요하게 되므로 이 때로부터 근대 후기로 잡는 것이 타당하다고 믿어진다. 근세 후기를 제1차대전으로 끊는 이유는 앞서 상론하듯이 그 때부터는 이미 세계사의 세계라고 간주되는 까닭이다. 물론 이러한 시대구분은 유럽사의 입장에서 보는 경우에 그칠 따름이지 세계 각 문화권의 역사적 전개라는 거시적 입장에 서는 때에는 맞지 않을 것은 일찍이 슈펭글러가 논의한 바와 같을 것이다(O. Spengler, *Decline of the West*, translated by C. F. Atkinson, Vol. 1, pp. 16 et seq., & Chapter 3-5). 신대륙 발견의 의의를 유럽법의 세계확대라는 견지에서 본 독특한 시대론으로서는 – Carl Schmitt, *Der Nomos der Erde*, 1950, S. 55ff. 일방 근대 식민지를 근대의 한 표식(標識)으로 잡은 예도 있다 (A. H. L. Heeren, *Handbuch der Geschichte des europäischen Staatensytems*, Werke, Bd. 8, 1822, Einleitung).

제 1 절 근대국가의 역사적 성격

과 불가분리의 관계에 선다. 이렇듯이 독점적이며 배타적인 유일지고唯一至高의 절대권력이 타당하는 영토라는 관념에 매개된 국가관념이 곧 근대국가의 한 표식標識였는데, 이로 인하여 근대 전기 직전의 유럽은 이 배타적이며 독점적인 영토권을 주장하게 되는 강력한 군왕과 전통적이며 국제적인 권위 위에 서 있는 황제, 또 특히 법왕과의 알력軋轢·갈등으로 소란하였었고, 전기에 들어서서는 마침내 영토국가의 왕권이 명분으로도 공인되게 된 것은 주지의 역사적 사실이다. 말하자면 중세적인 국가 유형으로부터의 이탈 또는 탈출로써 근대국가는 출발하였다. 이로 보면 근대국가는 그 발생과 그 기원에 있어서 먼저 유럽사상史上의 중세국가 유형에 대립되어 나온 관념이 아닐 수 없다.

2. 중세적 국가유형과의 비교

중세국가가 근대국가 관념과 날카롭게 대립되는 그 특징의 하나는 - 그 권력관념의 이원주의라는 것으로 알려지고 있다. 이른바 양검론兩劍論이라고 불리우는 사상이다. 중세사상에 의하면 기독교사회는 사회로서는 단 하나의 사회 곧 하나님이 만드신 한 개의 사회이로되, 다만 그 지배에 있어서 - 일반의 양심과 신앙의 문제는 교회 곧 로마법왕이 신의 권위를 맡아보고 한편 여타의 세속사는 신의 권위가 신성로마 황제에게 위탁된 것으로 인정되었다.[2] 그러므로 비록 기독교사회는 하나였을 망정 그 사회에 임하는 권력에는 교敎·속俗의 양권兩權이 있었으며, 또 이 권력은 보편적이며 국제적인 것으로 간주되어, 중세의 왕후국王

---

2) 참조 - R. W. Carlyle and A. G. Carlyle, *A History of Medieval Political Theory in the West,* Vol. 1, pp. 190 et seq. 및 Sachsen Spiegel, Bch, 1, Art. 1 (Reclams U. Biblio., S. 19)

侯國에도 그대로 타당하는 것이었다. 하기는 이 敎教·속俗의 양 검兩劍이 서로 적절히 균형되어 평등하게 행사되지 않았던 때도 있었던 것은 말할 것도 없다. 더욱이 유력한 법왕의 출현에 따라 법왕우위·교회우월의 논論이 나오고 마치 양검兩劍 사이에 상하·서계序階의 관계가 있는 듯이 보이기도 하고, 심지어는 '카놋사Canossa의 굴욕'과 같은 사건[3]까지 있기는 하였으나 그러나 신의 뜻이 현세에 있어서 敎教·속俗의 양자兩者로 이분되어 있다는 점은 부인될 수 없었다.

이 점에서 볼 때 중세의 이원주의라는 것이 근대국가의 일원주의와 날카롭게 대립되는 것으로 여겨지는데, 근대국가는 이러한 권력의 이원적 성격 – 혹은 정치권력의 교권의 종속을 엄밀히 제거하는 데서 성립하였다. 근대국가의 권력이 단순한 권력이 아니라 지상至上·지고至高·무제한·불가분·불가류不可謬·독립의 주권이라는 것은 일찍이 보댕이 역설한 바이다.[4]

---

3) 로마 법왕 그레고리 7세와 제국 황제인 하인리히 4세 사이에 승관서임권(僧官敍任權) 문제를 직접적인 계기로 하여 갈등이 벌어졌는데 황제는 법왕 폐위를 결의하고 일방 법왕은 황제 파문(破門)을 선고하였다. 그리하여 제국, 제후들이 법왕을 지지하매 할 수 없이, 1077년 정월 당시 법왕이 유거(留居)하던 카놋사 성(城)밖에서 한풍(寒風)에 떨며 3주야(晝夜)를 빌어 겨우 법왕의 파문 선고를 돌이켰다. 이에 관련된 그레고리 7세의 교권우월론에 대하여는 전인(前引) 양(兩) 카라일저, 『서양 중세 정치학설사』 제3권 제3부.

4) 보댕(Jean Bodin, 1529-1596)에 의하면 주권은 항구적이고 절대적이며, 불가류(不可謬)·불가분이로되, 그 특징에는 법 제정권·전쟁과 조약체결의 권한·임명권·재정권 등등의 여럿을 들었거니와 특히 신서(臣誓)를 하고 있는 제국 제후나 봉건 제후 등은 주권국에서 제함으로써 근대 주권론자로서의 태도를 명백히 하였다(*Les Six Livres de la République*, éd. 1583, pp. 122 et seq., p. 221 et seq. 특히 봉건 제후의 비주권성(非主權性)에 대하여는 Liv. 1, Chap. 9 특히 pp. 213 et seq.). 이러한 보댕의 주권사상이 그의 개인사상이 아니라 중세이래의 유래가 깊은 것이며, 또 프랑스 종교내란에 있어서 정치·사회의 혼란을 군권(君權)의 확립으로 이룩하려는 이른바 '폴리틱파(派)'의 공통된 주장이기도 하였다(졸저, 『정치와 정치사상』, p. 124 이하. 폴리틱(Politique)파의 사상에 대하여는 W. F. Church, *Constitutional Thought*

다음 중세국가는 그 구조가 인륜적이며 또 계층적이며 그 권력이 세縱로 나누어져 있는 것으로 알려져 있다. 중세정치의 구조는 구체적으로 봉주封主인 군왕과 봉신封臣인 영주領主와 그 영주의 신속臣屬 곧 배신陪臣의 3계단으로 줄여 생각할 수 있는데 이러한 주종의 관계가 권력질서로서 근대국가와는 판이한 면이 있었다. 지금 카롤링거 왕조로부터 중세 성기盛期에 이른 동안의 고정된 예로 개관컨대5) - 일반적으로 말하여 군왕과 봉신과의 사이의 관계는 인격적인 면과 물질적인 면으로 구별된다. 봉신은 예로부터 내려오는 헌신의 양식commendatio을 통하여 충성fiedelitas을 서약하고 이에 대하여 봉주는 보호의 약속을 하게 되는데 이것으로 주종관계vasallität가 성립한다. 한편 인격적 관계와 동시에 봉주는 봉신에게 봉록feudum을 수여하는데 이것은 현실적으로 충성관계의 물질적 기반이 되는 수가 많다. 그러므로 봉주가 만일에 그 보호와 수록授祿의 쌍무적 의무에 게으른 경우에는 따라서 충성관계의 실효를 의미한다고 여겨질 수 있는데, 이것이 독일제국 영내에서의 보통예인 것은 밋타이스가 이미 상론한 바와 같다.6) 본래 게르만 시대에는 부권父權 아래 절대적으로 통솔되는 가문Haus이 있어서 자유인이라도 이 '가문'에 탁신托身하면 복종 대신에 보호의 혜택을 입었다.7) 또 무정부적인 혼란기에 있어서 유력자에게 예속함으로써 안전과 보호를 입는 가신Vassi들이 출현하는데 이들이 헌신하는 의식이 바로 commendatio의 본의이거

---

    in 16th Century France, 1941, Chapt. 4).
5) 이하는 - 서로 일치되는 한에서 좌기(左記)에 따라 종합하였다. F. L. Ganshof, *Feudalism*, tran. by P. Grierson, 1952, Pt, III; H. Mitteis, *Lehnrecht u. Staatsgewalt*, 1933, Kapt. 6; Derselbe, *Deutsche Rechtsgeschichte*, 4, Auf., 1956, S. 50ff.
6) 상인(上引) 밋타이스, 『독일법사(獨逸法史)』, p. 102 이하.
7) cf. H. Brunner, *Deutsche Rechtsgeschichte*, Bd. 1, 2. Auf., 1906, S. 91ff.

니와 이것이 프랑크 시대에 들어서면 게르만계의 종신Gefolgschaft 관념과 결합하여 명예로운 충성관계라는 인격적 종속의 핵심을 이루게 되었던 것이다. 이로써 봉주 광범한 지역을 지배하는 중간체를 두는 셈이 되고 또 중세적인 군사력의 조직을 갖게 되는데, 이 점에서 보면, 봉록의 제1차적 의의는 그것이 군사적 역무役務의 유지로서 인식된다고 하여도 좋을 것이었다. 그러면서 봉주와 – 봉신 아래 있는 배신陪臣과의 관계는 아무런 직접적인 것이 없다. 봉주에의 충성은 봉신만에는 그치는 것이오, 배신陪臣을 동원하여 봉주와 군왕을 돕게되는 것은 배신陪臣의 의무가 아니라 봉신의 의무일 따름이었다. 형식으로는 봉주인 군왕을 정점으로 하여 봉신·배신陪臣의 피라미드가 그려진다 할 것이나 실제로는 군왕과 배신陪臣은 가운데 봉신을 두고 서로 절연되어 있게 된다. 봉주인 군왕도 별 수 없이 직영지의 영주로서 직영지와 그곳의 백성을 지배할 뿐이지 그밖에 있어서는 일반 봉신의 봉주이오, 직영지 가신ministerial의 주인일 따름이었다. 뿐만 아니라 현실에 있어서는 봉신이 이군二君 또는 수십의 봉주에게 충성을 서약하는 허다한 사례가 있어서, 이렇게 볼 때 주종의 인격관계라는 각도에서는 봉주 사이의 판역版域이, 서로 교착하여 군왕의 국토라는 관념조차 때로는 애매해진다Deppelvasallität, Pluralvasallität.[8] 이렇듯이 군왕의 영토 내內는 기실 수많은 봉신의 봉지封地로 나누어져 있는데 여기 다시 영토 내의 교권이 있어서 군권君權과 맞서며, 또 각 신분에 따라 적용되는 신분법, 중세도시의 도시

---

8) 동양의 봉건정치에 있어서 충성은 일군(一君)에 그치고, 이군(二君)에게 동시에 충성하는 것은 그 자신이 불충·불신·부도덕으로 인정된데 대하여 유럽 중세의 성기(盛期)에 있어서 봉신(封臣)이 다수의 봉주(封主)를 동시에 섬기는 예는 보통이어서 여러 학자의 주목을 끌었다. 참조 – M. Bloch, *La Société Féodale; La Formation des Liens de Dépendance*, 1939, pp. 325 et seq. 및 전인(前引) 밋타이스, "봉건법과 국가권력," p. 102 이하.

법, 교회법, 제왕과 교회의 평화법 등이 겸용되는 형편이었다.

　이러한 인격적·계층적 그리고 권력분할적인 정치상태에 대하여 근대국가 관념은 예리하게 대립한다. 시대의 현실상이 어떠하든간에 일반 백성이 국가에 복종하는 것은 공권력을 행사하는 군주나 국가기관의 장이지 결단코 사인私人으로서의 군주나 기관의 장은 아니라고 관념된다. 중세적인 사법私法 관계는 이미 근대국가의 지배관계를 맺는 원리는 아니다. 공적公的 관계 – 공권公權에의 귀의야말로 근대국가의 표식表識이라고 할만하다. 그런데 이러한 공권력의 운영은 중앙집권적인 관료조직에 있고 또 그 실력의 현실적 기반은 강제장치로서의 군대였다. 정치적 관점에서 본다면, 이 경우 국토라 함은 합법적인 지배자(공권력의 담당자)의 독점적 관할권이 유지되는 한역限域이 되고 또 국민이라 함은 지배권이 미치는 피치자의 총체이다. 피치자의 총체가 지배자와 구분되는 것이 근대 전기前期의 특색이요, 피치자와 지배자가 자동自同하다고 관념되는 것이 근대 후기의 특징인 것은 말할 것도 없다. 다시 권력의 견지에서 말하자면, 중세국가의 권력이 쌍무적 충성서약과 봉록 수여라는 인격적·물질적 관계를 매개로 하여 본래 독립되어 있고 분산되어 있는 가부장적 소권력의 집결 – 그것도 불안정한 집결에 지나지 않는데 대하여 근대국가는 일정한 영역에 있어서 압도적인 물리적 강제력에 의하여 이루어진 직접적이며 절대적인 지배관계를 공권력(혹은 주권)이라는 개념을 매개로 하여 합법화하고 단체력團體力으로까지 통합한 – 그러한 독점적이며 안정적인 권력질서이다. 연고로 중세국가의 영토란 구경究竟 주종관계가 맺어진 범위라든가 또는 영주(영주가領主家)의 지역적 한계이며 따라서 단일한 권력이 타당하는 배제적 한역限域이 아닌데 대하여, 근대국가의 국토는 어디까지나 타(他)정치권력을 용허(容許)하지 않는 배타적인 것이 되었다. 그리고 또 중세국가의 백성이 다원적 지배관계 속에 얽히어 단일성을 띠우지 못함에 반하여, 근대국가에 있어서는 백성은 국민으로서 단일한 지배관계에 서고 또 그 뿐만 아니라 배타적인 지배관계에 서게 된다. 근대국가의 권력양태는 – 따라서 국민의 성격도 – 본질상 타국에 대하여 배제적이며 또 우적(友敵) 관계에 선다. 철저히 '나'의 나라의 입장에 서게 되고 국제관계에 있어서는 '내'·'남'이라는 예리한 차별의식에서 출발하게 된다. 근대 초기에 있어서 국민의 대부분은 국내에서 압정과 차별과 부자유와 극빈에서 신음하였건만 국제적 분규에 있어서는 호불호간에 – 가만히 있어도 적국민(敵國民)으로 취급되는 프랑스 국민·영국 국민으로서 타국민과 싸우지 않을 수 없고 또 사회 '아(我)'적인 애국심을 발휘아니할 수 없었다. 중세기의 '우리' 세계적인 기독교 사회의식은 사라지고 또 봉건적인 군왕과 영주의 사투적인 전쟁은 지나가고 급기야 '내' 나라적인 피아의 차별의식이 전면에 나타나고, 그리고 국가권력대 국가권력의 대립과 전쟁이 국제관계의 본질이 되었다.[9] 이미 15세기 이후는 이탈리

---

9) 물론 이러한 중세유럽의 근대화는 – 역사적으로는 일시에 된 일도 없고 또 유럽 전지역에 일매지게 진전된다는 것은 있을 수 없었다. 근대 군왕권력의 특색인 중앙집권적인 권력이 어느 때 어디서부터 시작하느냐는 아직도 해결되지 않은 문제거니와 그 실마리가 이미 중세 성기(盛期)에 있었다는 것도 아마 사실인지 모르나 또 한편 중세의 후미에 있어서 독일같은 유럽 중의 정치 후진은 말할 것도 없고, 프랑스같은 선진에 있어서도 프랑스 혁명때까지를 – 곧 근대 전기의 전기(全期)를 통하여 봉록지제(封祿地制)가 잔존하였던 것은 놀랄만한 일이다. 중세에 있어서 후의 국민국가 형성의 기반이 된 왕권 발달의 전반에 대하여는 참조 – H. Mitteis, *Der Staat des Hohen Mittelaters*, 5, Auf. 1955. 특히 제3부 "12세기에 있어서의 봉건제의 융성." 이러한 왕권 발달의 대표예인 프랑스에 대하여는 :Ch. - Petit-Dutaillis, *La Monarchie Féodale en France et en Angleterre*, 1933, esp., Liv. 3, Chapt. 3. 그러나 프랑스같은 데서도 – 가령 웨스트팔리아 조약(1648년)에서 프랑스 왕국에 편입된 알사스(Alsace) 따위는 합스부르크 집안에서

아 북반부에서는 이러한 '내'나라적인 대립과 갈등과 전쟁이 도시국가간을 중심으로 하여 벌어졌다. 마키아벨리가 『군주론』에서 그린 모략과 기반과 교지狡智의 권력정치는 이런 근대국가의 선구들 사이에서 일어난 일이었다.

받은 봉신(封臣)의 봉건적 특권이 그대로 유지되고, 새로 프랑스왕을 봉주(封主)로 하였을 따름이지 그 봉건 특권을 잃지 않았었다. 이것이 폐지되어 왕국 하(下)에 완전히 편입된 것은 1789년의 혁명 이후의 일이었다(G. N. Clark, *The Seventeenth Century*, 2 ed., 1947, pp. 144 et seq.). 프랑스 혁명전(前) 구제(舊制)하의 봉건적 요소의 전반에 대하여는 (프랑스) 참조 - F. Funck-Brentano, *L'Ancien Régime*, 1926. 봉건 제후적 귀족의 형편에 대하여는 특히 제3장.

제 2 절　군사국가

1. 역사적 조건

　유럽사에 있어서 근대초기의 국가상황에는 근대국가적인 정치의 장래와 양상을 결정하는 몇 개의 국면이 있었다. 16·17세기를 통하여 서아시아와 발칸 일대를 지배하고 있던 투르크土耳其제국은 당시의 유럽세력으로는 어찌할 수 없는 우세한 세력이었을 뿐만 아니라 나아가서는 공격적인 세력이기도 하여서 유럽세력은 대체로 수세에 서는 것이 예사였다.[1] 그런 고로 유럽의

---

1) 1571년의 레판토전(戰)으로 투르크(土耳其)의 서진(西進)은 일단 저지되었던 것이나 17세기의 후반까지도 합스부르크 황제령(皇帝領)은 터어키의 군사적 압박을 받고 있었다. 하기는 이미 16세기로부터는 터어키 대(對) 합스부르크 관계는 단순한 동서의 대립이 아니라 유럽 쟁패전의 일각을 담당하는 면이 있었다. 16세기에 들어서서 프랑스 왕가 대(對) 합스부르크 황제 사이의 쟁패전이 날로 심하여지자 프랑스는 회교국인 터어키와 우호관계를 맺어 합스부르크 집안을 그 뒤편에서 견제하였다. 이러한 방식으로 중동구(中東歐) 세력의 팽창을 견제하는 정책은 후에 일종 서유럽 세력의 전통이 되어서 19세기의 영국까지에 이른 것은 주지되어 있는 사실이다. 그러면서 일방 중(中)·동구(東歐) 세력은 17세기 이후 서유럽 세력의 확대에 대항하여 터어키령 – 처음에는 발칸 지역의 토령(土領)으로부터 토(土)의 본토까지 – 를 잠식하고 들어가기 시작하였다. 이러한 의미에서, 국제정치권의 이데올로기에서 볼 때는 유럽권과 회교권은 다르다고 하겠으나, 그러나 투르크제국은 유럽정치사에

입장에서 보면 투르크제국은 군사적으로 뚫고 나갈 수 없는 절벽과도 같은 것이며, 이에 따라 유럽세력의 팽창도 동으로 직접 향하는 것을 피하게 되었다. 그뿐만 아니라 동양의 기화진보奇貨珍寶를 교역하여오는 동서교통로만 하더라도 육로는 ─ 교역로의 험난을 잠간 두더라도 ─ 투르크령을 통과하게 되는 관계로, 정치적인 의미에서도 불안정하였다.[2] 따라서 유럽세력의 출구는 한랭한 북방을 제하면 자연히 서남방이 아닐 수 없었다. 한편 이

있어서 중대한 역할을 하여왔다고 할 수 있고 또 이 한에 있어서는 유럽사적인 요소를 가졌다고 할 수 있다. 이러한 관점을 유럽외교사에 대담하게 도입한 논설로는 Leopold von Ranke, *Die Grossen Mächte*, 1833.

2) 근세초에 발생한 동서교역의 대변화는 말할 것도 없이 15세기말 포르투갈인이 인도항로를 개척하여 동양무역에 나선 것이며 이에 따라 아시아대륙을 횡단하는 육로 교역은 물론이오 베니스가 독점하다 싶이 하고 있던 대(對)이집트 교역(당시 수에즈를 통하여 오는 회교상인의 동방물품의 집산지)도 쇠망하게 되었다(참고 W. Heyd, *Histoire du Commerce du Levant au Moyen Age*, T. 2, 1923. Trosiéme période, 10°, pp. 508-522). 그러나 근동을 무대로 한 동서교역 ─ 특히 육로 무역의 쇠퇴는 이러한 새 항로의 발견뿐만 아니라 근동 일대에 발생한 정치적 변동에도 원인이 있었다. 15세기 중엽에 투르크 손에 콘스탄티노플이 함락되자 제노아, 베니스 등의 이탈리아 상권(商權)은 중대한 타격을 입었으며, 뒤이어 각처의 식민지가 투르크 세력하에 들어가고, 나아가서는 동지중해의 이탈리아 식민지 제도(諸島)가 실함(失陷)하고, 베니스 등과 투르크는 교전상태로 자주 들어갔다. 결국 투르크 해군의 지중해 제압은 스페인·베니스의 연합해군으로써 격퇴되었으나 그러나 동서의 육로 교역은 그 교역지가 투르크령에 들어감으로 말미암아 쇠퇴하게 되었다(전인前引 하잇트, 『중세 근동 교역사』 제2권 제3기(쇠퇴) 제2 오스만 투르크, pp. 1453-1512; S. N. Fischer, *The Foreign Relations of Turkey* 1482-1512, Chapt. 4, 5, 6; O. Ferrara, *Le XVIe Siècle*, vu par les Ambassadeurs venitens, trad. par F. de Miamandre, 1954, Chapt. XI.). 또 한 가지 ─ 13세기 몽고 세력이 중국·중동아시아·중근동을 석권한 후 정치지배는 몇 개의 한국(汗國)으로 나누어졌으나 동서의 육상 교역로는 치안이 확보 또 개방되고 연결이 되어 있어서 '칼피니', '루부룩크', '폴로' 부자 등의 대여행을 가능케하고 동서교역의 융성을 가져왔으나 15세기말부터 16세기에 이르러 형편은 일변하여 중근동만 하더라도 동(東)은 페르시아의 사파빗드 왕조, 남(南)은 아랍, 서(西)는 투르크로 갈리어지게 되어 교역로의 안전이란 보잘 것없게 되었다. 이들이 모두 육상교역의 쇠운(衰運)을 가져온 이유의 큰 것들이었다.

베리아 반도의 대세를 보면 15세기말에는 회교도 세력은 완전히 반도에서 구축되게 되는데, 잇달아 유럽세력은 여세를 몰아 북아프리카 연안의 회교국에 대한 공략을 착수할 법하였으나, 때마침 신대륙과 아프리카를 우회하는 인도항로의 발견에 따라 유럽세력은 서향하여 신대륙 개척에 골몰하는가 하면 또 일방으로는 해로에 의한 동방무역에 몰두하게 되었다. 이것이 근대 이후의 유럽세력 발전의 향방을 결정한 하나의 지리적 요인이 된 것은 주지되어 있는 사실이다.

다음으로 또 한 가지 특기할 만한 상황이 유럽근대사를 지배하였다. 무릇 유교정치권이나 회교정치권에서 보면 역사적으로 각 국제정치권역내에 있어서 압도적으로 강대한 나라가 중심이 되어서 정치적으로나 문화적으로나 중심세력이 되어 있었다.[3] 권역 내의 구조로 보아서 중심세력은 근변近邊이나 주변세력에 대하여 단일한 정치세력으로 구성되어 있었으며 그런 고로 이러한 단일개의 중심세력의 존재를 관념적으로도 정당시하여 통치의 정통사상을 낳게 하였다. 역사적 현실에 비추어 볼 때 이러한

---

3) 국제정치권에 있어서 중심과 근접과 주변의 의의는 제2장 제1절 제3항 참조. 유교 문화권에 있어서 중심은 오래 중국이었거니와 그것도 처음에는 황하 하류연안이었던 것이 대략 남송 때로부터 문화의 중심이 남점(南漸)하다가 양자강 하류에 옮기게 되어, 이런 점에서는 중국정치·문화사는 긴 세월 남북의 대립사같은 양상을 시현하였다. 이에 대하여 유럽사는 서로마 시대이래 이탈리아가 중심으로 되어 있었으며 그것은 서유럽의 세력이 강대하여진 후에도 널리 인정되었다. 가령, 리쉴리에 재상의 저(著)라는 『정치유서』(政治遺書)에도 "이탈리아는 세계의 심장으로 여겨진다." 고 적히어 있고(Cardinal de Richelieu, *Testament Politique*, éd. par L. André, 1947, p. 414) 또 A. 스미스의 『국부론』에는 "이탈리아는 세계문명 사회(곧 유럽 – 필자)의 중심"이라고 하였다(*Modern Library* ed., p. 380). cf. J. R. Seeley, *The Explanation of England*, 1883, ed. 1921, pp. 102-103, pp. 116-117. 이러던 것이 교권(敎權)신앙의 쇠퇴와 근대정치의 발달에 따라 중심이 서점(西漸)하여 불(佛)·영(英)·화(和) 지역의 유럽으로 옮긴 것은 주지되어 있는 바와 같다.

제 2 절 군사국가

단일하고 압도적인 대세력이 붕괴하여 마침내 사분오열 또 군웅할거하고 상하·서계序階적인 국제질서가 혼란에 빠지는 수가 빈번히 있었던 것도 사실이다. 그러나 그러한 동안의 길이로 보아도 질서안정의 시일에 비할 바가 못되거니와 또한 그러한 사태를 겪는 인간의 관념에 있어서도 이러한 군웅할거 시대는 이례적이며 과도적이며 비정상적인 것으로 간주되었다. 그런데 이와는 정반대로 유럽근대사에 있어서는 유儒·회回의 정치권과 달라서 단일하고 압도적인 세력이 출현하여 중심세력이 되고 그것을 위성같이 에워싸고 상하·서계적인 정치질서를 이룬다는 사실이 나타나지 않았다. 하기는 중세이래 유럽에 있어서도 단일한 기독교 세계의 단일한 제국이라는 관념이 있어서 그것이 단테의 『군국론』에 엿보이듯이 중세말에도 유력하였으며 근세초에도 사상으로서 유지되었다.[4] 그러나 그것도 구경究境은 중세를 통하여 내려오던 로마제국의 부흥사상의 후미後尾일 따름이지 16세기말 그리고 17세기에 들어서서는 복수국가가 독립적으로 공존하는 것이 정상적인 것으로 관념되었으며 또 실지實地로도 몇 개의 강국과 다수의 군소국가들의 경합적 공존이 상례로 인정되었고, 17세기에 들어서면 다수국가의 공존이야말로 정당하고 정상한 상태이며, 우월한 단일세력으로 유럽을 통합한다는 것은 원칙에 어긋나는 불법으로 공인되었다. 이런 견지에서 볼 때, 16·17세기의 유럽사는 수 3·4개의 왕가를 중심으로 전개

---

4) 유럽 제국(帝國)이라고 할 수 있는 사태는 일찍이 카롤링거 왕조의 쇠망으로 끝났던 것이나, 그러나 로마 제국과 통일 교권(教權)에의 회상에서 오는 통일유럽 사상은 단테의 『신곡』, 『군국론』은 물론이오, 신성로마 황제라는 합스부르크가의 제왕 명칭에도 볼 수 있듯이 그 잔상을 남기었다. 일방 유럽 제국은 아니라도 통일유럽의 사상은 - 14세기 듀보와의 『성지회복론』(*De Recuperatione Terra Sanctae*)으로부터 현금(現今)의 유럽연합론에 이르기까지 맥맥히 이어 내려오는 것은 주지의 사실이다.

되었으며 그들 사이에는 상하·서계의 관계가 아닌 평등하되 치열한 경쟁적 관계가 있었던 것을 알 수 있다. 곧 독일 황제위와 서반아西班牙를 지배하던 합스부르크가, 영국을 거느리던 튜더, 스튜아트의 왕가, 프랑스의 발로와와 부르봉의 양가, 스웨덴의 바사왕가 등이 유럽사의 대세를 좌우하였으며 특히 이탈리아 전쟁으로부터 30년전쟁에 이르는 동안은 황제·서반아西班牙와 프랑스왕의 대립을 중심으로 열국이 그 사이에 개재되어 복잡한 갈등을 일으킨 것은 주지되어 있다. 또 18세기 이후로는 왕가의 대립이 바뀌어 국가의 대립 또 혹은 국민간의 경쟁적 공존으로 관념되고 또 현실적으로는 프랑스·영국·프로이센(독일)·러시아 등의 강국들이 역시 유럽사의 주도세력으로 대세를 지배하였고 또 이러한 다수국가의 공존이 유럽사회의 법질서를 이룩하게 하는 기본요청으로 공인되어 계속 내려왔다. 이렇게 볼 때에 유럽사상의 다수국가의 공존사상 곧 주권국가의 독립적 공존사상이란 결국 근대유럽사에 있어서 단일한 대세력이 유럽을 단독으로 지배한 일이 없었다는 간단한 역사적 사실에 귀인歸因한다. 설령 유럽사의 대세를 수 3·4강국의 경쟁이나 또 혹은 프랑스 대 합스부르크가, 프랑스 대 영국, 영국·프랑스·미국 대 독일 등의 양대 세력의 투쟁으로 보는 경우일지라도[5] 단일한 세력이

---

5) 유럽사의 기조를, 양대 세력의 쟁패를 중심으로 하는 열강사(列强史)로 보는 입장은 그 역사가 상당히 오래이다. 일찍이 16세기말 앙리 4세의 재상이던 쉴리공(公)의 『회상록』에는 전유럽의 적으로 합스부르크 집안을 들었거니와(*Memoirs of the Duke of Sully*, translated by Ch. Lenox, 1810, Vol. 4, p. 400.) 동시대인인 로앙공(公)에 이르러는 – "기독교 세계에는 양 세력이 마치 양극과 같이 있어 평화와 전쟁의 영향을 여타의 나라에 주고 있으니, 그것은 곧 프랑스와 스페인의 양가(兩家)"이라고 단정하여, 유럽정치를 프랑스 대(對) 합스부르크가의 쟁패로 규정하였다(Henri de Rohan, *De l'interest des Princes et Estats de Chrestienté*, éd. 1639, p. 105.). 18세기 후반의 계몽사상 시대에도 역시 이렇게 보는 사적(史的) 견해가 유행하였으니, 가령 프랑스혁명에 많은 영향을 준 마블리 신부의 유명한

유럽을 압도하지 못하였다는 점에서는 차이가 없다. 근대 유럽사는 구경 복수적인 강대국의 경쟁적 공존사였으며 2·3류의 다수한 군소국은 저간에 개재하여 국기國基를 유지하였으되 그러나 그것도 강국의 자비와 호의에서가 아니라 강국과 대세력 사이의 대립견제를 교묘히 이용하여 동맹 또는 중립으로 그 사이를 유영함으로써 안전을 보지保持하였다.[6] 이러한 역사적 사실이 또한 근대국가의 방향과 국제정치의 성격을 결정하는데 중대한 요인이 되었고, 다시 그것은 현대 국제정치의 일면을 판박아 놓았다.

2. 군사국가로서의 근대국가

군사국가라 함은 군사적 목적과 필요를 구현하기 위한 군사정책이 다른 것에 우선되어 있으며, 이에 따라 사회구조·국가재정·국가정책에 이러한 목적과 필요가 반영되어 있는 국가를 말한다. 이러한 의미에서 근대국가는 무엇보다도 먼저 군사국가로서 성립하고 군사국가로서 발전하고 군사국가로서 현대에 이르렀다. 군사국가인 간단한 증빙은 말할 것도 없이 방대尨大한 상비군의 상설이며 이른바 국가이익을 유지하는 최후이성ultima ratio으로서 군사력에 호소한다는 정책에 있다.[7] 이 견지로 보면 사

『외교의 원리』도 이러한 입장을 취하였다(l'Abbé de Mably, *Des Principes des Négociations*, Oeuvres Complètes, 1789, T. 5, pp. 10 et passim). 현대 사가 (史家)의 예는 일일이 열거하기 어려울 정도로 허다하거니와 대표예로는 — G. Zeller, *Le Principe d'équilibre dans la politique internationale avant 1789*, Revue Historique, Jan-Mars 1956; L. Dehio, *Gleichgewicht oder Hegemonie*, 1948.

6) 유럽 제국(諸國)을 1·2·3류로 분류하고 강국 사이에 개재하여 종합연횡(縱合連橫)으로 유지한다고 본 고전예로는 전인(前引) 마불리의 『외교의 원리』제5장 이하. 2·3류국에 대하여는 특히 제7·8장.
7) 중세 이래의 '기독교의 평화'(Pax Christiana)의 권위와 관념이 사라져가매 17세기 이후는 이른바 근대유럽의 국제법이 나라 사이의 관계를 규율하여야

를 7세가 상비군을 설치하였다는 것은 근대국가 성립에 중대한 기여를 한 것이며 또 백년전쟁을 근대사에 들어서는 시대구분의 정치사적 기준으로 삼는 또 하나의 이유도 될 것이다. 근대국가가 군사국가로서 있었던 공식적인 이유는 소위 자존권自存權의 이론이라 할 수 있다. 국가로서의 존재를 유지한다는 것은 근대국가 사상에 있어서 모든 것에 우선하는 권리로서 공인되었으며 이에 따라 초국가적인 심판 내지는 보호기관이 없는 이상 국가가 각기 각기의 실력 곧 무력으로써 국가의 존재와 및 그 존재와 관련되는 이해利害를 옹호하여야 한다는 이론이 나온다. 따라서 초국가적인 심판기관 또는 보호기관이 없는 마당에 있어서 국가존재와 국가이해에 최종의 방패防牌는 군사력 또는 국방력이라고 설명된다.[8] 그러나 역사적 현실은 이러한 공식적인 이유만에 의하여 근대국가가 군사국가로 발전케 된 것은 아니었다.

본래 근대국가는 한편 영토국가이기도 한데, 영토국가라는 의미는 – 유럽사에 있어서–단순히 영토를 구성요건으로 한다는 뜻의 국가가 아니라, 일정한 광역의 토지를 분할점령하여 나라

된다는 것이 그로티우스(Grotius) 이래로 강조되었다. 그러나 17·18세기의 군왕·귀족·장군이 이에 의지하고 있다고는 상상도 안되었다. 가령 밸이슬공(公)(1684-1761)의 『정치유서』(政治遺書)에 의하면 "그로티우스는…… 파리에서 전쟁과 평화의 대저(大著)를 저술하였다. 그러나 군주가 국사(les affaires politique)를 처리하는데 그것이 현금(現今) 이용되는 것인지 여(余)는 의심하노니, 대저 국사는 도시(都是) 형식보다도 오히려 힘의 우월에 달렸으며 우차(又且) 군왕이 기왕에 있어서 '최후의 이성'(leure dernière raison 곧 무력)이라고 부르던 대포가 쟁단이 되니……" 운운(*Testament Politique du Maréchal Duc de Belle-Isle,* 1761, pp. 116-117.) 또 '보테로'는 군왕의 최대의 부는 '무기의 부'라고 하였다(G. Botero, *Ragion di Stato*, Waley Translation, p. 131.).

8) 이러한 근거에서 정당방위권을 설명하는 것은 근대 국제법가(國際法家)의 정설이려니와, 국제법 이외에 있어서도 예로부터 공인되었다. 일례를 들면 – 몽테스키외의 '자연방위'(Défense naturelle)(Montesquieu, *De l'Esprit des Lois*, Classiques Garnier, T. 1, p. 145.).

제 2 절 군사국가

가 어깨를 맞대고 서로 접경하여 있는 역사적 환경에서 나온 말이었다. 유럽 중세의 정치체제에 있어서는 영토의 통치권Imperium과 실질적인 소유권Dominium은 서로 달랐던 관계로[9] 왕·후국候國의 단위에서 볼 때에는 국경을 접하여 독점적인 지배가 타당하는 영토가 서로 연하여 있다는 사태는 드문 일이 아닐 수 없을 뿐 아니라 당초 영토내에 독점적·배타적이며 일원적·절대적인 주권이 주재한다는 관념은 중세국가의 개념과 맞지 않았다. 또 한편 중세 도시만 하더라도 도시 사이에는 보통 자치도시의 판역版域이 아닌 제후·영주의 영지가 개재하여 있어서 도시가 서로 연접하여 있기란 어려운 일이었다. 그러던 것이 르네상스기 이전에 이미 통신·교통의 진보와 중세도시의 발달은 상당한 지역을 실질적으로 지배하는 정치단위의 출현을 가능하게 하였는데, 그것이 먼저 이탈리아의 북반부같은 – 비교적 협소한 지역에, 그리고 또 이탈리아의 도시와 같은 가장 강성한 도시국가에 실현되었다. 롬바르디 평야의 야심적인 비스콘티가의 밀란을 위시하여 역사가 오랜 베니스, 메디치가의 플로렌스 그리고 제노아, 파두아, 토스카니, 페라라 등등의 수많은 소영역 국가 곧 경향京鄕을 포함하는 영역을 지배하는 나라들이 출현하게 되었다. 이들 영역적인 도시국가는 원래 대개는 자치도시의 공화체로

---

[9] 통치권과 소유권의 구별은 고전 로마법상의 군령권에 대한 소유권에서 오는 것일 것이나, 중세에 있어서는 Imperium은 제왕의 명분상의 통치권(중세적인 양검사상兩劍思想 상의 속권俗權)인데 반하여 Dominium은 신종(臣從)과 재물·토지에 대한 지배권으로 이해되었고 또 이 양자가 자주 혼동도 되었다. 중세말에 이르러서는 Imperium에 대한 새로운 해석을 붙여서 법왕권·제왕권·군주권을 강화하는데 이용하게 되었다. 중세기에 있어서의 Imperium과 Dominium의 의미의 대략은 – C. H. McIlwain, *The Growth of Political Thought in the West*, 1932, pp. 128ff., p. 136, p. 176ff., p. 198. 성(聖)아퀴나스의 예는 동서 p. 336 이하. 중세말에 대하여는 – 졸저, 『정치와 정치사상』, p. 126.

부터 출발하였던 것이 마침내 정권이 용병대장·스타토·세력가·도시금력가 및 정복자 등의 적나라한 권력으로 찬탈되어 군주체제로 바뀌었던 관계로 이런 나라들의 풍조가 이른바 마키아벨리적인 권력주의에 서 있는데다가 다시 비좁은 지역안에서 서로 연접하여 영토를 계획점령하고 있게 되었다. 이러한 환경에서 영토간의 분규와 권력간의 경쟁은 필연적으로 끊일줄 모르는 전쟁을 낳게 되었다.[10] 이런 점이 이탈리아를 황폐케 만든 이탈

---

10) 이러한 이탈리아의 영토국가의 형성과 그 의의에 대하여는 – G. Mattingly, *Renaissance Diplomacy*, 1955, pp. 59 et seq. 이탈리아적인 신군주 Signoria의 출현으로부터 이탈리아 전역(戰役)까지의 개황은 – L. Simeoni, *Le Signorie*, Vol. 1, 1950. 도시자치체가 붕괴되고 시뇨리아가 출현하는 사정에 대하여는 동서(同書) 제1부 제3장, 대도시 국가의 영토팽창의 대개(大槪)는, 제2부 제5장. 도시국가 사이의 반목과 동맹관계는 Guicciardini의 『이탈리아사(史)』 Storia d'Italia의 상세를 기다릴 것없이 이미 콤뮨느(1447-1511)의 『회상록』에 주의되고 있다(Ph. de Commynes, Mémoires, éd. "Biblio. de la Pléiade," p. 1222). 15세기 각 이탈리아 도시간의 격렬한 쟁패와 반목·경쟁은, 하기는 이탈리아 도시에서 발달한 lo stato라는 국가관념과 관련되는데 그 원(原)의미는 유럽의 전통적인 국가의 유형관념인 Polis, Imperium, Civitas, Res Publica 등과는 현저히 차이가 있었다. 13세기에 있어서 이탈리아 도시의 정체(政體)는 대체로 공화체로부터 세습적이며 시주제(市主制)인 Signoria제(制)로 넘어가는데 이 군주의 근본은 용병대장인 Condottieri일수도 있고 또 도시 유력가일 수도 있거니와, 또 자치도시의 행정을 맡아보던 타처(他處) 출신의 Podesta(행정장)일 수가 많았다. 이러한 행정장(行政長)은 – 마치 용병대장이 자기의 병졸을 인솔하여 다니면서 도시측과의 계약에 응하듯이 – 치안과 행정을 위하여 사병과 이속(吏屬)을 거느리고 자치도시와 계약을 하였으며, 그 계약에 의하여 일정한 기한 행정에 임하였으며 그 도시 출신의 감관(監官, Kapitanen)과 합의하여 행정권을 행사하였다. 이러한 행정장(Podesta)은 후에 임기제로부터 종신제가 되는 것이 보통이 되고, 또 후에는 실력으로 도시통치의 권력을 찬탈하게 되는 경우, 이것은 이미 행정장이 아니라 시주(市主, Signoria)인 것을 의미하였다. 이러한 시주(市主) 곧 Signoria와 그에 신속(臣屬)하는 이속(吏屬)과 사병의 일단(一團)이 이른바 lo Stato의 원의(原義)였으며, 따라서 '스타토'라는 말은 그 출발부터가 지배·통치의 단(團) 곧 피지배자, 영토와는 관계없는 지배자와 그 지배의 기구·이속(吏屬)만을 의미하였다. 이러한 권력에 의한 지배자단 중심의 스타토 관념은 마키아벨리 시대의 국가관념에서도 남아 있었다(R. Höhn, *Der Individualistische Staatsbegriff und die Juristische Staatsperson*, 1935, II., Kapt.

리아 전쟁의 한 가지 배경이기도 하였는데 그런데 이러한 사태는 16세기에 들어서자 알프스를 넘어서 온 서유럽에 퍼지게 되었다. 프랑스의 발로와 왕가만 하더라도 백년전역戰役의 피폐와 역병 유행의 참해慘害에서 회복하고 또한 국내의 봉건제후의 반항을 극복하여 1495년에는 이탈리아에 침입하게 되는데 이 즈음을 전후하여 유럽에 나타난 절대군주국가인 프랑스·영국·스페인 등의 나라는 과거의 중세국가와 같은 이원주의적 및 봉건적 구조의 국가가 아니라 넓은 지역안에 단일하고 배타적인 왕권만이 타당하는 영역국가Territorial state였으며,[11] 이러한 영토국가가

1, 2; J. Burckhardt, *The Civilization of the Renaissance in Italy*, Middlemore translation of Mod. Library, p. 4; F. Chabod, *Machiavelli and the Renaissance*, translated by D. Moore, 1958, pp. 116-117). 이러한 특이한 어의를 담은 '스타토'가 16세기 이후는 유럽을 석권하여(Etat, Staat, State 등등), 새로운 근대국가의 일면을 암시하였다. 이러한 lo stato의 전통으로 볼 때, '국가'는 국왕을 의미할 것이오, 주권자를 의미할 것이오, 또 통치를 가리킨다고 해석될 것이다. 고(故)로 절대군주의 대표격으로 알려진 프랑스의 루이 14세가 "국가란 바로 짐(朕)이니라"(L'état, c'est moi)라고 말하였다는 것은 당시로서는 지극히 당연한 말을 하였다고 보는 것도 이치가 없지 않다(E. Barker, *Principles of Social and Political Theory*, 1951, p. 91; H. Taine, *Les Orignies de la France Contemporaine*, T. 1, Ancien Régime, pp. 16 et seq.).

11) 근대국가의 영역적 성격은 19세기 후반기에 이르러 국가 3요소설 (주권·국민·영토)이 독일에서 확립함에 따라 새로운 주목되었거니와, 이에 따라 독일 국가학의 전통은 이러한 영토국가의 성립을 다루는 것이 보통이 되었다. 그러나 영토국가의 '영토'의 의미를 단순히 근대국가의 구성요소라는 의미에서 근대국가의 발달로만 보고 마는 까닭에 그 성립사의 개관은 마치 근대국가의 정치발달사의 양상을 띠우게 되었다. 그 대표예로는 슈밋트의 『일반국가학』 (R. Schmidt, *Allgemeire Staatslehre*, 1903, Bd. 2, Teil 2, Kapt. 7). 이에 대하여 영토국가의 성격을 '국경'이라는 면에서 파악한 클라크씨(氏)의 입장은 차라리 영토국가의 '영토'적 의미를 생각하는데 시사하는 바가 크다(G. N. Clark, *The Seventeenth Century*, 2ed., 1947, Chapt. 10). 근자(近者) 헤르쓰씨(氏)가 국제정치의 견지에서 영토국가라는 점을 중요시한 것은 미국학자로서 국제정치의 성격을 유럽적인 근대 영토국가의 성격과 관련시켜 보려는 시론으로도 이해된다(J. H. Herz, "Rise and Decline of the Territorial State," *World Politics*, July 1957).

역시 다른 대륙에 비하여 비좁은 유럽 한구텅이에 서로 국경을 접하여 대치하게 되고 무력으로 우열을 다투게 되었다. 16세기는 이미 이탈리아적인 권력사상·'국가이성주의'Ragion di Stato, Raison d'État가 마침내 유럽을 석권하고 들어서던 때였으며, 외교도 중세적 성격을 탈피하여 기독교적 평화의 유지와 수립이 목적이 아니라 제나라만의 이익만을 추구하는 정치의 술術로 일변하던 때였다.[12] 또 한편 알프스 북방에 새로 출현한 절대군주 자체가 허다한 국내의 중세세력을 오직 군사력으로 극복하고 나온 세력이

---

12) 참조 – F. Meinecke, *Die Idee der Staatsräson in der neueren Geschichte*, 3, Auf., 1929. 이미 마이넥케가 동서(同書) 제1권 제3장에서 명백히 한 바 있거니와 – '국가이성'이란 본래 대체로 "국가통치를 이룩하고, 보존하고, 확장하는 수단에 관한 지식"으로 여겨졌던 것이(G. Botero, *Della Ragion di Staato*, 1539, translated by P. J. & D. P. Waley, 1956, p. 3), 리쉴리에 재상시대에 이르면 '국가이익'이란 말과 밀접한 관련을 갖게 된다. 리쉴리에의 『정치유서』 (政治遺書)에는 따로 일장(一章)을 나누어 '공공이익', '국가이익'을 논하고 "국가이익은 모든 것에 우선"한다고 하며(*Testament Politique*, éd. par L. Andre. Pt. 2, Chapt. 3, esp. p. 331) 또 군왕의 최대의 의무란 – 유럽의 기독교적 평화와 안전이 아니라 "신민(臣民)의 안전과 전국가의 보전 및 정부의 명예"이라고, 다른 곳에 적어 놓았다(*Oeuvres du Cardinal de Richelieu*, éd. par R. Gaucheron, 1933, p. 172). 유그노파(派)의 로앙공(公)이 리쉴리에 재상에게 건의하는 형식을 취한 유명한 유럽평화책(策)의 서명이 바로 '기독교 군주와 국가의 이익에 대하여'라는 것이었거니와, 로앙은 군왕의 추구하는 것이 실로 이익관념이라는 사실을 밝혔다(전인(前引) 로앙, p. 104). 일방 이러한 변모 – 곧 중세적인 유럽의 평화와 유럽의 안전이라는 관념에서 벗어나, 국가의 안전, 국가의 이익만이 우선한다는 생각은 외교면에도 투영되었다. 15세기 전엽(前葉)에 나온 로지에(Rosier)의 『사신론』(使臣論)만 하더라도 – 외교 사절의 임무는 평화 곧 기독교사회 전체의 평화의 구현에 이바지하는데 있었으며, 유럽전체의 안전과 복지가 문제인 것으로 다루어졌는데 그것이 15세기말의 이탈리아 그리고 16세기로 들어서면, 사태는 일변하여 "외교 사절의 제1임무란……바로 자국의 유지와 팽창에 가장 공헌할 수 있는 충고와 궁리를 하는 것"이라고 인정되었다(전인(前引) 맷팅리, 『문예부흥시대의 외교』, p. 48 이하 및 p. 109 이하).

제 2 절 군사국가

었던 까닭에[13] 그 바탕은 군국주의적이며 군왕은 '군대의 장長'[14] 이 아닐 수 없었다. 군국적인 새 무단국가武斷國家와 새 권력사상 인 국가이성주의가 여기에 이르러 야합하게 된 것 뿐이 아니라, 나아가서 국내의 항거적인 제후·귀족 등의 중세세력을 계속하여 억압하고 국내의 종교적 분열과 대중의 빈곤·질고에서 오는 사회불안을 완화하고, 군주의 위신과 국가의 강대를 과시하여 국민적 통일을 공고히 하는 데는 무엇보다도 전쟁정책이 최상이었으며 그 구체적 목표는 영토의 확장으로 인정되었다.[15] 그

---

13) 오를레앙의 소녀 '잔 다르크'가 분기(奮起)하였던 백년전쟁(1492년경) 당시 프랑스에는 두 사람의 군왕이 있었으며, 국내는 거의 무정부 상태였던 것은 주지된 일인데, 루이 11세 이후의 프랑스 국토의 통일은 거의 무력으로 국내 제후를 제압하여 이룬 것이며, 또 영국에 있어서도 왕가의 발달은 봉건귀족의 저항을 통하였으며, 근대 절대군주의 또 다른 예인 스페인(아라곤·가스틸)에 있어서는 당초에 국기(國基)의 설치가 모르 회교도의 추방이라는 전투 행위를 통하여 이루어졌다. 이런 예로도 근대국가의 형성에 그 얼마나 군사적 요소가 가미되었느냐를 짐작할 수 있다.

14) 다브넬 자작(子爵)의 말(G. d'Avenel, *Prêtres, Soldats et Juges*, 1907, p. 186. 또 cf. J. J. du Guet, *Institution d'un Prince*, T. II., éd. 1740, pp. 398 et seq. 및 상인(上引) 태느, 『현대 프랑스 기원론』, 제1권 구제도 제1편, p. 16). 유럽 군주정치에 있어서 군왕이 무장의 장(長)으로 여겨졌던 또 하나의 예는, 그 정복이 대개 군복(軍服)인 수가 많았던 것으로도 알 수 있다. 군왕이 무장의 장으로 행세한데 대하여는 – A. Vagts, *Defense and Diplomacy*, 1956, pp. 4ff.

15) 중세 이래 강국의 목적이 영토확장에 있고 또 군주의 전쟁정책도 영토팽창욕에서 나온다는 견해는 널리 유포되었다. 앞서(차절(此節)의 주10) 이미 든 바 있는 콤뮨느의 『회상기』에는 이탈리아의 이른바 도시국가들이 서로 영토팽창에 광분하고 있음을 지적하였고(상인서(上引書), p. 222), 리쉴리에는 – 국가가 왕왕(往往)히 전쟁으로 영역을 넓힌다고 하고(전인(前引) 『정치유서』, p. 415), 또 로앙공(公)은 가로되, 군왕의 최대 목적은 영토의 확장이오, 최소는 영토의 보존이라고 설파하였으며(전인(前引) 『기독교 군주와 국가의 이익에 대하여』, p. 104참조; 상인(上引) 듀게, 동서동권(同書同卷), pp. 380-381), 또 로버트 톤(Robert Thorne)이 헨리 8세에 상주(上奏)한 논책(論策)에 의하면 "모든 군주란 의례히 영토와 왕국을 확장·확대시키려는 것이라"고 하였다(R. H. Tawney & E. Power, eds., *Tudor Economic Documents*, Vol. 11, 1924, p. 19). 뿐만 아니라 16세기의 사상으로서는 국부의 원천으로

당시로서는 광대한 영토는 곧 국부와 국위를 겸하여 상징한다고 여겨지었는데 이 점은 생각하기에 따라서는, 초기 자본주의 발달에 있어서 넓은 국내시장을 제공한다는 점과 부합된다. 아무튼 이렇게 협착한 유럽 일부지역에 권력주의적이며 군국주의적인[16] 왕국들이 어깨를 맞대고 촌토寸土를 무력으로 다투게 되었다는 사실이 또 하나 유럽근대사의 한 성격을 결정하게 되었다.

3. 전쟁 · 병비兵備 · 군비

유럽의 근대국가는 그 출발부터가 군사국가였으며 그 발전도 군사적 요소가 강했다는 것은 그 환경에 있어서 유럽근대사가 거의 전쟁의 연속사였다는 점에서도 단적으로 엿볼 수 있다. 지금 소로킨의 조사를 빌리면 ― 초기 근대국가 특히 절대군주의 본보기로 볼 수 있었던 프랑스는 1501년에서 1700년에 이르는 약 200년간에 전쟁참가 회수는 44회, 전쟁 연년수延年數 185년에 달하였으며 그리고 동년간에 영국은 전쟁 회수 40회, 전쟁 연년수 152년으로 계산되었다. 다음, 1701년으로부터 1899년까지에 프랑스는 전쟁 회수 56회, 전쟁 연년수 181년이었고, 이에 대하

영토의 넓이와 인구수를 대개 들고 있으니, 곧 영토 넓이에 따라 세수(稅收)와 국위(國威)가 동시에 증가한다고 여겨지었다(가령 전인(前引) 보테로의 『국가이성론』, p. 135 이하). 룻소 같은 18세기인도 또한 모든 전쟁의 원인은 영토와 금전과 국민이라고 단정하였다(J. J. Rousseau, *L'État de Guerre*, éd. Vaughan, 1915, Vol. I, pp. 299-300). 또 역사의 실제로 보더라도 프랑스 · 영(英) · 서(西) 등등의 근대의 열강은 모두 무력에 의한 영토확장의 단계를 지남으로써 근대국가로서 안정하였는데 이러한 사실이 당시의 사상을 결정하는 역사적 현실의 요인이라고 생각되리라.

16) 근대국가의 역사적 형성에 있어서 그 중요한 요인의 하나인 군사적 성격을 논함에 있어서 한 가지 간과하지 못할 것은 ― 중세 이래 유럽 사회구조에 있어서 군인계급이라는 특정한 성격을 띠우고 있는 군왕 · 귀족 기사계급의 전통이다. 이 점은 다시 '전쟁'과 관련하여 뒤에 언급될 것이다.

여 영국은 회수 60회, 연년수는 무려 192년을 산算하였다.[17] 한편 퀸시 라이트의 계산에 의하면 - 16·17세기의 200년간 프랑스의 전투 회수는 126회, 전쟁 년수는 106년이며, 영국은 전투 61회, 전쟁 연수는 98년이었는데 그 다음 오는 18·19세기의 양백년간兩百年間에 있어서는 프랑스의 전투 참가는 무려 923회, 전쟁 연수는 85년반인데 이에 대하여 영국의 전투 회수는 265회이며 연수는 109년을 산算하였다.[18] 이렇게 보면 영국·프랑스 양국은 16·17·18·19세기의 400년을 통하여 대략 2개년 중의 1개년은 전쟁 중에 있었으며, 그것도 때에 따라서는 다면 전쟁에 참가하였고, 전선 각처에서 다면 전투에 종사하였다는 결론이 된다. 이러한 사태는 비단 수개 국에 그치는 것이 아니었다. 세기별로 보아도 가령 17세기를 통하여 볼 때 유럽에 있어서 100년간에 완전히 무전쟁 상태는 불과 7년간이었으며,[19] 또 투르크土耳其를 포함하여 유럽전쟁사에 나타난 대중大中 10개 세력의 100년간의 평균전쟁 연수는 대체로 47년에 해당하니[20] 이것으로 보아도 근대사의 전후기를 통하여 유럽의 대大·중中 세력은 2년 중

---

17) P. A. Sorokin, Social and Cultural Dynamics, Vol. 3, Fluctuation of Social Relationships, War and Revolutions, 1937, pp. 549ff & 550ff. 이러한 전쟁의 연속 상태는 이미 오래전부터 주목되었다. 예컨대 래날에 의하면 봉건시대는 야만이라고 하지만 당시 전쟁은 황폭(荒暴)과 뇌우(雷雨)와 같은 비상상태였음에 반하여 오늘날 전쟁은 거의 보통 (자연)상태이며 대부분의 정부는 군사적이거나 또는 군사적이 된다고 하였다(L'Abbé Raynal, Histoire Philosopique et Politique, éd. 1775, T. III, p. 503).

18) Q. Wright, A Study of War, Vol. 1, p. 626, p. 653. 이렇게 회수가 많은 것은 단위가 '전쟁'이 아니라 '전투' 회수인 까닭이나 어떤 기준에서 전투회수 계산을 한 것인지 불명하며 또 어떤 방식으로 전쟁년수 계산을 한 것인지 롸잇트나 소로킨의 경우가 모두 불명하다. 그러나 지금 정확한 수자가 문제가 아니라 대체의 추세를 개관하는데 있어서는 이 점은 크게 문제될 것이 없을 것이다.

19) 전인(前引) 클락크, 『17세기』, p. 98.
20) 전인(前引) Q. 롸잇트, 『전쟁연구』, 상권, p. 653.

의 1년은 전시 환경 중에 있었다는 것을 추정할 수 있으니 과연 "전쟁은 평화정도로 유럽 생활의 정상 상태였으며 또 유럽의 운명이란 군대 역사에 달려 있었다고 말할 수 있다."[21] 돌이켜 우리 역사를 참고하면 – 외적과 싸운 전쟁과 더불어 국내의 대란을 겸산兼算하여도 같은 전후 400년간에 전쟁·내란의 총 회수는 21회, 총 연수는 불과 26년으로 대략 100년 중의 6년반이 전시 환경이었다는 사실이 드러나니, 황차況且 대외전에 한한다면 100년에 4년미만이 되어, 유럽에 비하여 10분지 1을 하회下廻하게 되니, 이로보아도 유럽근대사가 그 얼마나 전진戰塵에 가득찬 전쟁의 역사였던가를 짐작할 수 있다.[22]

이렇듯이 유럽의 근대국가는 무엇보다 먼저 군사적 경쟁이라는 역사적 환경에서 발달하게 되는데 이에 따라 이미 근대 전기로부터 군사력의 증강이라는 것이 군왕·국민·국가의 강대와 위신을 높이고 유지하는 직접적 목표가 되었고, 또 병력의 증강과 군비의 경쟁에는 반드시 재정력과 경제력이 수반하였으므로 부국강병이란 두 개 아닌 단일개單一個의 구호가 되게 되었다.

본래 유럽군사사에 있어서 병력의 성격에는 3단계의 발전이 있었다. 하나는 앞서 든 샤를 7세 때의 상비군의 설치인데[23] 기실

---

21) 전인(前引) 클락크, 동(同), p. 98.
22) 소로킨, 롸잇트의 예에 있어서와 같이 미세(微細)를 버리고 대략을 추측하는 의미에서 변란이 발생한 해를 1년으로 계산한다는 등의 조대(粗大)한 계산인 고(故)로 실지(實地)로는 전쟁·전투의 실년수(實年數)는 더욱 줄어들 것이다. 지금 서기(西紀)의 세기별로 적으면 – 16세기: 삼포란(三浦亂), 왜란, 양차(兩次)의 번호래구(蕃胡來寇), 임진란; 17세기: 광해무오역(光海戊午役), 이괄의 난, 정묘·병자호란, 원청(援淸) 출군, 유적탁(柳濯)의 난, 양차의 원청(援淸) 출군; 18세기-19세기: 홍경래의 난, 민란, 양요(洋擾), 임오군란, 운양호(雲楊號) 사건, 동학의 난.
23) 상비군이 샤를 7세 때에 설치되었다고 하여도 그것은 그 후에 계속하여 있었다는 의미는 아니며 앙리 4세 말년같이 설치하지 않았던 일도 왕왕히 있었다(G. d'Avenel, *Prêtres, Soldats et Juges sous Richelieu*, 1907, p. 155). 국민군에 있어서도 이 사실은 다를 바 없다(A. Vagts, *A History of*

이 병력은 군왕의 직속이 아니라 청부적인 용병대장에 직속하는 용병상비군이었으며, 군왕과의 관계는 따라서 고용관계이며 군왕으로는 이에 필요한 금전의 보유가 초미의 문제였다.[24] "금전이 전쟁의 힘줄"이라는 사사상의 원의미는 이러한 곳에 있었다.[25] 제2단계는 18세기 루이 14세 전후하여 일어난 변동인데, 상비군은 용병장이 직접 거느리는 군대가 아니라 국왕에 직속하며 국가의 현물 보급에 의존하는 나라의 병대兵隊로 등장한 때며,[26]

  Militarism, Rev. ed., 1959, pt. 1, Chapt. 3, 4). 그럼에도 불구하고 상비용군, 상비왕군(王軍) 그리고 상비국민군이 거의 계속하여 수백년을 내려오게 되는 이유는 말할 것도 없이 유럽사의 전시(戰時) 환경의 탓이었다.

24) 이 까닭에 임금 지불이 늦으면 전투도 중지한다는 재미있는 케이스도 일어난다. 가령, 전인(前引) 쉴리공(公)의 『회상록』에 의하면, 용병에게 임금 지불이 늦은 탓으로 전투참가를 거부당하였다는 기록이 나온다(제1권, p. 231 이하).

25) "돈이 전쟁의 힘줄"이라는 것은, 비단 국가 재정력이 전쟁수행에 절대로 필요하다는 상식적인 의미뿐만 아니라, 근대 전기(前期)에 있어서는 용병에게 지불할 수 있는 금액(금은화폐)의 유무가 곧 전쟁능력으로 해석되었던 까닭에 더욱 금전형태의 부력(富力)이 더욱 절실히 느끼게 되었던 것이었다. 가령, 전인(前引) 보테로의 『국가이성』에 보면 군력과 금은이 있어야 나라를 지배하고 국세(國勢)를 증대하고 또 국기(國基)를 유지한다는 로마의 잠언을 들고, 이어서 다시 "금은이 통치의 힘줄"이라는 로마의 격언을 이끌었으며(pp. 132-134), 로앙공(公)은 병력과 그 비용(경제)을 논하였으며(전인(前引) 로앙서(書), p. 39), 또 리쉴리에 재상은, 재정(금전력)을 들어 "나라의 힘줄"이라고 하였고(상인上引 『정치유서』, p. 427), 토머스 먼(Thomas Mun)에는 "재보(財寶)는 전쟁의 힘줄이라고 불리운다"는 말이 나온다(England's Treasure by Foreign Trade, in J. R. McCulloch, ed., *Early English Tracts on Commerce*, 1856, Cambridge Reprint, pp. 190-209). 또 1798년 영국 하원 토의(討議)에서도 "재정은 전쟁의 힘줄"이라는 주장이 있었다고 한다(D. H. Maggregor, *Economic Thought and Policy*, 1949, p. 55; cf. R. Ehrenberg, *Das Zeitalter der Fugger*, Bd. 1, S. 139). 이러한 금전력에 대한 군사적 평가로 인하여 금납제(金納制) 하에 있어서의 조세 수입 그리고 중상주의적인 해외무역에 의한 금은의 국내 도입 등등을 직접적인 국부의 요소로 간주하게 되는 것은 대단히 자연스럽다.

26) 군병(軍兵)에 대한 국가의 직접적인 보급의 실시와 그 보급 비용 및 그 종별(種別)에 대하여는 - 전인(前引) 다브넬 자작, 『리쉴리에 재상시(時)의 교직자·군인 및 법관』, 제4장 군대; W. Sombart, *Krieg u. Kapitalismus*,

제3단계는 프랑스 대혁명을 전후하여 일어난 변동으로 – 귀족 장교와 지원병과 고용 외인부대의 혼합으로 된 왕군王軍이 아니라 같은 민족으로 구성되는 국민병國民兵의 출현이라고 볼 수 있다.[27] 따라서 근대 전기로부터 왕성하여지는 유럽 열강의 병력증강은 각 단계에 응하여 용병·왕군·국민군의 증강으로 나타났으며 더욱이 전쟁시에 투입되는 병력은 거의 연연세세年年歲歲 늘어나갔다. 지금 유럽근대사의 한 중심국이었던 프랑스에서 예例하자면 – 비록 평시 병력은 루이 14세까지 대략 8만을 초과하지 못하였다고 하나[28] 전시의 병력은 급격히 늘어갔다. 20년역役에서 이미 10만 보병을 동원하였다고 하며, 같은 전역 중인 1636년에는 보병 14만 2천, 기병 2만 2천이 전투에 참가하였다고 하고,[29] 루이 14세의 제2차 상속권 전쟁이 종결되는 1678년에는 보병 21만 8천, 기병 6만의 병력을 보유하였으며[30] 또 오스트리아 계승전 발발의 해(1740년)의 병력은 16만이 되는데[31] 국민병 시

1913, Kapt. 3 · 4 · 5.
27) 참조 – 전인(前引) 팍스, 『군국주의사』, 제1부 3 · 4 · 5장.
28) 볼테르에 의하면, 합스부르크가의 카를 5세의 맷스 포위 이래 장군이 5만 이상의 대군을 지휘한 일이 없었고 또 루이 14세 이전에 있어서 프랑스의 보병력은 약 8만을 산(算)하였다고 한다(Voltaire, *Le Siècle de Louis XIV*, Clasiquues Garnier, T. 1, pp. 20-21). 이러한 볼테르의 계산은 근거가 없지 않은 것같다. 『정치유서』에 의하면, 리쉴리에 재상은 평시 상비군의 군력을 대체로 4만의 도보병(徒步兵), 4천의 군필(軍匹), 천명의 기병, 보병 5천을 가(可)한 것으로 적었다(전인前引, p. 381).
29) 전인(前引) 솜바르트, 『전쟁과 자본주의』, p. 39. cf. G. Martin, *Histoire Économique et Financière*, *Histoire de la Nation Française*, éd. par G. Hanotaux, Tome X, 1927, pp. 217-218.
30) Susane, *Histoire de la Cavalerie Française*, T. I, pp. 125-126; P. Viollet, *Le Roi et ses Ministres*, 1912, p. 384에서 중인(重引).
31) E. G. Léonard, *L'Armée et ses Probléme au XVIIIᵉ Siècle*, 1958, p. 192. 이에 관련되어 레오날씨(氏)가 든 바 1740년의 각국의 병원수(兵員數)와 세수(稅收)는 다음과 같다(p. 192).

대에 들어간 1793년에는 자원병·증집병 할 것 없이 총수 40만을 산算하였으며,[32] 나폴레옹은 1800년으로부터 12년간에 총수 130만의 병력을 징집하였다고 한다.[33] 따라서 대전쟁에 투입되는 병력의 연인원수는 전쟁 규모의 확대와 운수·교통·통신·보급의 발달에 따라 급속히 증가되었으니, 가령 7년전쟁간(1756-1763년)에 동원된 프랑스군의 총병원總兵員은 100만을 돌파하였다고 하는데 불과 30여년을 지나지 못하고 시작된 프랑스 혁명전쟁에 및 나폴레옹 전쟁에 동원된 프랑스군의 총병원은 4백 수십만을 초과하였다고 하며 또 1870-1871년의 양兩년간에 발생한 보불普佛 전쟁에 투입된 프랑스군의 연인원은 180만이며 보군普軍만의 병력만도 89만 가까운 수효數爻였다.[34]

	세수(稅收, 리불)	병원(兵員)
프랑스	200만	160,000
영국	100만	59,000 (하노바 포함)
오스트리아	80만	107,000
러시아	60만	230,000
프러시아	30만	84,000

지금이 레오날씨氏의 추정을 사실이라고 본다면 프랑스 혁명까지 평시 상비병력에는 큰 변동이 있었던 것같다. 이유는 – 쉬잔느에 의하면 앙시앙 레짐(Ancien Régime)말의 보병력은 약 17만이었다고 하는 까닭이다(전인(前引) 비올레, p. 385 인용).

32) G. Lefebvre, *La Révolution Française*, éd. 1957, p. 573.
33) G. Lefebvre, *Napoléon*, 4^{une}. éd. 1953, p. 198. 그런데 20년간의 130만이라는 수자는 구(舊)프랑스 왕조 때에 비하여 3/4을 약간 넘는 것으로 인정된다고 하였다.
34) 전인(前引) 소로킨, 『사회관계·전쟁 및 혁명의 기복(起伏)』, p. 551 이하 및 p. 569.

왕명	세입(단위: livre) [1]
샤를 7세	1,800,000
루이 11세	4,700,000 [2]
샤를 9세(1489년) [3]	4,461,000 [4]
루이 12세(1515년)	4,865,000
프랑소와 1세	14,045,000
앙리 2세	20,098,563
프랑소와 2세	11,104,971
샤를 9세	8,638,998
앙리 3세	31,654,400
앙리 4세	16,000,000

[1] 리불livre의 화폐가치(mare당)는 시대에 따라 변동이 심한 것은 이미 볼테르가 주의한 바와 같으나(Voltaire op. cit. T. II, pp.97 seq.), 지금은 세수의 개략적인 증가만을 문제삼는 고로 이 점을 도외시한다.
[2] 샤를 7세 및 루이 11세 때의 숫자는 필립 드 꼬뮈네(Phillipe de Commynes)의 수자와 부합하되, 단 꼬뮈네는 프랑(franc)으로 표시하였다. (éd. Pléade, p. 1228).
[3] 괄호 내의 숫자는 연대가 표시된 것을 의미
[4] 샤를 8세 때 세수액은 징세비용을 제한 순액이다. 기타는 이 점이 표시되어 있지 않다.

이렇듯이 급속히 증가해가는 병력에 호응하여 군사재정도 비약적으로 팽창하여 갔다. 이 점은 근대 전기의 궁정재정의 내역을 자세히 기록한 문헌이 적으므로 직접 군사비로 따지기는 어려우나 그러나 재정의 각분야에 일찍부터 나타나고 있다. 지금 다시 프랑스의 예로 본보기를 삼아보면 – 쉴리공公의 『회상록』에 의하면 15세기의 샤를 7세 이후 17세기초 앙리 4세에 이르기까지 세입증가를 별표와 같이 들고 있다.[35] 이것으로 보아도 약

---

35) 전인(前引) 영역본 제4권 p. 271 이하. 실은 이 기록에 있어서 미심(未審)한 점이 여러 가지가 있다. 당시의 징세제도로 보면 징세업자의 제

200년간에 왕부王府의 수입이 얼마나 증가하였느냐 하는 것을 짐작할 수 있는데 실은 그것이 단순한 국부 증가에 따른 조세 수입 등의 자연증가만이 아니라 전쟁 수행에 필요한 가렴주구 · 공채 발행 · 차입의 비상수단에 의한 것이었다는게 같은 쉴리공의 수기手記로도 알 수 있다.[36] 루이 13세 때의 대재상으로 알려진 리쉴리에Cardinal de Richelieu의 유작으로 전하여지는 『정치유서』 Testament Politique에 의하면 평시 군사비의 총액은 1,500만 리불 정도를 적당한 것으로 보았는데 그가 천거하는 평시 세수는 순액 4,200만 리불 정도이니 평시에도 군비사의 비중이 얼마나 높이 평가되었느냐를 살펴볼 수 있고[37] 또 볼테르Voltaire에 참고하면 – 루이 14세 치하의 명재상이라는 콜베르의 수완으로 평년 세수는 1억 1,700만 리불 정도로서(1683년 기준), 약 45년 후의 세수는 2억 리불에 가까웠으나 화폐 가치의 저락으로 실수입에는 별 차이가 없었다고 하는데, 일방 지출에서 보면 루이 14세 치하의 총지출은 180억 리불의 거액에 달하였으며 따라서 연평균 3억 3,000리불의 재정방출을 계속한 셈이 되며 그 주원인이 루이 14세 치

    (諸)비용이 대단히 커서, 징세액수와 실세입(實稅入)에에는 상당한 차가 있었다. 별표에도 표시하듯이 샤를 8세 시의 액수는 이러한 비용을 공제한 실세입인 것이 명시되어 있으나 기여(其餘)에 있어서는 이 점이 모호하다. 이것은 그 다음에 열거되는 세입(歲入) 수자에 있어서도 대체로 같은 바로서 특히 명백히 한 외에는 모두 이 점이 애매하다. 또 다음으로는 화폐 가치 곧 세수(歲收)의 실가치(實價値)의 문제인데 이미 볼테르가 주의한 바 또 모든 경제 · 재정사가(史家)가 지적하는 바와 같이 (가령, 전인(前引) 말탱 『경제 · 재정사』, p. 194 이하 및 각처), 시대에 따라 화폐 가치는 일정하지 않았고, 따라서 수자의 표시만은 의미가 없는 경우가 있다. 그러나 지금 이러한 불비(不備)를 감안하더라도 대체의 추세를 판단하는 정도로는 대차(大差)가 없으며 논지에 영향을 미칠 바 없다.

36) 쉴리의 『회상록』의 대표예는 제3권 p. 293 이하, p. 412 이하, 제4권 p. 271 이하.
37) 상인(上引) 『정치유서』 p.441 이하.

하의 전비에 있었으니 이로써도 군사비의 팽창을 족히 추측할 수 있다.[38] 1781년 넥케르Necker의 세출표에 의하면 총세출 약 2억 5,400만 리불 가까운 금액 중에 군사비가 1억 4,810만 리불이 넘었다고 하며,[39] 1784년의 넥케르 예산 중의 군사비의 비중은 전 지출소총出의 약 3분지 2라고 하고,[40] 또 혁명 직전인 1789년에 삼부회에 제출한 넥케르의 예산표에 보면 – 평시 군사비를 줄잡아 계산했으리라고 인정되는데도 – 군사비는 총세출 6억 3,300만 리불의 약 5분지 2에 달하였다.[41] 1831년도 군사비는 육해군 합하여 4억 프랑에 가까웠는데 1847년의 군사비는 6억 프랑 가까이 팽창하였으며[42] 1870년도 세출 총액은 약 25억 프랑가량이었으며, 1882년에는 약 30억, 1908년은 약 40억, 1913년도에는 약 50억 프랑으로 늘어갔는데[43] 그 이유 중의 큰 것은 말할 것도 없이 군사비 혹은 전시 비상지출이었다. 그리하여 17·18세기를 통한 군사비의 지출은 대개 국고수입의 3분지 2를 차지하였거니와 그 후로도 혁명의회·나폴레옹 시대·제2제정·제3공화국의 각 시대에 걸쳐서 국가지출의 최대 및 최중요의 비중은 군사비에 있었다. 일찍이 쉴리의 회상록에 재정개혁의 안案이 나오거니와 그 후 유명한 예로 리쉴리에, 콜베르, 넥케르로부터 20세기에 이르기까지 각종의 국가재정의 개혁과 정비는 거의 예외없이 전비와 군사비 조달에서 오는 적자재정이 최대 이유였다. 쉴리 회상록에 이미 내란과 군사비의 팽창에 따른 적자재정과 재

---

38) 상인(上引) 볼테르,『루이 14세 시대사』, 제2권 p. 99 이하.
39) M. Marion, *Histoire Financière de la France depuis 1715*, 1927, T. I, Appendice 2.
40) 전인(前引) 솜바르트,『전쟁과 자본주의』, p. 56. 이밖에 군사비의 비중을 논한 부분은 pp. 51–60.
41) 전인(前引) 마리온,『프랑스 재정사』, 제1권, p. 455 이하.
42) 전인(前引) 말탱,『경제·재정사』, p. 392.
43) 말탱, 동서(同書), pp. 470–471.

정난이 누차 언급되었거니와 1596년만 하더라도 적자가 600만 에퀴(금화)에 달하였고,[44] 프랑소와 1세로부터 루이 14세까지에 공채발행액만도 4,500만 리불을 산算하였다고 하며, 또 당시 재정부족을 보충하기 위하여 신세·증세·차입·국공채발행·매관매작賣官賣爵이 성행하였다고도 한다.[45] 마리온에 의하면 - 프랑스의 공채발행액은 1722년에 약 5,000만 리불, 1748년에 약 7,600만, 1763년에 1억 3,200만, 1785년 2억 3,100만 리불,[46] 크리미야 전쟁 때는 22억, 보불 전쟁이 발발하던 1870년에는 71억 프랑에 달하였으며, 제1차 대전시에는 330억 프랑이라는 놀라운 숫자가 되었다.[47] 따라서 국가재정은 거의 적자재정이었으니, 가령 본보기를 들자면 - 1626년(리쉴리에 재상시) 적자는 5,100만 리불이었으며, 7년 전쟁 중인 1759년에는 2억 1,800만 리불이 적자, 혁명의 해였던 1789년은 1억 6,100만 리불이 적자였으며, 또 20세기 이후의 예를 참고삼아 든다면 1914년의 적자는 62억 프랑, 1916년 319억, 1919년 426억, 1924년 91억 프랑이라는 방대한 수자가 드러나는데,[48] 이러한 적자재정이 주로 전비를 대원인으로 하고 있었다. 이렇듯이 국가재정과 군사비·전비와의 관계는 근대 후기에서 찾을 필요도 없이 이미 18세기까지에는 모든 정치가·재정가·경제가에 회자되게 되어서, 앞서 든 쉴리 공이나 리쉴리에 재상, 볼테르뿐만 아니라 아담 스미스같은 학자에 이르기까지[49] 모든 정치를 논하는 사람의 주목거리가 되

---

44) 말탱, 동서(同書), pp. 205-206.
45) 전인(前引) 볼테르, 『루이 14세 시대사』, 제2권, p. 100이하. 비교: 전인(前引) 마리온, 『프랑스 재정사』, 제1권, pp. 41-45.
46) 마리온, 동서(同書), 제1권, p. 460.
47) 말탱, 동서(同書), p. 324, pp. 396-398.
48) 말탱, 동서(同書), p. 216, p. 261, pp. 470-471, p. 601..
49) 쉴리공(公), 리쉴리에 재상, 볼테르 등에 대하여는 여러 번 인거(引擧)한 바 있거니와 특히 - 쉴리공(公) 전인(前引) 『회상록』, 제3권, p. 293

었다. 비교적 비좁은 유럽 천지에서 군사력을 배경으로 하고 경쟁적으로 공존하거나 또 패권을 다투는 군왕이나 국가에 있어서는 설령 경제적인 부력富力일지라도 그것이 군사화하지 않는 한에는 '힘'이라고 여겨질 수 없었다.[50] 적어도 근대정치의 입장에서는 국부란 단순한 국부가 아니라 반드시 강병의 기반으로 이해되는 것이었다. 군사력으로 투영되지 않는 국부란 - 유럽 근대사의 환경에 있어서는 국왕과 국가의 취약을 의미할 따름이었다. 부국강병이란 유럽에 있어서는 근대국가의 성격에서 우러나오는 역사적 요청이기도 하였다.

4. 군사국가에 있어서의 조국

근대국가가 그 시초와 그 발전에 있어서 군사적이 아닐 수 없었다는 사실은 유럽역사의 여러 면에 영향을 미쳤거니와 특히 그 중에도 몇 가지는 특기할 만한 것이 있었다.

앞서 든 바와 같이 본래 유럽의 강국은 연속적인 전쟁과 이에 따른 막대한 전비ㆍ군사비로 말미암아 한편으로 세원稅源을 확대하려고 할 뿐 아니라 직접 왕가의 세수나 또 국채로써 이를 충당

이하, p. 412 이하. 리쉴리에 전인(前引) 『정치유서』, 제2부 제9장 제7절, 볼테르 전인(前引) 『루이 14세 시대사』, 제2권, p. 95 이하. 아담 스미스에 대하여는 - Adam Smith, *The Wealth of Nations*, Mod. Library ed., Bk. V., Chapt. 1, Pt. 1. 단 스미스의 국방비론은, 전(前)3자가 절실한 재정난과 군비(軍費)와의 관계를 논함에 대하여 원시ㆍ고대 시대로부터의 일반적인 국방비론이기는 하나, 그러나 이 국방비 문제를 상비병(常備兵) 문제와 더불어 논급하지 않을 수 없었다는 점이 여기서는 중요하다. 스미스의 민병과 상비병의 비교론은 비고 - *Lecture on Justice, Police, Revenue and Arms*, p. 4.

50) "근대전(近代戰)에 있어서 화기(火器)의 막대한 비용은 그 비용을 가장 잘 제공하는 나라에게 명백히 유리"하다(전인(前引) 아담 스미스, 『국부론』, p. 669)

하려고 하였는데 이와 관련해서 왕국의 관심사는 영토·왕권의 확장이었다. 무릇 영토의 확장은 예로부터 나라의 기본정책인 경우가 허다하였거니와, 근대에 이르러는 – 그것이 결혼정책에 의하였건 또는 전쟁과 강력으로 성취된 점령과 식민지 소유이건 – 열국에 열렬한 경합의 대상이었다. 물론 이러한 영토팽창이 임금의 입장에서는 그대로 세稅·공貢·부원賦源의 팽창이며, 국부의 상징이며 또 위신의 앙양이며, 왕가의 이득일 수가 많았던 것은 의심할 여지가 없다. 그러나 한편으로는 이러저러한 전쟁을 통하여 비상사태가 발생하고 또 이것으로 말미암아 국민적 대립관념이 점차로 촉발되게 되고[51] 또 이러한 사태를 통하여 나라 안의 중세적인 봉건유제 곧 후백侯伯·영토와 특허도시·교회의 자치권이 말살되고, 급기야 국경의식이 강렬한 근대국가의 이데올로기로 형성되었다. 이 까닭에 모든 사회생활은 나라의 단위로 규제될 수밖에 없게 되니 예하면 – 국내의 모든 분권적인 공公·후侯·백伯·자子·남男의 권리와 지방·도시의 전통적 특권은 나라의 단위로 통일되어야 될 것이며 또 봉건적인 경

---

51) 이 경우 일반 대중에게 있어서도 그랬느냐 하는 것은 또 다른 문제가 아닐 수 없다. 군왕과 귀족과 장병이 국가의 이름 아래 전승(戰勝)을 말하고 국위(國威)와 국력을 자랑하는 반면에는 민생의 노고가 말이 아닌 것이 유럽에 있어서도 예로부터 논급되었다. 18세기 계몽사상기에 들어서서는 더욱이 반전론(反戰論) 및 영구평화론이 성(盛)하였거니와 이와 더불어 전쟁의 참해(慘害)가 누차 강조되었다(가령 볼테르 전인(前引) 『루이 14세 시대사』, 제1권, p. 81). 이러한 전쟁참해론은 대전의 계속으로 민고(民苦)가 우심(尤甚)한 직후에 더욱 더할 뿐 아니라, 근대전기(前期)의 용병군기(期)에 있어서는 전쟁터 부근은 공연히 용병의 약탈 대상이 되어왔으므로 이 점에서 부근 일대의 주민에게는 자국의 승패와 관계없이 피해가 막심하였다. 이러한 병정(兵丁)의 약탈은 이미 중세말 콤믠느의 『회상록』에도 기록된 바이며 이후의 사적(史籍)에 빈번하거니와 특히 30년전쟁 시는 격심하였던 모양으로, 30년전쟁 후에 나온 유럽평화론에는 대개 이 점이 강조되었다. 가령 – *Mémoire pour Servir á l'Histoire du Temps*, Cologne, 1676, pp. 2 seq.

제체제도 나라 단위의 국민경제로 편성될 운명에 놓이게 된다. 이러한 새로운 단위, 새로운 나라 단위로 옮겨가는 여러 가지 현상은 단순히 경제·사회·정치뿐만이 아니라 일정한 인간의 성향 곧 '국민적 인간'을 만들어내고 이 위에 모든 정치현상의 국가화가 명분을 세우게 된다. 17세기에 들어서면 이미 유럽의 분획分劃은 대체로 고정되게 되어서 영토의 대변화라는 것이 매우 힘들게 되는데 이러한 형편에서 새로운 사태를 타개하는 방법은 - 군사력을 지주로 하여, 하나로는 식민지의 개척이오, 그 둘은 국민경제의 확대·증진에 있었다. 아니, 기실은 이 둘이 같은 사태의 양면일지도 모른다. 왜냐면, 당시의 현실로 볼진대 식민지 개척이란 곧 독점시장의 형성이며 따라서 국부에 이바지한다는 중상파 사상이 지배적이었던 까닭이다. 이 점에 있어서는 신진세력인 상공업의 이익과 국왕의 식민지 개척·영토확대의 이익은 원칙으로 일치된다. 국왕은 영토확대에 따라 세원稅源·인구·왕가 수입의 증가가 기대되고 한편 상인은 안전한 독점시장의 혜택을 본다고 생각하였을 것이다. 여기에 있어서도 영토와 국경은 국민경제의 대·소에 중대 영향을 준 국가시장의 넓이로 이해된다. 모든 것이 정치·군사와 밀착되고, 근대국가의 형성은 바로 이러한 경제를 매개하여 이룩되었다. 이 까닭에 근대국가는 좌우상하 외부의 견제세력이 공식으로 허용될 수 없는 배타적인 세력으로서 성립되고 우적관계[52]에서 병존하는 군사국가

---

52) 우(友)·적(敵)이라는 관계를 군사적인 면에서 개념화한 사람은 다름아닌 J. S. 밀이었다. 그는 『대의정치론』(1861)에서 이르되 "군사라는 모든 사회의 일부분에 있어서는 - 그 일의 성질상 - 동포와 외국인의 구별이 깊고 또 강하다. 군인 이외의 사람에게는 외국인이란 단지 낯설은 사람일 따름이지만, 병정(兵丁)에게는 1주일 후에 소집되어서 생사를 걸고 싸우는 상대인이 된다. 그에게 있어서 그 사이의 차(差)란 우(友)와 적(敵) - 아니 동포와 다른 동물 사이의 차라고 할만한 것이다(Everyman's Lib. ed., p. 487). 그런데 근대국가가 군사적인 분위기에서 이룩되고 또 민족(네이슌)

제 2 절 군사국가

이며 또 이 까닭에 국가경제는 본질적으로 배타적이고, 민족관념 역시 배타적이 아닐 수 없었다. 이렇게 볼 때 경제는 정치경제Économie politique, political Economy 곧 국가경제일 수밖에 없고 인간은 국민으로서의 인간일 수밖에 없으며, 나라 안에서는 어떠한 신분·계급이든간에 나라 대 나라에 있어서는 하나로 뭉쳐야 된다는 이론이 나온다. 이러한 논리에서 자연히 나라의 존립을 방어하는 전쟁은 모든 것에 우선한다는 결론도 나올 것이다. 물론 현실에 있어서는 근대 전기에 있어서 전쟁은 왕가의 전쟁이며, 또 전쟁과 전비를 빙자하여 방대한 재정부담이 국민에게 가하여졌

관념이란 본래 남의 나라민족에 대립되는 것인 까닭에 국가정치의 테두리 내에서 사는 국민적 인간에 있어서는 국제정치는 본질적으로 우적관계(友敵關係)인 것이 보통이었다. 근대 우적관계를 정치개념으로 도입한 사람은 슈밋트(Carl Schmitt)이다(*Begriff des Politischen*, 3 Auf, 1933). 그의 '우적(友敵)의 구별'(*Die Unterscheidung von Freund und Feind*)이라는 정치개념의 규정은 어데서 보다도 근대국가가 빚어내는 근대적 국제정치의 체계에 역시 적절히 타당한 것이다. 슈밋트는 우적 구별의 정치개념이 정당회의 정치에 있어서는 국내에 있어서도 충분히 발휘되고, 사실상 국가의 통일관념을 초탈한다고 지적하여, 우적 개념이 국내정치에 타당하는 면을 들고 있기는 하였으나, 그러나 우적 구별의 정치관념은 필연적으로 투쟁, 나아가서는 전쟁의 가능성을 포함하는 것이며, 따라서 이러한 정도의 철저하 상태 곧 우적 구별은 내란을 제외하면 정치단위 중에도 '표준적인 정치단위'인 국가간에서 가장 순수할 수 있을 것이다(S. 15ff. u. 26). 이미 제3판에서도 여러 곳에서 슈밋트는 국가를 민족국가로 보았거니와 『정치의 개념』의 원(原)강연 필기에 보면 그 벽두(劈頭)에서 – "국가의 개념은 정치의 개념을 전제한다. 국가란 한 민족(Volk)의 정치적 지위(Status)이다" 라고 규정하여(*Der Begriff des Politischen, Politische Wissenschaft*, Heft 5; *Probleme der Demokratie*, 1928, S. 1), 전체주의적 민족국가관을 명백히 하였다. 그런데 유럽에서 발달한 근대국가의 형태가 바로 다름아닌 '민족'국가(이 경우의 민족은 Nation이나 나치 전후의 Nation이라는 말은 그 뜻이 Volk와 거의 동의同義)였다는 점에서 볼 때 씨(氏)의 정치개념이 근본적으로 유럽의 근대국가 – 특히 국민국가로서 서로 대립이 격화하는 프랑스 혁명 이후의 근대국가의 일면에서 추상(抽象)한 것이라고 할 수 있으며 또 이 점에서, 그의 정치개념은 고도로 국제정치적인 요소를 내포하고 있다고 할 수 있다.

으며 또 때로는 이러한 전쟁재정의 팽창이 군민간의 분규의 실마리가 된 것도 사실이다. 시민경제의 결실과 생산적인 자본력이 소비적이며 비생산적인 사업, 특히 전쟁지출의 재원으로 요구된데 대하여 여러 번 시민이 항거한 것은 저 「권리청원」(1628년)이나 또 명예혁명의 열매인 「권리장전」(1689년) 등으로 충분히 알 수 있으며 또 프랑스 대혁명의 발발의 계기가 바로 재정수요에 몰려 부득이 소집한 삼부회였다는 것은 너무나 유명하다. 무릇 근대사적 혁명이란 전형적으로는 국민경제 발전의 선두를 담당한 제3계급의 혁명이었다는 것인데 그것도 직접적으로는 왕가의 자의적 재정정책 - 특히 군사비 수요의 팽창으로 인한 조세정책의 문란과 경제정책의 폐해에 대한 사유재산의 보호와 경제행위의 자유를 핵심으로 하였던 것은 이미 주지되어 있는 사실이라 하겠다. 이렇듯이 국가경제의 구조적 변화에 따라 군왕정치는 새로이 의회정치의 방향으로 넘어가게 되었기는 하나, 국가라는 관념에서 판박아 놓은 근대국가의 대외관계에서 보면 국내의 국가체제는 어떻게 변동되었든간에 여전히 강병부국정책에는 조금도 변화가 없었을 뿐 아니라 오히려 더욱 심하여 갔으며 경쟁적인 쟁패관계는 더욱 치열을 극하게 되었다.[53] 이에 따라 국제적 대치관계 또는 만성적인 우적관계에서 빚어지는 특정한 조국관념·애국심·민족의식 그리고 군국주의적 정신을 갖게되었다.

---

53) 프랑스 혁명후 민주주의 국가의 출현에 불구하고 전비(戰費)가 팽창하고 전쟁규모가 확대하고 또 여전히 전쟁빈도가 잦은 사실은 이미 약간 언급한 것이려니와, 민주주의 국가의 대외정책과 대조되는 국내양상에 있어서 주권자인 국민의 자율적인 결정이라는 형식 아래 일찍이 예가 없는 '국가'의 압제(壓制)가 생기고 국민을 총동원하여 전쟁에 참가시키는 현대국가의 사태는 주목이 아니될 수 없는 바인 것이 지적되고 있다(가령 B. de Jouvenel, *Du Pouvoir*, éd. revue et aug., 1947, Chapt. 13, 14).

근대국가에 있어서 조국관념의 생장은 독특한 의미를 갖는다. 조국 곧 '내 나라'라는 주체적이며 체험적 의식 가운데에는 어느 고장 어느 시대에서나 볼 수 있는 고향의식·향토의식 같은 것이 있는 것은 의심의 여지가 없다.[54] 또 같이 공격당하고 약탈당하는 피해자로서의 공동방어 의식 같은 것도 인정할 수 있다. 전투·침략 때의 적의식敵意識이 그럴 수 있다. 그러나 좁은 향토의식도 아니오 일시적인 공동방어 의식도 아닌 '내 나라' 관념은 '나라' 그 자체에 대한 체험에서 우러나오는 것인데, 이러한 의미에서 볼 때 근대국가는 '조국'이라는 정치체험에 좋은 조건을 마련하여 주었다. 근대국가는 대개는 중세적 제후령과 더불어 이족속異族屬을 포함하는 혼합체로서 출발은 하였으나 그러나 강력한 군주정치 아래 계속적으로 타국과 대치하거나 혹은 전쟁상태에 있었다는 역사적 사실은 '남'에 대립되는 '나의 나라'라는 습성을 기르는데 알맞았을 것이다. 뿐 아니라, 중세와 달라서 항시 국경을 의식하지 않을 수 없으면서 모든 일상생활이 단 한 개의 국법에 의하여 규율되고 또 처벌되며, 나아가서 '내·남의 나라'를 구별하는 교육을 항시 받아온다는 사실은 바로 틀림없는 조건반응의 효과와 강철과 같은 학습과정을 겪어내는 결과가 될 것이다.[55] 원래 조국의식과 애국심은 적敵에의 의식에서 가

---

54) 참조 – R. Michels, *Patriotismus*, 1929, S. 54ff, u. 82ff. 이러한 원시적이며 거의 본능적인 향토애 또는 고향의식과 결부된 조국관념은 일찍이 문예부흥시대의 인문주의자간에도 찾아 볼 수 있다는 예로는 – J. Huizinga, *Erasmus über Vaterland und Nationen*, 1936; *Geschichte u. Kultur*, 1954.
55) 근대 국민국가 또는 민족국가의 발달에 있어서 같은 국민 또는 민족이라는 의식에 미친 영토국가, 절대군주국가, 정치제도, 국경, 역사의식 등등의 정치요인에 대하여는, 참조 – F. Herz, *Nationality in History and Politics*, 1944, Chapt. 5, 6. 단 16세기만 하더라도 왕정(王政)은 국민의식과 분리되어 있었다는 주장으론 G. Zeller, *Le Réunion de Metz á la France*, 1926, p. 417. 본래 근대국가를 근대국민(민족)국가로(mod. Nation) 보는 경우에 그것은 Volk에 대하여 무엇보다도 정치적이며 근대적인 것이라고

장 강열하다. 그러므로 전시적 분위기에서 적과 '나'를 구별하는 동안에 가장 조국을 느끼게 되고 또 이런 과정을 통하여 근대국가가 짧은 시일동안에 '조국'화하는 것도 쉽게 짐작된다. 이 까닭에 근대 전기에 있어서 군왕이 요구하는 조국애는 그 첫째가 전시의 감투정신敢鬪精神 — 인내와 협력과 복종의 애국심이라고 여겨졌다. 조국애는 무엇보다도 공방의 전투정신과 재정부담의 희생정신에서 요청되었다. 그러나 전쟁이 귀족과 용병 — 외족이 혼잡한 용병으로 수행되던 근대 전기에 있어서 중민衆民이 전쟁을 통하여 군국적인 애국심[56]을 느낀다는 것은 보통일이 아니다. 적측敵側이거나 아편我便이거나 전장터의 중민衆民은 틀림없이 약탈의 대상이 되고, 백성의 민란이 외족으로 구성된 용병으로 진압되는 마당에 민중이 원시적 향토애나 본능적 방어정신 아닌 근대적 조국애에 불탄다는 것은 오히려 예외가 아닐 수 없다. 따라서 근대 전기의 조국애는 차라리 신분사회의 군주·귀족의 정

간주된다고 한다(H. O. Ziegler, *Die Moderne Nation*, 1931, S. 8-9).
56) 이에 대한 전거(典據)의 하나는 — 오랜 병정천시(兵丁賤視) 사상이다. 특히 근대 시민사회의 시민간에는 오래 군무(軍務)를 기피하고 천시하는 사상이 있어서, 거의 현대까지에 내려오며 이것이 또한 중세 이래 군인계급으로서의 귀족계급 또는 군인 직업계급의 특권화를 가능케 하였다. 뿐만 아니라 용병제도 하에 있어서 병정은 대개 의식이 궁한 빈민출신인 점도 병정 멸시의 풍(風)을 낳은 이유의 하나일 것이다. 뿐만 아니라 영국의 예에서 보듯이 납치·불량 단속(團束)·취한(醉漢) 취제(取除)의 방법으로 병원(兵員)을 보충한 것도 병정 멸시의 일인(一因)이 아닐 수 없다(가령 *English Historical Documents*, Vol. VIII, 1660-1714, 1953, p. 788 ff). 이미 마키아벨리의 『전쟁술』에는 — 젊잖은 인사가 직업군인이 되는 것은 옳지 않다고 보았다(*L'Arte della Guerra, Scriti Politici*, Intro. e Note di A. R. Ferrarin, 1942, Vol. 2, p. 44). 혁명기의 프랑스의 부르주아지들이 병역을 기피하던 상황은 팍스의 『군국주의사』에 간단히 소개된다(전인(前引) p. 108 이하). 또 하나의 증거는 계몽사상기에 있어서 대중의 입장이 투영된 전쟁반대론이라고 할 수 있다(이에 대하여는 전주(前注) 51 참조 및 F. Gilbert, "The New Diplomacy of the 18th Century," *World Politics*, Oct. 1951, pp. 9 et seq.).

치닫게 귀족과 향토·궁인宮人과 무인 속에 그 정수精粹를 볼 수 있을 것이었다. J. J. 듀 게(1649-1732)의 만년의 작인 『군주교육론』 Institution d'un Prince에 보이는 '조국애' 조條를 참고하면 – 조국애는 곧 '공공애'l'Amour du bienpublic며, 나라라는 전체 속에 있는 개의식個意識·부분의식이고 또 한 '집안'·가족의 정신으로도 설명하였거니와 구체적으로 가장 강조된 것은 다름아닌 장군과 관원같은 상류의 충성, 특히 시민의 전시협력, 전쟁 중의 평민과 병졸의 인내·근면 그리고 로마인과 같은 백성의 질박과 검소였는데, 전체적으로 보아 조국애는 전쟁을 주로 하여 논급되었으며,[57] 이 까닭에 "전쟁의 으뜸가는 힘줄"[58]이라는 귀족·무장武將의 조국애가 먼저 꼽히는 것은 쉽게 이해가 된다. 이 예와는 달리 J. J. 룻소에 있어서는 "법과 자유의 사랑"으로 조국애를 표현하고 있는데[59] 이것은 이미 그 사상에 있어서 근대 전기의 군주정치를 떠난 혁명정신이며, 민주정치 시대의 애국심을 논한 것이라고 보아도 될 것이다.

프랑스 대혁명을 전후하여 근대 후기에 들어옴에 유럽의 신분정치가 점차로 타파됨에 따라 적어도 관념적으로는 애국심은 국민의식과 결부된다. 본래 유럽에 있어서 Nation[60]이란 오래 '나

---

57) Du Guet, Institution d'un Prince, 1740, T. II, pp. 244 et seq. 또 흄에 의하면 "이 공공심(公共心), 이 애국심은 민중이 거의 끊일새 없이 놀랜 때 또 사람이 매 순간 그 방위를 위하여 극심한 위험에 몸을 던지게 되었을 때 증가될 것"이라고 한다(David Hume, *Essays Moral, Political, and Literacy*, eds., by T. H. Green and T. H. Grose, 1875, Vol. 1, pp. 291-292).

58) "본 왕국이 귀족 곧 항상 가장 긴(緊)한 힘줄(근筋)이며 또 평시에 백성으로부터 득을 보되 유사지시(有事之時)를 위하여 제공된 봉록으로 인하여 전시에는 왕국을 위하여 봉사하도록 의무지고 있는 귀족의 역무를 잃지 않으려면..." 운운(云云)(상인(上引) 리쉴리에, 『정치유서』, p. 394).

59) 제3장 제1절 주1.

60) Nation을 우리말로 어떻게 옮기냐 하는 데는 생각할 바가 있다. Nation은 현재 우리말의 '국민', '민족', '나라'의 세 가지 뜻을 가지고 있으며,

라 사람'Nation으로 쓰인다고 하는 말이거니와, 국민Nation이란 뜻으로 쓰이는 경우에 있어서도 그 본의는 국적을 같이 하는 중민衆民 전체라는 의미가 아니라 특정한 신분에만 제한되는 특정한 말로 쓰여졌다.[61] 국민Nation이 일부 특정한 사람만이 아니라 – 오늘

> 때에 따라 이렇게 구별하여 번역하지 않으면 어감을 죽이고 뜻을 혼돈할 위험이 있는 것 같다. 그런데 '나라'라는 어감을 잠간 차치한다면 – '국민'·'민족'이라는 말은 모두 Nationalism의 어감에서 출발하여 '나숀'을 번역한 혐의가 없지 않은데, 이런 면에 있어서는 아시아지역의 '나쇼날리즘'이 그 역사적 환경에 있어서 적이도 저항적이었던 탓으로 Nationalism은 민족주의 그리고 Nation은 민족이라고 옮겨 놓는 경향이 강하다. 뿐만 아니라 민족이라고 하는 경우에는 – 독일에 있어서와 같이 – Volk와 Nation이 구별되어야 할테지만 구별되지 않고 있듯이, Volk의 요소가 농후하다 (H. O. Ziegler, 전인서(前引書), pp. 24-25). 그런데 이 경우 민족주의라는 어감은 타민족에 대한 대립·대치·저항의 뜻을 지니고 있으며, 이렇듯이 자타를 구별하는 의식에서 쓰이는 '나쇼날리즘'이 (이른바 M. S. 핸드맨의 Oppression Nationalism, 『世界經濟調查會』 (編), 『ナショナリズムの硏究』, 1957, pp. 754-755). 19세기 후반에 이르러 유럽사상의 영향 아래 아시아지역에 도입되었다는 설도 이유가 없지 않다(가령 최근 예로는 J. Jennings, *Nationalism, Colonialism and Neutralism*, 1957, p. 5). 그러나 Nationalism에는 대외적인 대립면 혹은 저항·공격의 면 외에 또한 다른 국내적인 면과 그 어감을 담은 '국민'의 측면이 있는 것은 말할 것도 없다. 곧 서유럽 사회의 역사적 발전에 있어서 유럽국가의 국내적 통일성을 이데올로기화하는 '나쇼날리즘', 또는 국내적인 신분적 불평등에서 중생 (peuple, people)이라고 천대되는 대중이, 역사적으로 불평등 개념이었던 '나숀'을 확대하여 급기야 Nation=People화 하며, 국적을 같이 하는 사람의 카테고리의 관념으로 쓰이게 된 근대적 '국민'을 구현하는 '나쇼날리즘' 즉 국민주의를 들 수 있다. 이 경우 '나쇼날리즘'은 우리말의 국민주의가 타당하고, '나숀'은 '국민'이라고 옮겨놓는 것이 적합할 것이다.
> 61) '나숀'이라는 말의 어의(語義)의 역사적 변천 중에서 특히 주목될 바는 다음과 같은 것이다. '나숀'이란 말은 중세기에 있어서 대학·종교회의에 있어서 지방단위·지방공동체의 명칭으로 쓰였으니, 가령 파리대학에 있어서 출신지방에 따른 대표단인 Francia, Anglia, Normania, Germanis 같은 '나숀'이 있었다고 하는 류(類)인데(씨글러(Ziegler), 상인서(上引書), pp. 23-24), 이러한 전통은 후에 교직(敎職) 선거의 지구단(地區團), 3부회 선거의 지역단 등의 이름으로 오래 남았었다. 대부분의 사전(辭典) 학자는 '나숀'을 어느 '지역의 사람'이라는 의미에서 출발한다고 본다. 사전(辭典)에 의하면 15세기의 용례 중에는 '런던의 나숀' 같이 어느 고장의 사람으로 이해되는 예가 있다고 하며(Littré의 프랑스어 사전

날과 같이 – 한 국법아래 사는 모든 인민이라는 뜻으로 채택되는 것은 대체로 프랑스혁명 이후의 일인데, 이러한 국민개념의 확대야말로 실은 봉건적인 잔재의 구축을 의미하였다. 그리고 이러한 역사적 사태는 한편 국민군의 등장, 제3계급의 정치참여 또는 쟁취, 관료의 국민화 및 국민경제체제의 완성과 대개 때를 같이 한다. 이에 따라 조국Patrie은 곧 '나숀'으로 해석되고, 조국애는 바로 '나쇼날리즘'에 직결하게 된다. 근대적 국가의식은 이러한 '국민''민족'Nation의식에서 나오는 '내나라'체험에서 완결되며 또 다른 '민족', '국민'Nation과 대립된다는 습성화된 반응에서 '내 나라' 관념이 확립된다. 그러면서도 여전히 유럽사적 조건은 전쟁의 연속이었던 관계로 – 절대군주정치 때 창궐하던 귀족사회의 군국주의는 새로이 '국민주의''민족주의' 속에 투영되게 된다.[62] 국민주의적 민주정치의 모범례에서 보면 그 인사구조에 있어서 마치 무장武將의 서열이 떨어져가며 정책으로는 경제정책

'나쇼'條條 및 *New English Dictionary*, Vol. VI, Pt. II, p. 30 참조), 그 후의 '나숀'은 어느 고장의 사람으로 해석하는 것을 중심되는 줄거리로 들었다. 그러나 이미 16세기 문헌에 습견(習見)하는 Nation 혹은 Nations은 아무 땅, 아무 고장의 사람이라는 의미에서 해석될 바는 거의 없고, 대개는 프랑스, 영국, 서반아(西班牙) 같이 왕국으로서 확립된 나라사람 또 불확정하게 '국인'(國人)이라고 하는 경우에 Nation을 쓰고 있다. 이러고 보면 16세기에는 이미 '나숀'은 나라라고 하는 통일체에 속하여 있는 사람으로 쓰였던 모양이며, 이로 인하여 국인(國人)은 그대로 '국'(國)으로 해석해도 불편이 없게 되었다고 여겨진다(가령 쉬운 예는 보댕, 『국가론』, 1583, p 687 및 기타). 다음 – 국내적 용어로서 이 '나숀'은 대체로 프랑스 혁명전까지만 하여도 신분적인 의미의 상류층을 지칭하는 말이었다. 이 까닭에 구제도 하에 있어서는 '나숀'은 상류계급, 정부 등을 의미한다고 프랑스에서는 여겨지고, 독일에 있어서는 왕후귀족(王侯貴族)과 교직(敎職)의 특권계급이 Nation이라고 통용되었다고 한다(상인(上引) 헬쓰, 『역사・정치상의 나쇼날리티』, pp. 234–235; 상인(上引) Ziegler, p. 24 이하).

62) 참조 – C. J. H. Hayes, *Essays on Nationalism*, 1926, Essay, VI 및 전인(前引) 팍스, 『군국주의사』, 제2부 제8장, 제4부.

이 앞서고 또 사상으로는 '평화'가 점차로 고창되어 가는 인상을 받는 수가 있다. 이 여세로 현대 곧 제1차 세계대전 후에 들어서면 전쟁·군국·국군주의란 말은 죄와 불의의 언어인양 배격되고 애써 회피하는 광경을 보게 된다. 그러나 언어의 회피나 배격과 평화라는 언어의 애용은 그 결과로 볼 때 한낱 선전이 아니면 일부 사회의 여론일 따름이지 국가정부의 행위의 세계에 있어서는 촌분도 후퇴하지 않았을뿐 아니라 내쇼날리즘이라는 이데올로기를 발거리로 하여 가일층 강화되게 되었다. 근대국가는 내쇼날리스틱한 단계에 이르러 국민의 결정이라는 이름아래 더욱 거대한 군사국가로 화하였으며, 근대전近代戰의 사상과 기술적 성격으로 인한 대규모한 군사태세 즉 방대한 국민상비군·군사비·군사산업·징병제·동원체제·장기국방교육에 국민의식·민족의식이 동원되고 국가사상이 출동하고 또 정부는 국민주권의 피위임체被委任體라는 이론아래 또 명분상 국민전체의 의사라는 이름아래 전쟁정책이 수립되게 되었다.

제 3 절 경제국가

　국제정치의 입장에 서서 볼 때 근대국가는 그 성격에 있어서 군사국가로서 발달하였거니와 또 이와 밀접히 관련해서 경제국가로서 발전하여 왔다. 이 경우 경제국가라는 의미는 단순히 경제적 영위營爲가 나라살림에 중요하다는 것이 아니라 국가의 내외정책이 명시적이며 또 의식적으로 '부富' 추구와 상공정책에 치중하고 있다 하는 점에 있다. 물론 지금 문제되는 바는 그 중의 대외적 관계에 있어서 경제주의가 정책의 근간을 이루고 있었다는 사실이다. 근대국가의 형성과 발달에는 이재와 '부'추구에 골몰하고, 이것을 대외정책의 지침으로 삼는 상업국가·산업

---

1) 경제국가라는 개념은 새로운 것이 아니다. 예컨대, 『유럽문명사 총서』 제5권(*European Civilization: Its Origin and Development*, Vol. 5, 1937) 제1편(Part I)은 '경제국가의 도래'(The Coming of the Economic State)라 하여 농·공·상·인구·농민·종교영향 등을 취급하였다. 뿐만 아니라 프랑스 수상 페리(J. Ferry)가 경제국가(État économique)라는 말을 자주 사용하였던 것이 알려져 있다(R. Maunier, *Sociologie Colonial*, T. II, 1936, p. 153). 그러나 여기서 내가 경제국가라고 하는 개념을 사용하는 소이는 단지 경제면에서 본 근대국가라는 의미에서가 아니라 국가의 성격부터가 경제주의적인 국가 즉 상리(商利)·재리(財利)의 추구와 획득을 꾸준한 국책으로 삼는 Acquisitive State(Nation)를 염두에 두고 그것을 근대국가의 본질적 성격의 하나로 보고 사용한 것이다.

국가의 모습이 현저하였는데 이 점이 오늘날의 세계정치의 일면을 결정하는 요인의 하나가 되었다고 여겨진다.

1. 국가경제

본래 유럽에 있어서 보면 근대사의 진전과 더불어 경제는 국가활동과 긴밀히 연관되어 발달되었다. 아니, 근대국가의 진정한 의미의 성립은 장원莊園경제, 중세적 도시경제, 영방領邦경제에서 경제활동이 국가의 테두리로 옮겨짐에 따라 이룩되었다고 보는 편이 타당하리라. 근대사에 있어서 경제는 국가와 밀착하여 발전하였다고 하여도 과언이 아니다. 이러한 면은 여러 모로 나타나고 있었다. 우선, '경제'라는 말부터가 그러하였다. 유럽에서 오래 통용하는 경제라는 말은 대개 '정치경제'Économie Politique; Political Economy; politische Oekonomie라고 쓰여졌는데 그 의미는 필경 '국가경제'[2]라는 편이 가당하였다. 경제활동을 오로지 국가의 경제

---

2) 경제의 자의(字意) 문제 – 경제학은 오랫동안 Economie Politique: Political Economy라고 불리워왔는데 Économie Politique라는 프랑스어가 먼저 쓰인 말이오, 영어는 그 번역이며(*New English Dictionary*, Vol. 3, Pt. II, 1897, p. 35), 다른 나라말도 번역에 불과하다. 현대에 있어서는 Économie Politique는 단순히 Économie라는 의미로 사용되며(Larousse, *Grand Dct. Universel*, T. 7, p. 133), 사람 따라 Économie Pol. 혹은 Économie라고 쓴다. 본래 역사적으로 Économie Politique는 문자 그대로 '정치경제' 또는 – 우리말의 어감에서 볼 때 – '국가경제'라는 것으로 그것은 그 어원에서와 같이 다분히 술(術)·정책으로 이해되었다. 곧 가정(家政)·가사(家事) 운영·가정 경제에 대하여 공공(사회) 경영·국가경제·국정(國政)이라는 의미였다. 최근가지도 논객은 이 말의 어원을 염두에 두고 있었거나 어원에 잡히는 혐의가 있었는데, 본문에 이끄른 룻쏘에 있어서 보아도 Économie Politique는 Économie Général et Publique(일반공공경제)라고도 불리우고 일보(一步)를 더 진(進)하여, Économie Politique는 바로 '통치'(Government) 라고까지 말하였다(Vaughan ed., *Political Writings of J. J. Rousseau*, 1915, Vol. I, pp. 237ff, and p. 241). 근대 전후기를 통하여 경제란 곧 국가(국민) 경제였던 관계로, 순수히 경제적인 현상만을 석출(析出)한다는 일은

혹은 생자生資를 백성을 위하여 마련하는 것, 더 적당히 말할진 댄 백성으로 하여금 자신을 위하여 이러한 수입 혹은 생자生資를 마련케 하는 것이오, 또 그 둘은 곧 공공업무에 유족한 세수를 나라나 국가에 공급케 함에 있다"고 하였으며, 또 다른 곳에서는 "모든 나라의 경제Political Oeconomy의 대목적은 나라의 부와 힘을 더하게 함에 있다"고도 하였다.[4] J. 밀James Mill, 1821에 와서도 여전히 가정살림에 대하여 나라살림을 '경제'라고 보는 전통이 맥맥히 유지되었다.[5] 장 밥티스트 새Jean Baptiste Say는 그의 주저에서

---

4) Modern Library ed., pp. 397 & 352.
5) *Elements of Political Economy*, pp. 1ff.

적어도 중농파와 고전경제학의 대두를 기다리지 않으면 아니되었다. 이 까닭에 고전경제학의 세니어(Nassau Senior)는 이르되 "경제학자(Political Economists)라는 이름으로 불리우던 옛날 저술가는 공공연히 부를 취급하지 않고 정치(Government)를 취급하였다"고 하였다(*An Outline of the Science of Political Economy*, 1836, reprint, 1938, p. 1). 그런데 중상파의 W. 페티(Petty)는 'Politicks and Economicks'라고 별기(別記)한 케이스가 나온다. 헐(C. H. Hull)에 의하면 이 구별은 "전적으로 현대식"이라는 것인데, 그러나 그 본문의 의미가 양의(良醫)는 환자의 병역(病疫) 성질을 충분히 관찰한 연후에 치료를 한다는 점으로 보아 오히려 Political Economy를 분기(分記)한 것뿐이 아닌가 하는 인상을 받는다(C. H. Hull, ed., *Economic Writings of Sir W. Petty*, 1899, Vol. 1, p. lxxi and p. 60). 또 중상파 계통의 문헌에서 경제를 별기한 다른 예로는 관방학(官房學)을 들 수 있다. 가령 유스티의 저술에는 '경제와 관방(官方)의 학'(*die Oekonomischen und Cameral-Wissenschten*)이라는 제목이 보이고 또 그런 표현은 책 중에 습견(習見)하는 바이나 그러나 그것이 현대의 의미와 다른 것은 관방학의 성격으로 보아 의심의 여지가 없다(J. H. G. von Justi, *Abhandlung von den Mitteln die Erkentniss in den Oekonomischen und Cameral-Wissenschten*, 1755, S. 5 u. 7 pasim). 이에 대하여 L. 흄(Hume)의 『엣세이』(Essays)에는 'Politics, Trade, Oeconomy'라고 연기(連記)한 예가 있는데, 흄이 이미 머컨틸리스트가 아니라 반대파였다는 점에서 흥미있거니와 다만 '경제'와 '무역'과를 분리한 점으로 보아, 현대식이 아닌 것만은 의심없다(D. Hume, *Essays Moral, Political, and Literary*, pt. II, 1752, ed. by T. H. Green and Other, 1875, Vol. 1, p. 287). 그런데 이 프랑스말로 탄생된 '정치경제'라는 낱말은 고전 및 자유경제학의 본거지였던 영국 그리고 후에 미국에서 그 '정치'라는 의미의 면이 탈락하여 갔으며 심지어 정치라는 글자조차 마샬(Alfred Marshall)이래로는

'정치학'Politique과 '경제학'Économie politique의 분야가 서로 다른 학문으로서 절연截然히 구별될 것을 강조하였으며 또 '경제'는 오랜동안 소수 위정가의 소용으로만 생각되어 왔다고 개탄하고 있는데 이것이 모두 당시 얼마나 '경제'를 '나라살림의 술術'로 보는 경향이 강하였느냐 하는 반증도 되리라.[6]

본래 근대국가의 형성은 나라를 단위시장으로 하는 나라경제의 성립을 의미하였다. 아니, 경제적인 입장에서 볼 때, 근대국가는 도시경제 · 지방경제 · 영방領邦경제의 좁고 제약 많은 경제로부터 이러한 비좁은 경제단위를 벗어나 생산력의 확대에 알

---

6) 상인(上引) *Traité d'Économie Pol.*, T. I, x et lxxvi.

빼는 예가 허다하게 되었다(J. A. Schumpeter, *A History of Economic Analysis*, 1955, pp. 21-22; G. Myrdall, *Political Element in the Development of Economic Theory*, trans. by P. Streeten, 1953, pp. 6ff). 이 반면에 후진산업국가, 특히 독일같은 곳에서는 '정치경제학'(Politische Oekonomie)이란 일반적으로 '국민경제학'(*Volkswirtschaftslehre od. Nationalökonomie*), '국민경제정책', '재정학'과 동시(同視)된다고 하는데(Karl Knies, *Die Politische Oekonomie vom Geschichtlichen Standpunkte*, 1883, Neue Auf, 1930, S. 1), 재정과 정치경제의 동시(同視)는 약간 기이한 것같으나 이미 관방학의 유스티의 대표작 『국가경제론』(*Staatswirtschaft*, 1755)의 제2편의 제목 중에 보이는 '관방학 또는 재정학'이라는 표현이든지(A. W. Small, *The Cameralists*, 1910, p. 293 note 3), 손넨펠스의 저술 등에서 볼 수 있는 바이다(J. Sonnenfels, *Grundästze der Polizei, Handlung und Finanz*, 1776). 또 고(故) 슘페터 교수는 독일에 있어서 '국가학'(Staatswissenschaft)이 '정치경제학'과 동의(同義)로 취급되는 사실을 들었는데(상인서(上引書) 동면(同面) 및 p. 535 주(注)), 이 역시 관방학의 전통으로 여겨진다(K. H. L. Pölitz, *Die Staatswissenschaft im Lichte unserer Zeit*, 1813). 그런데 독일에 있어서는 관방학 이래 국민경제(Volkswirtschaft)의 개념은 국가경제(Staatswirtschaft)의 개념의 상위에 위치한다(Anton Tautscher, *Staatswirtschaftslehre des Kameralismus*, 1947, S. 14 u. 22). 그러나 이 경우 Staatswirtschaft는 '정치경제'의 의미는 아니며, '정치경제'의 독일식 표현인 '관방학'(Cameralwissenschaft)의 일분과(一分科)에 지나지 않는다고 여겨진다. 왜냐하면 실은 독일에 있어서의 '국민경제'의 '국민'이란, 국가적 통일이 늦었던 현실을 반영하여 독일민족의 통일의식을 상징하는 표식으로 쓰여온 개념이었다. 이러한 국가적 통일이 없는 독일지역에 있어서 '국가경제'의 '국가'란 결국 영방(領邦) · 후국(侯

활동으로만 이해하고 또 경제를 나라살림의 '술'(術) 혹은 '정책'으로밖에 보지 않았던 저 중상학파의 예는 그만두고라도, 장 작 룻소J-J. Rousseau의 『경제론』 De l'Économie Politique, 1755에 있어서 '경제'란 국가관리술의 뜻이오, 따라서 나라의 바탕과 살림이 취급되었다.[3] 아담 스미스Adam Smith에 이르러 경제학은 새로운 시대에 들어선다고 하건만 그의 '경제' 역시 나라관념과 떨어질 수 없었다. 『국부론』 Wealth of Nation, 1776에 의하면 "경제Political Oeconomy, 곧 위정자 혹은 입법가의 학문의 일 분야로 생각되는 경제는 두 가지의 뚜렷한 목적을 제시하려는 것이니, 그 하나는, 풍족한 수입

---

3) 상인(上引) Vaughan edition, 동권(同卷) 동면(同面).

國)에 불과한 것이며 따라서 범독일적인 국민경제 의식의 하위에 처하지 않을 수 없었을 것이다(Vgt. F. List, *Das Nationale System des Politischen Oekonomie*, 1841, von Eheberg, 1925, S. 169-170). 물론 내가 사용하는 국가경제란 이러한 영방경제(領邦經濟)의 뜻이 아니라 이른바 국민경제의 레벨의 것임은 말할 여지가 없으리라. 뿐만 아니라 '경제'가 지닌 정치·정책적 요인은 경제에서 정치를 추방하던 자유경제학도에서도 엿볼 수 있다. 예컨대, J. B. 새(Say)는 열심히 경제학의 독립과 고유성을 주장한 사람이거니와(*Traité d'Économie Politique*, 4e éd., 1819, T. I, X), 그는 또한 경제(Économie Politique)를 가리켜, 나라나 사회 일반의 이익을 취급하는 것이라고 한 것은 매우 흥미있다(*Cours Comple. d'Économie Politique Prat.*, 1840, T. 2, p. 510). 요컨대 Économie Politique는 어디까지나 정치경제 곧 국가경제라는 의미에서 생장(生長)하여 왔으며, 동시에 근대국가(국민)경제의 형성·발전단계에 호응하여 그 정치경제라는 상관적 의의를 표시하여 왔다. 그러던 '정치경제'가 비록 자면(字面)은 그대로 있는 경우에 있어서도 그 자의에 있어서 정치의 면을 배제당하거나 또는 자면(字面)에서까지(앵글로색슨의 지역에서와 같이) 제거되는 현상은, 그것이 단순히 경제학의 독립 또는 경제 고유의 법칙성의 발견이라는 문제뿐이 아니라 그 배후에는 국가경제로서 파악되는 현상의 변모 또는 비국가경제적 요인의 도래를 암시하고 있다고 여겨진다. 그러나 이 문제는 자의에 관한 문제를 넘는 것이며, 적어도 "이제까지 묵시적으로나 표시적으로 우리 학문(경제학)의 전적인 관심은 국가의 경제 - 물론 그리스의 도읍국가 곧 폴리스(Polis)뿐이 아닌 - 또는 거의 같은 일로 여겨진느 경제적 바탕의 공공정책에 있었다는 사실은 부인하기 어렵다(Schumpeter, 동서(同書), p. 21)."

제 3 절 경제국가

맞은 넓은 경제영역이 요구됨에 따라서 이룩된 것이라고도 할 수 있다. 또 정치적 입장에 선다면, 통일적인 근대국가의 형성은 그것에 필요한 경제력의 배양을 정부가 강력하게 추진하게 됨으로써 이에 따라 근대의 국민경제가 성립하였다고도 말하리라. 사상사思想史상으로 보면, 이미 쟝 보댕Jean Bodin의 『국가론』(1576)에서와 같이 나라단위로 해외통상·통상조약과 그 관세문제가 언급된 예도 있다.[7] 그러나 역사의 현실에서 보면 국가경제의 형성과 성립은 지지하고 느렸다. 가령 프랑스의 예에서 살핀다면, 프랑스 영내의 봉건적인 잔재, 더욱이 그 가운데서도 나라단위의 시장화를 가장 심하게 막았던 각종의 관세·통행세·선세船稅·시세市稅·잡세雜稅의 정리 및 봉건법·도시법의 정비와 폐지, 그 직인 신분의 전국적 통일같은 것은 16·17세기에 걸친 꾸준한 노력으로 이룩되었다. 독일 지방에 있어서도 — 슈몰러G. Schmoller가 부란덴볼크·프로샤의 예에서 웅변으로 지적하듯이 — 도시간의 분쟁, 도시·지방간의 대립, 통행세·시장세의 악폐, 봉건법·도시법의 구습은 16·17세기를 거쳐서 비로소 영방領邦 단위의 단일시장 또는 경제체로 정비되었는데 그나마 단일한 민족국가 형성의 지연으로 인하여 국가단위의 경제체제는 19세기 후반으로 미루게 되었었다. 중세적인 유적이 많으면서도 비교적 일찍 나라단위의 단일시장이 이룩되고 통일적인 경제정책이 실시되었던 곳은 영국이라고 하는데 이 나라가 이후 유력한 산업국가로서 먼저 발달하는 점과 아울러 생각하면 흥미있는 바가 많다.[8]

---

7) *Les Six Livres de la République*, éd. 1583, pp. 876 et seq.
8) 전반적으로는 — Werner Sombart, *Der Moderne Kapitalismus*, 1928, Bd. II-1, Kap. 12, 13, Bd. II-2, Kap. 55, 65, 67, 68, 69; Eli F. Heckscher, *Mercantilism*, trans. by M. Shapiro, rev. ed., 1955, Vol. I, Pt. I, Ch. 2, 3, 4, 5; Jacob Viner, *Studies in the Theory of International Trade*, 1937, Ch. 1, 2. 슈몰러는 Gustav Schmoller,

그런데 이러한 유럽 - 특히 서북유럽의 국가경제의 형성은 예외없이 강력한 정치력 또는 군주권의 작용을 매개하고 성취되었다. 예를 들면 근대초에 재빠르게 해외식민지 개척에 선봉이 되었던 스페인, 포르투갈이 모두 이슬람교도와의 전투를 통하여 강력하게 된 유력한 군주국이었으며, 또 상업국가로서 유력한 강국이었던 화란은 독립전쟁을 통하여 정치적 통일이 급속히 이룩된 근대국가였다. 앞서 든 프랑스에 있어서도 국가경제의 성립은 강력하고도 오랜 국가정책의 결과였으며 또 그 형성의 과정은 루이 14세의 시대를 절정으로 하는 무수한 법령의 제정·시행으로 표현되었다. 이른바 콜벨리슴Colbertisme이라는 프랑스 중상주의는 밖으로는 프랑스의 이익을 위한 중상정책이었으나 또 한편 국내에 있어서는 국가의 증진과 세수의 증가를 목적으로 하는 상·공·임업법의 제정과 상공업 및 직업통제로 나타났던 것은 주지된 일이다.[9] 말하자면 경제는 도시경제·영방領邦경제의 탈을 벗고나자마자 새로이 국가단위의 경제체로서 존재하게 되고 나아가서 국가경제로서 곧 정치 풀러스 경제의 숙명을 면치 못하게 되었다. 설령 후에 이르러 '국가'라는 말에 대신하여 '국민경제'라고 부르는 경우에 있어서도, 적어도 이 점에 있어서는 다를 바가 없었으니, 그 이유는 '국민'이란 구경 '국가'를 통하여 이해되는 개념인 까닭이다. 이렇게 볼 때 중상정책을 가리켜

  Das Merkantilsystem in seiner historischen Bedeutung: städtische territoriale u. staatliche Wirtschaftspolitik, 1884, *Umrisse und Untersuchungen*, 1898, bes. Kap. I, II. 영국에 대하여는 - W. Cunningham, *The Growth of English Industry and Commerce in Modern Times*, Vol. II, *The Mercantile System*, 1925, Pt. 1, Ch. II; E. Lipson, *The Economic History of England*, 1831, Vol. II, Ch. 1, 3 and Vol. III, Ch. 5. 본문 중 영국의 조기 통일경제정책에 관한 부분은 상인(上引) 헥크셔 p. 46.

9) Charles Woolsey Cole, *Colbert and a Century of French Mercantilism*, 2 vols., 1939.

근대국가 세력의 통합과정으로 간주한다든가 또 근대국가에 이르러 '나라의 부력富力'과 '나라의 힘(군사적)'이 과거에 없이 일치하였다는 견해의 의의를 이해할 수도 있다.[10] 또 이렇듯이 정치권력의 존립은 국가단위의 경제체와 내면적으로 밀착하여 있는 까닭에 근대국가의 재정은 정치·경제의 매체로서 국가경제의 어느 면에서나 얼굴을 나타내고 있었다.[11] 그 가장 현저한 모습은 다름아닌 바로 조세이다. 근대식의 조세제도가 근대국가의 한 가지 특징이라는 것은 이미 조세국가라는 표현[12]에도 상징되어 있거니와 그것은 중세시대의 제후·왕가의 사재정私財政이나 동양에 오래 내려오는 조租·부賦·공貢[조租·용庸·조調]과도 다른 성질의 것으로 이해된다. 중세 봉건시대에 있어서 사재정(왕후王侯의 재정)을 유지하던 수입의 근간이 일반으로 그 직속영지의 사수입私收入이었다든가, 또는 15세기 이후에 있어서도 중국과 조선의 과세에는 민民의 어느 계층의 동의도 명분에 있어서 인정되지 않았으며 또 설령 전지田地의 사유가 사실로서 공인되어 있는 경우일지라도 명분으로는 한편 민民의 수익권만이 허용되는 토지공유의 균전사상이 유행하였음에[13] 대하여, 근대 조세에 있어서는 공공·공익기능체로서의 국가의 재정수요를 충당하기 위하여 '합의적'으로 조세는 부과·징수하여야 된다는 것

---

10) 상인(上引) Schmoller, S. 35-37ff u. bes. 47; Eli F. Heckscher, op. cit. Vol. II, Pt. II and Vol. 1, Pt. 1.

11) Schmoller, ibid, S. 35. 이 견해의 실증으로 − derselbe, *Historische Betrachtungen über Staatbildung und Finanzentwicklung, Schmollers Jahrbuch*, Erster Heft, 1909.

12) Joseph A. Schumpeter, *Die Krise des Steuerstaates*, 1918.

13) 우리나라의 전제(田制)는 왕(王)·이(李)의 양(兩) 왕조를 통하여 정전(井田)·균전법의 이념의 영향을 입어 현실상의 토지사유는 여하간에 조세제도의 원칙으로는 적어도 토지공유 이념에 집착하여 있었던 것은 우리의 전제(田制) 관계 문헌에서 흔히 보는 바이다.

이며 또 그런 의미로서 출발되었다는 사실이다.[14] 이 까닭에 유럽국가의 중대한 국내사건은 흔히 왕국과세권[15]을 위요하고 발생하였던 것은 주지된 바이거니와 아뭏든간에 일단 확립된 조세수입에 대한 요구는 국가수요 특히 군비수요의 막대한 증가와 더불어 세원稅源의 확대, 세종稅種의 신설, 증세의 연속을 가져왔으며, 이는 다시 국가경제정책에 밀착되어 경제의 모든 현상에 영향을 주게 되었다. 요컨대 근대경제는 이렇듯이 국가와 같이 자라오고 또 정치와 동서同棲하는 국가경제로서 비로서 현실적으로 존재하게 되었다.

2. 국부·국가정책

일개의 학문분야로서 의식된 뒤로 경제는 때로는 '부'富, 또 때로는 '재화'의 현상으로 이해되게 되었다. 그러나 학문이 아닌 현실세계의 경제는 언제나 '나라'를 매개하고 있었으며 따라서 재화는 '나라의 재화'며 그리고 부富는 '국부'가 아닐 수 없었다. 15세기의 말, 동양 항로와 신대륙의 발견된 지음부터 유럽일대에 있어서는 금·은을 나라의 재보財寶로 숭상하고 그 나머지 금·은의 축적과 그 소유의 다량을 곧 국부의 으뜸으로 여기는 중금사상重金思想이 일어나서 오래 유행하게 되었다.[16] 이러한 국

---

14) 상인(上引) 『조세국가의 위기』 (*Aufsätze zur Soziologie*, 1953, S. 9).
15) 대표적 예로는 1215년 마그나 카르타(Magna Charta) 사건, 1628년의 '청원권'(The Petition of Rights) 및 1689년의 '권리전장'(The Bill of Rights)에 앞선 분규 및 프랑스 대혁명 발생의 계기가 되었던 1789년의 3부회 소집.
16) 근대 전기(前期)의 문헌, 특히 중상파의 문헌 중에는 금전·금은·재보(Treasure)·귀금속을 부의 재화로서 든 것이 매우 많아서 일일이 예징하기 번거로울 정도이다. Viner, op. cit. pp. 15ff (단 balance theory에 있어서의 중금(重金) 사상을 포함). 이런 연고로 아담 스미스는, "부는 금전 혹은 금은으로 구성된다는 것은 세상에 널리 퍼진 관념인데 그것은

부관념에 따른 금은의 획득은 (1) 본국 또는 식민지의 금은광 개발, (2) 약탈 즉 신대륙에서 가장 우심했던 토착인의 황금 약탈과 또 스페인·포르투갈 배에 대한 해상약탈 따위, (3) 무역의 대가회수代價回收로서 금은 수납을 들 수 있는 바인데, 그 중의 (1)은 일찍이 스페인·포르투갈 같이 근대초에 성공한 바로서[17] 유럽 시장의 물가 혁명에 이바지한 바 크고 또 식민지 열의 일인-因도 되었으나 그러나 지속적이 아니었고 또 거의 두 나라에 한정된 '대성공'이었다. 다음 (2)는 근대초를 장식하는 해적 애기로 유명하거니와 또한 드레잌크의 제1차 약탈 같은 것은 예외의 일이오

금전의 이중기능 곧 상업수단으로서와 동시에 가치척도이라는 데서 유래한다"고 하여, 머컨틸리즘을 비평하는 의미에서 적어놓았다(상인(上引) 『국부론』, p. 398). 이러한 견해는 19세기에 널리 통용되던 바로서, 예컨대 - 불랑키(A. Blanqui)는 "무역차액론은 금전이 부의 전부라는 이 유견(謬見)의 산물"이라고 하고, 머클럭크(J. R. McCulloch)는 이르되 "아국(我國)의 외국무역의 소회(所獲)은 전적으로 금은으로 이루어진다고 여겨진다"고 평하였다(Précis Élémentaire d'Économie Politique, 3ᵉ éd. 1857, p. 56; Principles of Political Economie, 1872, p. 24). 중상주의에 있어서 중금주의(重金主義)와 무역차액론 간에는 역사적 또 논리적 연관이 있으며 중금주의는 대체로 16세기까지 그리고 무역차액론은 그 뒤를 이어 성행된 것은 틀림이 없으나, 그러나 재보(財寶) 곧 금은·귀금속으로 간주하는 소박한 견해는 머컨틸리스트에 있어서도 비평의 대상이 되었다(가령 저술의 제목부터가 『영국의 재보(財寶)』(England's Treasures)였던 T. 먼(Thomas Mun)에 있어서도 중금주의 아닌 무역차액론이 지배적이었다. 이러한 면에 대하여는 - 상인(上引) Heckscher, Vol. II, pp. 186ff. Cunningham, Vol. II, pp. 163 and 392 note; Lip[son, Vol. III, pp. 62ff). 금은·금전이 당시 화폐경제·교환경제로 들어선 유럽 경제사회에 있어서 상품교환의 가치기준으로 중요하였을 뿐 아니라, 일방 군왕의 입장에서 보아, 점차로 수요가 증가하여가는 용병 고용의 필수물로서 금전의 중요성이 강조된 예는 이미 든 바 있다(전절(前節) 주25). 유럽의 중금주의와 무역정책에 관하여는 - Sombart, op. cit. Bd. II, Kap. 59.

17) 동 시대의 일례로 - 베이컨(Francis Bacon, 1561-1625)의 평은 이러하였다. "······우리가 진정 스페인의 강대(强大)를 생각한다면 그것은 주로 재보(財寶), 양(兩) 인도(식민지)의 재보로써 이룩되고 있거니와 차등(此等) 양(兩) 인도는 모두 해상으로 접근이 가능하다(The Works of Francis Bacon, ed. by Basil Montagu, 1826, Vol. 5, p. 234).

¹⁸ 따라 일시적인 것이며, 진정한 의미에 있어서 지속적이며, 동시에 유럽의 신진인 서북 세력에¹⁹ 일반적으로 해당하던 것은 말할 것도 없이 제(3)의 방법이었다. 이 까닭에 중금사상重金思想의 중대한 방편이던 무역주의 · 중상주의는 급기야 그 자체가 국부의 으뜸되는 수단으로 일찍부터 공인되게 되었으며 또 따라서 '나라의 부'를 가져오는 수단, 국가경제의 일익으로서의 무역은 국가정책 및 국방 · 재정과 밀접한 관계에 서게 되었다. 이러한 예를 주로 영국에서 들어본다.

---

18) 유명한 엘리자베스 여왕 시대의 드레익크(Sir Francis Drake)의 약탈항해 (1577-1580)에 있어서는 투자의 천배의 이(利)가 남았다는 설이 있으며, 여왕도 한몫을 받게 되었었다. 이러한 약탈 · 해적 행위에의 금은 도입에 대하여는 - 상인(上引) Lipson, Vol. III, pp. 210-212.

19) 근대 자본주의는 유럽의 전지역이 아니라 주로 서북지역의 국가경제에서 발달했거니와 동시에 근대국가로서 근대사 전기(前期)를 지배하는 것도 주로 서북유럽 국가였다. 서북유럽의 상업국가로서의 발달이 이미 오래전부터 주목되고 또 그 이유가 탐구되었다. 네프(John U. Nef) 씨에 의하면 특히 북유럽(영국, 스칸디나비아 반도, 홀랜드, 덴마크)의 자본주의적 발달은 프랑스인 질적 생산에 대한 양적 생산 특히 석탄광 · 철광 개발에 따른 일용품의 대량생산에 있었다고 하며(*La Naissance de la Civilisation Industrielle et le Monde Contemporaine*, 1954, pp. 43 seq., et passim; Same, *War and Human Progress*, 1952, Ch. 1, esp. pp. 14ff), 이에 앞서 솜바르트(W. Sombart)는 자본주의가 서유럽, 특히 영(英) · 불(佛) · 화(和) 3국에서 융성하여간 이유로서 상가(上賈)의 천민으로 활약하던 유태인의 존재를 들었으며(*Die Juden und das Wirschaftsleben*, 1911, *Der Moderne Kapitalismus*, I-2, Kap. 62), 다음으로 · 막스 베버(Max Weber)가 유럽적인 근대자본주의의 발달을 서북유럽의 신교 특히 칼뱅주의(Calvinism)의 경제관념에서 찾은 바는 사람에게 회자되어 있다 (*Die Protestanische Ethik und der Geist des Kapitalismus*, 1905-1905). 뿐만 아니라 이미 J. S. 밀에 보면 - 시스몬디(J. C. L. Simonde de Sismondi)의 이름을 인용하면서, 카톨릭 제국(諸國)이 신교국에 비하여 상공업에 열등한 이유는 종교관념에 의한 이윤배격에 있었다고 하였고(J. S. Mill, *Principles of Political Economy*, ed. W. J. Ashley, 1909, p. 926), 또 이보다 앞서 같은 사상은 이미 페티(Petty)에 나왔었다(Hull, ed., Vol. I, pp. 263-264). 이유는 어떠하든간에 근대경제가 서북유럽, 그것도 주로 신교국에서 발전하였다는 사실은 주목할 일이다.

W. 패티Wiliam Petty의 『정치산술』 Political Arithmetik, 1690에는 단적으로 "은·금·보석은 천하의 부"[20]라고 한 말이 있거니와, 금은은 교환경제·화폐경제에 들어간 15·16세기에 있어서 유럽경제의 중대한 구실을 맡게 되는데, 이러한 상업경제의 번영과 이에 따른 금융의 발달은, 예컨대 1560년경에 지어졌다는 깃치알디니Louis Guicciardin의 『안트왑프Antwerp 견문기』(1560)로 가히 짐작할 수 있다.[21] 당시 유럽의 무역과 금융의 중심지였던 안트왑프에는 프랑스·스페인·포르투갈·이탈리아·덴마크·영국 등, 여러 나라의 상품이 집화集貨되었고 또 여기서 다시 이국異國 상품을 수입해 가는가 하면, 각국 군왕의 융자도 여기서 주로 이루어졌는데, 이러한 상거래의 결재와 융자는 대체로 금·은으로 처리되었다.[22] 이 깃치알디니의 견문기에도 이미 영국 상품의 대종이 모직물인 것이 나와 있거니와, 『왕국개혁론』(1535년경)에 의하면, 영왕국은 금·은의 도입을 꾀할 것이며 그로써 왕국이 부하여질 것이라는 취지와 아울러 영국산의 싼 모직물의 수출로써 다량의 금은이 영국에 유입되는 상황을 들었으며,[23] 또 이에 앞선 『영왕국 시장 및 상품론』(1519-1535년경)에도 역시

---

20) 상인(上引) Hull, ed., Vol. I, pp. 259-260. "무역의 위대하고 또 종국적인 효과는 부일반(富一般)에 있는 것이 아니라 특히 은·금·보석의 풍부에 있으니 이들은 타(他)상품과 같이 소모되거나 변동이 있지 않고 항상 또 어느 곳에서나 한결같은 부이다" 운운. 이와 유사한 견해는 차일드에서도 엿볼 수 있으니, 가령 "……수출은 초과분은 금은괴로 도입되어 왕국 재보(財寶)를 일층 증진한다고 하니, 곧 금은은 부의 척도요 표준으로 간주된다(Josiah Child, *A New Discourse of Trade*, 1644, 4th ed., p. 164)."

21) R. H. Tawney and E. Power, eds., *Tudor Economic Documents*, 1924, Vol. III, pp. 149ff.

22) 안트왑프만에서뿐 아니라, 그 당시의 거상(巨商)들의 금력(金力)·자본력이 금융세력에 중대한 영향을 미쳤다 - R. Ehrenberg, *Das Zeitalter der Fugger*, 1922, Bd. 1.

23) "Howe to Reforme the Realme in Settyng Them to Werke and to Restore Tillage, c. 1535-36," 상인(上引) *Tudor Eco. Doc.*, Vol. III, pp. 125 & 123.

상인 활동에 의하여 도입되는 막대한 금은량을 들고 있다.[24] 뿐만 아니라 중상파의 소위 '무역차액론'Balance of Trade도 이미 이즈음부터 명료하게 나타나고 있으니, 1549년의 『영왕국의 부국책』 및 1587년의 『공사론』公社論 등에는 거의 17세기와 별차 없는 무역차액론이 전개된다.[25] 따라서 "상가商賈,(해외무역 상인)는 영왕국 보급의 호위며 왕국 풍성의 통구通口며 해신海神 의 수혜자며, 또 운명의 모험꾼"(베이컨)[26]이라고 불리우고, "나라와 힘Strength과 재부Riches는 영왕국 무역에 크게 의존한다"(통상심의회의 설치령, 1696년)[27]고 인식되어 있었다. 17·18세기에 들어서서 나타난 중상파의 대논객, 예컨대 토마스 먼Thomas Mun, 윌리암 페티Wiliam Petty, 조시아 차일드Josiah Child, 찰스 대브넌트Charles Davenant 등에 대하여는 다시 말할 필요조차 없을 정도로 그들의 국부관은 무역차액을 제일로 간주하고 있었다. 토마스 먼의 주저의 이름은 당초 『외국무역에 의한 영국의 재보론財寶論 혹은 아국외국무역我國外國貿易 의 차액이 아국我國 재보財寶의 통칙이라는 논論』(1664)[28]이라고 되어 있으며, 그 제2장에서는 국부 증진

---

24) "A Treatise Concerninge the Staple and the Commodities of This Realme, c. 1519-1535," 동(同) 『튜더 경제문헌집』, 제3권, p. 90 이하.
25) "Polices to Reduce This Realme to Englande unto a Prosperous Wealthe and Estate, 1549," "A Discourse of Corporations, 1567-89?," 상인(上引) *Tudor Eco. Doc.*, Vol. III, pp. 321 and 267.
26) 상인(上引) Montagu, ed., Vol. 5, pp. 225-226. 이런 류(類)의 상인존중은 예컨대 페티 또는 먼(Mun)에도 엿보인다(Petty, Hull ed., Vol. I, p. 259; Thomas Mun, *England's Treasure by Forraign Trade*, 1664 in J. R. McCulloch, ed., *Early English Tracts on Commerce*, 1856, reprinted in 1954, p. 122).
27) Adams & Stephens, eds., *Select Documents of English Constitutional History*, 1901, p. 343.
28) Thomas Mun, *England's Treasure by Forraign Trade*, or *The Balance of Our Forraign Trade Is the Rule of Our Treasure*. 이 시대의 프랑스의 예로는 - J. F. Melon, *Essai Politique sur le Commerce*, 1736; R. Cantillon, *Essai sur la Nature du Commerce en général*, 1755.

의 상법常法은 외국무역이며 그 요령은 수입보다 수출이 초과되는데 있는 것이 원칙이라고 천명되었다.[29] 페티의 명저 『정치산술』[30]은 해외무역을 국력의 기본의 하나인 것으로 전제하고 있으며, 그 종장에 가서 그가 내린 결론은 온 세계의 지도적인 무역국가로서의 영국의 능력을 증명하는데 있었다.[31] 차일드의 『무역신론』(1668년)은 통상·무역이 나라의 근간이라는 대전제 위에 서 있는 것은 물론이려니와 그 제9장(무역차액론)의 벽두에는 이르되 "이 왕국의 위대偉大는 외국무역에 의존하고 있음은 인정된"일이라고 하였으며,[32] 또 대브넌트의 『무역차액에 있어서 국민이득을 가져오는 가능한 방법에 대한 에세이』(1699년)에서는, 영국의 부강을 인구증가와 무역이득에서 우선 보았다.[33] 이것뿐 만이 아니라 식민지 경영도 일찍부터 같은 근거에서 논의되었으니 예컨대, G. 펙컴Geroge Peckham은 1583년경에 북미 식민지 개척을 논하여, 그곳은 비단 새 어장으로서만이 아니라 경작에 적당할뿐더러 영제품英製品을 소비하는 판매시장으로 장래성을 갖고 있다고 강조하였다.[34] 또 1660, 1675양년兩年에 발포된 「식민지평의회 설치령」 및 「식민·통상 재설치령」 그

---

29) 상인(上引) *Early English Tracts on Commerce*, pp. 125-126. 이러한 견해는 머컨틸리즘의 잔혹한 비평가인 흄(David Hume)에 있어서도 나타나는 것은 재미있다(*Essays Moral, Political, and Literary*, ed. by T. H. Green & T. H. Grose, 1875, pp. 294-295).
30) William Petty, Political Arithmetick, 1690.
31) Hull, ed., Vol. I, pp. 295ff & esp. 312-313.
32) 상인(上引) *A New Discourse of Trade*. 인용은 4th ed., p. 163. 차일드는 또한 여러 군데에서 통상·해운·이득·국력(국방)·상관성에 언급하고 있다 (cf. pp. 121, 123-124, 173).
33) Charles Davenant, *An Essay upon the Probable Methods of Making a People Gainers in the Balance of Trade*, 1699, pp. 36ff., 45ff., passim.
34) "A True Report of the Late Discoveries, and Possession Taken in the Right of the Crowne of England of the Newfounlands," *Tudor Eco. Doc.*, Vol. III, pp. 257-259.

리고 1650년의 「항해법」, 「연초법」 등에 명백하듯이 그 주되는 목적은 모두 식민지와의 무역이익에 있었다.[35]

그런데 이러한 중금重金·중상의 국부관념은 그것이 '나라'의 '부'인 성격상 필연적으로 '나라'의 '힘' 곧 국력과의 관계에서 문제된다. 따라서 근대국력의 직접적인 표현으로서의 재정력·국방력과 밀착하게 되고 동시에 국부와 재보는 다른 나라, 특히 경쟁국과의 비교적 관계에서 날카롭게 의식된다. 왜냐하면 이런 경우 부와 재財란 상대적인 의미에서 국력에 이바지하는 까닭이다. 이렇게 볼 적에 15·16·17·18세기의 기록은 매우 흥미있는 예를 보여준다. 먼저 무역·통상·식민지 관계의 제諸법령 및 관세·항세港稅·항해 관계의 제법諸法에는 대개가 국방력(영국은 특히 해군), 해운력, 상공업력이 명백히 언급되고 또 국력증진 상의 목적이 논급된다. 1372, 1413, 1415, 1484, 1559, 1660, 1690의 해에 발포된 항세·관세법의 본문 가운데는 국방과 해운과 통상(영제英製 상품)의 목적이 명기되고 있으며, 1382, 1651, 1660년의 항해법 또 1540, 1563년의 「해군유지법」, 1704년의 「해군보급법」 및 앞서 이끈 1660년의 「연초법」 등에서는, 영해군 유지와 '영왕국의 부·안전·국력'이 법제정의 중대한 관심사임을 밝히었다.[36] 물론 이러한 견해는 나라의 법령 만에 그

---

35) Order of Council Constituting a Committee for Plantatin, 1660. Order Constituting the Committee for Trade and Plantation, 1675. Navigation Act of 1651 and 1660. Tobacco Act of 1660. 평의원회(評議員會) 설치령은 – *English Historical Documents*, Vol. 8, 1953. pp. 533, 538-539. 1660년의 항해법 및 연초법 중 해당 구절 – *ibid.*, pp. 533, 537-538.

36) 항세(港稅)·관세 관계는 – "Grant of Tunnage and Poundage by Citizens and Burgesses, 1372," "Grant of Subsidy and Tunnage and Poundage, 1413 and 1415," "Grant of Subsidy, 1484," "Grant of Tunnage and Poundage, 1559," "The Great Studies, 1660," "Act Imposing Customs Duties, 1690," 상인(上引) *Select Documnets of English Const. History*, pp. 131, 178, 182, 210, 309;

치지는 않는다. 일찍부터 영국에 있어서는 영 해군증강의 한 방법은 무역을 위한 어선·상선과 해원海員의 양성에 있다고 하여 국방과 어업·무역·국부의 상보적 관계를 논하는 이론이 유행하였는데, 예컨대 『영불사신英佛使臣 대화록』(1549), 『어업일추가론』(1563), 『폴리틱 플랏트』(R. 힛치콕크, 1580), 앞서 든 펙컴의 『식민지론』, 『모험 상인 옹호론』(존·휠러, 1601), 『공사론』(1587-1598) 등을 비롯하여 먼의 『외국무역에 의한 영국 재보론財寶論』(1664), 패티의 『정치산술』(1690), 차일드의 『무역신론』(1668) 등을 꼽을 수 있다.[37] 또 중상파의 국부론은 국력

English Historical Doc., Vol. 8, pp. 289, 297. 항해법은 이미 들었고, 유지법(維持法)은 - "An Acte for the Mayntenance of the Navye, An Acte Towching Certayne Politique Constitutions Made for the Maintenance of the Navye, 1563," 상인(上引) Tudor Eco. Doc., Vol. II, pp. 93, 110. 보급법은 - "Naval Stores Act, 1704," 상인(上引) Engl. Hist. Doc., Vol. 8, p. 544.

37) "Le Débat des Hérauts d'armes de France et d'Angleterre, c. 1549," "Arguments in Favour of Establishing Wednesday as an Additional Fish Day, 1563," "Robert Hitchcock, Politqiue Platt, 1580," "G. Pechham, Discourse of the Necessity and Commoditie of Planting English Colonies upon the North Partes of America, 1583," "Wheeler's Defece of the Merchant Adventures, 1601," "A Discourse of Corporation, 1587-1589," 상인(上引) Tudor Eco. Doc., Vol. III, pp. 2ff., 104-106, 241 & 247-248, 258-259, 286, 273. "Thomas Mun, England's Treasure by Forraign Trade, 1664," 상인(上引) Early Engl. Tracts on Commerce, pp. 157, 189-190, 196-197, 200, 209. 특히 p. 196의 현실주의는 중상파의 특징이기도 하다. "The answers to these two questions are not difficult: for first, it is not the Netherlandish Author of Mare Liberum, that can entitle them to fish in His Majesties Seas. For besides the Justice of the cause, and examples of other Countreys, which might be alleged, I will only say, that such titles would be sooner decided by swords, than with words." 먼과 동시인(同時人) 중에 군사력과 관계시킨 중상파는 ibid., pp. 238-239. "Samuel Fortrey, Englands Interest and Improvements, 1673," and pp. 294-295; "Britannia Languens, 1680," Nicholas Barbon, A Discourse of Trade, 1690, ed. Hollander, 1905, p. 21. 패티에서는 처처(處處)에 그 군비(軍備)와의 관계가 논의되거니와 특히 - 상인(上引) Hull, ed., Vol. I, pp. 257-258, 276-277, 278-284. 차일드 상인서(上引書) pp. 121-124. cf. 상인(上引) Cunningham, Vol. II, pp. 13ff. & 171 et seq.

배양・세수증대의 이론으로 전개되고 선전된다. 앞서 이끄른 『왕국개혁론』(1535, 1536년경)에는 국민의 부가 곧 국왕의 부라는 견지에서 이르되 "부유한 왕국은 나라의 장툥을 부유한 왕으로 하며, 빈약한 나라는 반드시 빈약한 왕을 만든다"고 하였거니와 또 힛치콕크(1580)와 펙컴(1583) 등은 어업의 이利와 식민지의 득得으로서 우선 왕가의 세수를 들고 있다. 영국 특허상사의 이득의 하나로서는 – 휠러에 보듯이(1601) – 왕의 수입과 관세의 증가가 예시되는 것이 보통이었으며, 또한 무역차액으로 도입되는 막대한 금은은 왕가의 전비・왕실비 등을 충당하는 데 도움이 될 것이라고 하는 논객도 있었거니와 다음 토마스・먼에 있어서는 그 주저의 일장은 국부가 군왕수입과 관계되는 바를 논구한 것이며 또 그 책의 벽두에서는 무역상貿易商의 조국애를 들어서 '나라' 우선의 대전제를 명백히 하였다.[38] W. 페티, J. 차일드, C. 대브넌트, J. 스튜어트James Stuart, 1712-1780에 있어서도 물론 국방과 국력배양 그리고 세수증가는 그 무역차액론에 직접 관여되는 소득이라고 여겨질 뿐 아니라, 경제관념의 변혁을 상징하는 아담 스미스에 있어서도 국방은 우선적으로 취급되었으며 「항해법」 같은 중상주의적 정책까지도 국가적 이유에서 옹호되었던 것은 잊을 수 없는 일이리라.[39] 애당초 거의 모든 저명한 중상파 논객의 논조는 국력비교론 혹은 유럽 열강의 국세國勢비교론의 성격을 띠우고 있었으며, 구체적으로는 당시의

---

38) 상인(上引) *Tudor Eco. Doc.*, Vol. III, pp. 115, 241 258-259, 286, 266-268, 321, 325 및 상인서(上引書) 먼, 18장 및 pp. 121-122.
39) *Mod. Library* ed., pp. 429-432. esp. 431. "As defence, however, is of much more importance than opulence, the act of navigation is, perhaps, the wisest of all the commercial regulations of England." 이러한 태도는 후에 이르러 '자유무역' 소동 때에 보호관세주의자에 의하여 원용된 근거가 되었다(William Smart, *Economic Annals of the Nineteenth Century 1801-1820*, 1910, p. 758).

강국 특히 화和·불佛 양국을 상대로 영국의 부강론을 전개한 것이 그 특징이었다. 그것은 어디까지나 나라 대 나라의 치열한 경쟁상태에서 빚어나온 경재론이며 또 군사적인 경합과 밀착되어 있는 국민경제(국가경제)적인 경쟁에서 나온 국부론이었다. 하기는 14세기 이래 빈번하였던 무역관계의 제설諸稅 — 관세·해세海稅·항세·수출입품세·식민지세 등등이 거의 모두 전시 재정과 관련된 것은 이들 법의 본문으로 너무나 명백하다. 그것뿐만이 아니다. 1660년의 왕정복고를 계기로 하여 뒤이어 봉건적인 왕실에의 공貢·부제 賦制가 폐지되고 비로소 근대적인 조세의 제도가 확립되며 동시에 왕사가王私家의 빚이 아닌 '나라의 빚'[40]으로 국채가 기채되는 것이 모두 년년세세 팽창해 가는 재정수요, 특히 전시 재정수요에 수응하는 조처로서 출현된 것이며 이에 따라 또 세액과 세종稅種도 급격히 증가되었으니, 예컨대 왕정복고 후에 나타난 가옥Hearths, 인두Poll, 토지Land의 세 및 관세·물품세의 세목 첨가 그리고 1698년 왕실비법에 열거된 생사生死·혼례·홀아비·과부의 제세諸稅와 같은 혹세酷稅가 모두 전쟁에 빙자한 것이었다. 이 까닭에 국부·국력·전쟁의 삼각관계에서 날카로워진 국가·국민의 대립의식은 무역조차도 승패·득실로 보았다. '무역차액'논자의 특색은 일국무역의 득得, 타국의 손損이라고 생각한 점이며,[41] 설령 개개의 상인이 손해보는 경

---

40) *Act Abolishing Relics of Feudalism and Fixing and Excise*, 1660; *The History of Our National Debts and Taxes from the Year 1688 to the Present Year 1751*, 1751, pp. 6-7; *The History of Our Customs, Aids, Subsides, National Debts, and Cares from William the Conquerors to the Present Year 1761*, 1761, p. 30; Thomas Doubleday, *A Financial, Monetary and Statistical History of England from the Revolution of 1688 to the Present Time*, 1847, pp. 47-48. 참조 상인(上引) English Hist. Doc., Vol. 8, pp. 275-276, 348ff.

41) Lipson, op. cit., Vol. III, pp. 88-89.

우라도 나라의 득이 우선해야 된다는 것이며, 따라서 나라 무역 전체의 득실이 항상 문제된다는 점에 있었다. "무역이 거대하고 영국 선박이 많이 사용된다면, 그것이 상인 개개인에게 어떠하든간에, 나라Nation 전체를 위하여는 좋은 것이라"는 생각이든지, "본인은 지금 어떻게 나라의 공공한 무역을 조절하여 우리와 경쟁하고 있는 타국이 아국의 무역을 뺏아가지 못하고 또 아국 무역이 계속 증가함으로써 타국 무역을 감소하게 하느냐 하는 방안을 구상하고 있는 바이라"는 것이 모두 이 점에 입각한 연고이었다.[42] 이상 적은 바 여러 가지의 사실은 대체로 서북 유럽 전체에 타당하는 바로, 프랑스의 콜벨티슴Colbertisme과 독일지역의 관방학官房學, Kameralismus이 다 같은 중상파Mercantilism의 지역적 표현이라고 하듯이 유사한 사상이었으며, 심지어 관방학의 후미인 유스티Johann Heinrich Gottlob von Justi는 18세기의 중엽 — 곧 산업혁명과 전후하여 영국에 있어서는 아담 스미스의 새 경제사상이 체계화되려 하고, 한편 프랑스에서는 이에 앞서 중농파Physiocrate가 일어날 즈음 — 독일의 실정을 반영하여 나라의 재財를 유지·증가하고 국가복지의 목적을 달성하는 정책학문으로서의 관방학의 대성에 노력하는 형편이었다.[43]

그런데 근대 전기를 휩쓸던 머컨틸리즘의 특징은 사회사상·경제사상으로서의 그것이 대체로 정부의 정책과 일치하였다는 점이다. 말하자면 근대국가의 성장과 국민경제의 형성이 서로 호혜적으로 작용하고, 자본활동의 확대와 정치·군사력의 증가가 또 서로 밀착하여 이루어졌다. 물론 머컨틸리즘은 각국 형편에 따라 그 실현의 방식에 차이가 있고 또 앞서 유행하던 중금사

---

42) Child, op. cit., p. 181.
43) Justi, op. cit., S. 7, u. Tautscher, op. cit. S. 21-26.

상Bullionism과 뒤에 유력하던 무역차액론Balance of Trade과는 서로 다른 바가 있고 또 그리고 중세重稅·과세권·국내통제 등을 위요하고 왕정王廷과 상공인이 서로 대립할 때가 있고, 끝으로 국내에 있어서 농·상·지주의 계급이해가 반드시 일치하지 않아 그것이 정책에 반영되는 수도 있었다.[44] 그러나 이러한 여러 가지 사단에도 불구하고, 개관컨대 서북 유럽일대에 걸쳐 흐르던 사조와 국가정책은 훈연히 부합하는 면이 있었다. 머컨틸리즘의 시대는 주지되듯이 나라 안의 원심적이며 전통적인 농촌·도시·영주경제(장원) 등의 경제체제를 억제·제거하고 나아가서는 국내 단일시장화에 필요한 여러 가지 국가정책이 집행될 뿐 아니라 국내산업·공허公許시장·해외 무역상사의 통제·육성에 관하여 무수한 법령·규칙이 발포되는 때였다. 그러나 머컨틸리즘의 국가경제적 성격은 다른 나라 경제와의 관계 곧 대외관계에서 노골적이며 분명하였다. 머컨틸리즘은 - 말하자면 - 국내외에 있어서의 국가의 관여가 노골적이었거니와 나라의 개입하는 도度가 대외관계에 있어서 우심하였다. 먼저, 이미 국부에 관련하여 영국에서 예하듯이 국세·항세·수입금지·수입세·물품세 등의 수단으로 외국상품의 수입이 통제되고 또 수출금지(양모 등에서와 같이)·수출세·수출장려금·Draw Back(수입품 재수출시 반환금제) 등으로 수출이 규제될 뿐 아니라 선박법에 의하여 수송 수단을 제한하였다. 그러면서 동시에 이러한 여러 가지 통제수단은 그대로 국방력과 세수 또는 군사비 염출捻出에 이

---

44) 머컨틸리즘의 초기에 있어서 독점모험·상인·특허 매뉴팩추어·특허 시장상인과 기여(其餘)의 상공업인이 대립되고, 중앙의 왕권과 지방 봉건세력이 대립되고 또 자유무역론 시대의 상공세력 대(對) 지주세력이 대치되듯이(물론 영英·불佛의 상이한 예같이 나라에 따라 차이가 있으나) - 이러한 이해대립은 국내정치 투쟁의 중요 요인이 되었던 것은 말할 것도 없다.

용되었다. 당초에 관세는 전비 염출의 필요로 시작하였다고 하고[45] 또 항세·물품세 등이 전비와 관계되어 있던 것은 앞서 영국의 사례에서 든 바와 같다. 또 선박법 및 해외무역의 관념이 영국의 국방력과 연관되어 정책화된 예도 이미 거시擧示하였거니와, 프랑스에 있어서도 리쉴리에Cardinal de Richelieu 이래[46] 그 기본정책관이 동일하였다. 국가의 관여는 국부와 더불어 항상 군사력의 유지를 당면의 목표로 하였다. 아니, 신대륙과 인도항로가 발견된 이후, 해외무역은 그 거대한 투자자본과 그 회전도 문제이려니와, 또 도중의 해적위험, 아랍상인을 포함한 외국상선과의 투쟁 그리고 식민지 및 동양 상로商路의 개척상 요청되는 무력 등이 필요불가결의 형편이었는데 특히 이 무력과 군사력에 있어서 정부와의 협동이 상례가 되었다. 요컨대 해외무역은 그 생장에서부터 국가의 관여아래 이루어졌거니와 그 중에서도 해외무역은 국가군사력과 불가불리의 관계에 서서 발달하게 되었다. 더구나 머컨틸리즘의 기본적인 국가경제관은 자족성 곧 외국상품 의존의 지양 및 배타적인 국가단위의 시장성에 입각해 있었다. 이 위에 이른바 '구식민제도'Old Colonial System이 수립된다.[47] 식민지

---

45) English Historical Documents, Vol. 8, p. 789.
46) *Testament Politique du Cardinal de Richelieu*, éd. par Louis André, 1947, pp. 416 seq. 콜벨에 관한 것은 – Heckscher, op. cit., Vol. II, pp. 17ff; G. L. Beer, *The Old Colonial System 1660-17*, 2 Vols., 1912, Vol. I, pp. 12-13.
47) '구(舊)식민제도'라는 말은 영국 식민정책상의 것으로서, 식민정책은 나라에 따라 근대전·후기에 있어서도 서(西)·포(葡)·화(和)·불(佛) 등등이 서로 다르기는 하난 시장독점화·본국예속화·차별대우 등에 있어서는 대체로 일치하였다. 단, 자족성에 이르러는 홀랜드와 같이 그 나라의 부가 중계무역에 의존하는 예거나 스페인과 같이 무역·노예공급을 타국 상인에 맡기는 예에 이르러는 자연히 그것은 영불(英佛) 등과 다르지 않을 수 없다. 다만 현제 취급하는 문제에 한하여 본다면, 식민지 정책 중의 영국 예가 모델이 되는 고로 예거(例擧)하였을 따름이다. 서(西)·화(和)·영(英)·불(佛) 등에 대한 간단한 개관은 – Paul Leroy-Beaulieu, *De la Colonisation chez les Peuples Modernes*, 4ᵉ

자체는 소위 식민(모국 주민의 이주)이 - 그 동기가 정부정책이든, 개척열에서든 또는 종교박해에서든간에 - 중요할지 모르나 머컨틸리슴의 실제에서 관찰하면, 식민지는 나라단위 시장의 확대일 뿐 아니라 또한 본국에 정책적으로 의존케 되는 부속시장의 조성을 의미하였다. 식민지는 "그렇지 않으면 불가불 외국에서 구입하여야 하는 물건을 공급하든가 또는 외국에 팔 수 이는 상품을 증가시킴으로써 이 나라(영국)의 부와 무역을 증진하는 고故로 착수되는 것이며"[48] 또 "모든 식민지와 모든 식민지 경영은, 이들 식민지 무역이 우수한 법령과 법의 엄격한 집행에 의하여 그 본국에 국한되지 않는다면 그 본국에 손해를 끼치리라"고 이해되었다.[49] 연고로 본국과 경쟁되는 상품생산은 제한되어야 될 것이며 경제관계는 본국에 의하여 독점되지 않으면 안된다고 요청된다. 식민지의 생산금지령, 산업통제령, 생산규제법, 관세통제 및 항해법 등의 모든 법은 이런 정책의 구현화일 뿐이었다.

무릇 근대 전기를 지배하던 경제정책의 본질적인 경향에는 중세 도시의 배타적이고 독점적이고 경쟁적인 경제정책의 일면이 지속되고 있다는 설이 있다. G. 슈몰러, W. 솜바르트, E.F. 헥셔 등에 있어서 주장되는 바에 의하면,[50] 머컨틸리슴에 나타나는

éd., 1894, pp. 23 seq.,43 seq., 68 seq., 118 seq. et 155 seq. 서(西)·영(英)을 대조한 예로는 - W. Roscher u. R. Jannasch, *Kolonien, Kolonialpolitik und Auswanderung*, 3, Auf., 1885, 2, Abt., Kap. 1, 2. 특히 영국의 Old Colonial System에 대하여는 - Adam Smith, op. cit., pp. 523, 546-550, 559 & 560ff; Lipson, op. cit., Vol. III, ch. 4-4; G. B. Hurst, *The Old Colonial System*, 1905, ch. 3, 10; J. R. Seeley, *The Expansion of England*, 1883, Lecture 4; G. L. Beer, op. cit., Vol. I, pp. 13ff.

48) op. cit., Early Engl. Tracts on Commerce, p. 244(Samuel Fortery, *Englands Interest and Improvement*, 1673).
49) Child, op. cit., p. 209. cf. ibid., Ch. X, *Early Engl. Tracts on Commerce*, pp. 413-414; Davenant, op. cit., pp. 105-106.
50) Schmoller, op. cit., S. 4ff u. 7. 슈몰러의 논조는 중세의 도시간 또 도시와 그 예속농촌간 관계의 여러 특질이 그대로 후세에 이르면 영방(領邦) 경제의

봉쇄적인 국가경제의 특색 곧 국내시장의 봉쇄, 국내산업에 대한 통제, 해외무역의 통제와 이에 관련된 제세諸稅 그리고 항해법은 그 성격과 정신에서 볼 때 중세 도시의 조합법·관세·시세市稅·통과세·타시他市상품에 대한 통제의 그것과 유사한 것이며, 나아가서 국가경제는 바로 이들 봉쇄적 도시경제의 연장·확대, 곧 국가의 단위로 확대되었으되 단 그 기본정책으로는 계속되고 있다는 해석과 시사를 주고 있다. 뿐만 아니라, 근대국가가 설정한 식민지와의 관계는 비교컨대 중세 도시의 주변에 존재하면서 그 농산물의 처분이 독점적으로 도시에 의하여 규제되고 있던 예속적인 시골과 지배적 도시와의 관계에 방불한 바가 있었다. 식민지 관계조차도 유럽에서 생장해 나온 도시경제의 성향과 관련되어 있다는 것이 된다. 이렇게 보면 군사적 경쟁과 병행하여 근대 전기의 배타적인 국가경제의 경쟁상태는 – 마치 도시 사이의 타협·협정·연합·투쟁과 같이 여러 형태로 나타날 것이다. 지금 마젤란의 세계일주가 성공했던 1520년 전후로부터 자유통상의 정신이 엿보이던 1768년의 영불英佛 통상항해조약에 이르는 약 260여년간의 유럽의 중요한 조약·협정을 조사컨대 그 중에는 수많은 통상·조약·협정 등이 포함되어 있다. 아니 통상·항해·노예공급의 조약·협정이라고 명시된 것외에도 일반조약 및 평화조약에 많은 경우 통상通商관계의 조문條文이 삽입되어 있다. 이들은 통산한다면 – 예컨대 1760년까지의 중요조약·협정이라는 것을 살펴보건대 – 거의 그 3분지 1 가까이가 통상·노예공급·항해관계이며, 또 1760년으로부터 1786년 동

머컨틸리즘적 요인을 이룬다는 것인데, 이 학설은 그대로 부연하여 해석하면, 국가(국민)경제 그리고 본국과 식민지간의 구(舊)식민무역 관념에 적용되는 인상을 받는다. 이 중의 식민지 관계는 – Sombart, op. cit., Bd. I, S. 366 u. 432. 중세 도시의 역사적 전례(前例)라는 점에서는 – Heckscher, op. cit., Vol. II, pp. 130ff.

안에 영국이 체결한 조약·협정의 대부분은 바로 통상·항해관계였다.[51] 이렇듯이 근대에 들어선 이래 열국의 국제관계에는 상리商利 추구에 연관된 부분이 현저하였거니와 더욱이 왕조적 분규 및 종교전쟁의 명분이 표면에서 후퇴한 17세기 중엽이후로는 유럽강국의 국제분규는 상업전쟁이라는 말로 표시되듯이 상리商利의 충돌이 노골화하였는데 특히 선진상업국가인 화和·불佛·영英이 우심하였던 것은 주지되어 있는 바와 같다.[52] 본래 나라 사

---

51) 대체로 말땅(Ch. de Martens), 드 큐씨(Ferd de Cussy)의 『조약요람』(條約要覽)의 1516년에서 1759년까지의 표에 수록된 분과 1760년 이후의 게재된 분에 의하여 계산하였다(*Recueil Manuel et Pratique de Traite, Conventions et Autres Actes Diplomatiques*, 1846 7ts, T. I, pp. LI-LXII et passim). 근대 유럽조약사에 있어서 그 얼마나 통상·항해관계가 중요하였나 하는 것은 이미 19세기로부터 수종(數種)의 방대한 통상·항해조약집이 출간되어 있는 것으로도 알 수 있거니와(예컨대 Comte d'Hauterive 및 동인(同人)과 de Cussy의 통상조약집), 또 프랑스 대혁명전 혁명에 중대 영향을 끼친 사상가 마불리(Gabriel Bonnet de Mably)의 『유럽공법(국제법)론』(1748)에도 일장(一章)을 나누어 "1740년까지에 체결된 강국간의 통상·항해조약"을 취급하고 있으며(*Le Droit Public de l'Europe fondé sur les Traités*, éd. Oeuvres Compl. de l'Abbé de Mably (1789), T. 6, Ch. II, esp. pp. 329 et seq.), 아담 스미스도 국부론의 일장(一章)을 "통상조약"이라 하여 영포(英葡)간의 소위 메튜엔(Methuen) 조약(1703)을 들어 머컨틸리즘적 통상조약의 예로 비판하고 있다(op. cit., pp. 511ff).

52) Schmoller, op. cit., S. 46ff.; Seeley, op. cit. MacMillan edition, 1925. 불영(佛英)간의 소위 제2차 백년전쟁에 대하여는 Lect. 2, esp. pp. 36, 38. 상업과 전쟁과의 관계에 대하여는 – Lect. 6 esp. pp. 121ff. 씰리의 관찰에 의하면, "통상(상업) 자체는 평화를 택할 것이나 그러나 통상이 인위적으로 정부의 법령에 의하여 어떤 유망(有望)한 영토로부터 차단되었을 때, 그때는 통상은 자연히 호전적인 편을 든다"고 하며(p. 128), 그리고 영국을 평하여 "영국은 상업국이며 동시에 호전국"이라고 하였다(p. 127). 물론 현대의 영국인이 쉽게 하지 않을 이러한 평은, 대영주의자 씰리에 있어서는 자연스러운 기분으로 이루어졌을 것이다. 전쟁이 열국(列國)의 상업전쟁에서 기인한다는 생각은 이미 흄에서도 시사되었거니와(Hume, op. cit., pt. II, essay. 6), 이보다도 앞서 프랑스 대혁명전의 인종주의·반(反)식민·반(反)전쟁·반(反)머컨틸리즘의 주의자였던 래날(Guillaume Thomas François Raynal) 등에 의하여 상업전쟁은 신랄한 비평을 받았다
– *Histoire Philosophique et Politique des Établissemens & du Commerce des*

이의 상업경쟁이란 "소위 평시에 있어서도 선전포고 없는 적대상태로 퇴화"한다.[53] 전시가 아니라도 해외무역은 해운력과 더불어 거대한 병력 - 특히 해군력의 엄호가 수반되었던 것은 앞서 언급되었다. 이러한 병력은 상업경쟁에 따르는 이해충돌에 최대로 사용되었던 것이며, 종교전쟁 후로는 뒤이어 "경제·상업의 이해가 유럽 나라의 온 국가정책을 지배하였다"고도 여겨졌다.[54] 1624년 영英·서西 관계가 긴장하였을 즈음에 F. 베이컨은 영국 의회에서 대서對西 전쟁을 주장한 바 있거니와 그에 의하면 - 보통 전쟁은 빈곤과 소비의 원인이로되 단 대서對西 전쟁을 감행하여 스페인의 해상금은보급선을 차단만 한다면 전쟁은 곧 영국을 부하게 할 것이라고 하였고,[55] 또 30년 전쟁에 스웨덴이 참전한 이유의 하나는 북해상업정책이었다고도 한다.[56] 그러나 실로 노골적인 무역·항해·식민지 정책은 30년 전쟁 이후에 전개된다. 예컨대 1651년 크롬웰Cromwell의 '항해법'을 계기로 시작한 1·2차의 영화英和전쟁(1652-1654년, 1665-1667년), 1657-1661

    Européens dans les Deux Indes (1770), 4 Vols., 1775, T. III, Liv. 19, ch. 101, esp. p. 521ff. 이 래날에 표명되듯이 당시의 견해로는 상업(통상)은 본래 평화적이라고 간주되었으며, 따라서 전쟁은 통상·상업을 망친다고 생각하였는데 이 점은 적어도 현대의 자유주의적 경제학자에게서 보는 바와 통한다.

53) Schmoller, op. cit., S. 47.
54) 동서(同書)동면(同面). 통상전쟁과 전쟁정책이 직결되어 있다는 관찰은 이미 17·18세기에서 통용되는 바로서, 예컨대 - 스페인 계승전쟁 때에 루이 14세가 평하여 가로되, "금번 전쟁의 주목적은 양(兩)인도(동서)무역과 그로 인한 재부(財富)가 바로 그것이라"고 한 것으로부터, 그 외의 허다한 역사적 예가 나오며, 또 해외무역과 상업이익이 유럽정치사에 차지하고 있는 중요한 위치도 18세기초에는 유럽안의 통론(通論)이 되었다(cf. A. C. Wilson, *French Foreign Policy during the Administration of Cardinal Fleury 1726-1743*; *A Study in Diplomacy and Commercial Development*, 1936, pp. 42ff).
55) Bacon, op. cit., p. 283.
56) Schmoller, op. cit., S. 47.

년의 화포和葡의 브라질전쟁, 1672년의 영불화英佛和 전쟁, 1656-1659년의 영서英西 전쟁, 1689-1697년의 대동맹전, 서西 · 로露 · 파波 · 정丁의 북방대전(1700-1721년), 스페인 계승전(1702-1713년), 1739-1748년의 소위 '밀무역전쟁'(영英 · 서西 · 불佛), 미주에서 행하여진 '조지왕 전역戰役'(1743-1784년), 1755-1763년의 7년 전쟁, 미국독립전쟁(1775-1783년), 1780-1784년의 영화英和 전쟁, 1688-1697년의 아우그스불크 동맹전 그리고 18세기말부터 1815년에 이르는 대大나폴레옹 전쟁을 들 수 있는데 이들 전쟁이 모두 직접 · 간접으로 머컨틸리슴과 관련된 정책상 성격을 지니고 있거니와 특히 주목되는 점은 서西 · 포葡 · 화和 · 불佛 · 영英간의 통상이해通商利害가 빚어내는 투쟁, 더욱이 거의 모든 상업전쟁의 주연역을 맡고 있는 3대 해운국 영英 · 불佛 · 화和의 사투와도 같은 투쟁과 그것을 밑받침하는 경제정책이었다. 원래 그 근본부터가 무역통상국이었던 홀랜드를 차치且置하고, 영국에 있어서 보면, 앞서 든바 1651년 항해법이래 1660년의 제2 항해법 · 연초법 · 대관세법The Great Statute, 1690년 관세법Act Imposing Customs Duties, 1704년 해군저비법海軍儲備法, Naval Stores Act 등에는 명백한 어조로 무역과 군비를 말하고 있으며, 또 샾스베리경Lord Chancellor Shaftesbury 같이 홀랜드 타도론(1673)이나 익명의 프랑스 타도론(1686) 같은 것 또 그리고 토마스 먼, 윌리암 페티, '약소 영국론'(일명 무역론, 1680)의 저자, J. 차일드, C. 대브넌트 등에서와 같이 각국의 세력비교, 특히 불佛 · 화和에 대한 비교론에서 대경쟁對競爭 상업국에 대한 적개심을 찾아 볼 수 있다.[57] 프랑스에 있

---

57) "Speech of Lord Chancellor Shaftesbury Denouncing the Dutche, 1673," "Anonymous Pamphlet Denouncing the French, 1668," *Engl. Hist. Doc.*, op. cit., Vol. 8, pp. 854, 855; Mun, Child, Davenant, Petty의 예는 상인(上引)각서 (各書)의 각처 및 C. Davenant, *Discourses on the Publick Revenues and on the Trade of England*, Pt. I, 1698, pp. 7-8, 14ff., 190ff. '약소(弱小)영국론'의 예는

어서 대영對英·불佛 투쟁의 긴 역사를 장식한 루이 14세 시대에 보면 콜벨과 같이 해외주재 외교사신에게 경제보고를 제출케 하고 이것을 정책수립에 자資한 예를 볼 수 있다.[58] 이렇듯이 근대 국가가 지향하는 바 정책과 그것을 뒷받침하는 국부관념은 그 국가관념 자체와 아울러 국제정치의 향방을 결정하는 요인의 하나로 작용하였거니와 앞서도 언급한 바 있듯이 근대 전기를 지배하던 머컨틸리슴의 사조와 서북 유럽의 국가정책 사이에는 훈연한 일치가 엿보였다.

3. 국부·국가정책(속)

근대 전기의 특색을 사상으로서의 머컨틸리슴과 각국의 현실 정책 사이의 일치에서 보고, 나아가서 그것이 곧 '국가경제' 형성의 자연스러운 형태라고 판단한다면 19세기 이래 '세계정치'가 완성되는 제1차 세계대전까지에는 이와는 완연히 다른 양상이 나타난다고 볼 수 있다. 19세기는 주지되듯이 경제분야가 한 개의 독립된 학문으로 성립되는 시대이며 동시에 경제의 고유한 분야 또는 경제의 순수한 현상과 그 법칙이라는 것이 강력하게 주장되게 되었다. 머컨틸리슴이 그 근본의 성격상 정책론 따라서 한 개의 '정치경제'론일 수밖에 없었음에 반하여 근대 후기에 있어서의 경제는 그 고유의 바탕에서 관찰되어야 하고 경제정책은 그 고유한 법칙에 따라 실시되어야 된다는 고전경제학 및 자유경제이론에 의하여 영향을 받게 되었다. 경제현상은 국

– "Britannia Languens or a Discourse of Trade, 1680," *Early Engl. Tracts*, op. cit., pp. 436ff.
58) C. G. Picavet, *La Diplomatie Française au Temps de Louis XIV, 1661-1715*, 1930, pp. 283 seq.

가·정치 같은 경제 외적 현상을 떠나서 연구되어야 된다는 태도나 또 계몽사상 이래 유럽의 학문사상을 결정한 보편타당성의 추구에서 유래하는 관념 곧 경제는 고유한 현상으로서 일반적으로 타당하는 법칙에 의거한다는 관념은 모두 새로운 경제사상이 지니고 있는 초국가·초국경의 성격을 표출하고 있었다.[59] 이러한 입장은 자유경제론자에 있어서는 이른바 '세계의 생산력' 또는 '자본은 더욱 더 코스모폴리탄'하여진다는 문구[60]에서도 볼

59) 경제현상을 국가의 정책적 입장에서 보는 현실론이나 또 학문론(관방학의 예)과 달리, 그 고유의 성질에서 보려는 노력은 자연법사상에서 경제법칙 또 사회법칙을 상정하던 중농파, 소위 '에코노미스트'에서 시작한다. 중농파에 있어서 경제론은 공공연히 새 학문이라고 불리우고, 또 '사회법칙'이 운위(云謂)되고, '법'은 군왕이 만드는 것이 아니라 "권리의무를 창설하신 분의 손으로 모두 이루어진다"고 하였다 (*"Dupont de Nemours de l'Origine et de Progrès d'une Science Nouvelle, 1768," Physiocrates*, éd. E. Daire, 1846, p. 347). 주지되듯이 프랑스의 18세기의 중엽은 과학 특히 수학적 과학사상과 계몽적 철학사상이 유행하던 터로서 중농파의 사고방식도 이에 따라 보편타당적인 자연법칙 관념에 입각하였으며, 실정법은 이 초사회·초국가적인 자연법에 부응함으로써 비로서 이행되는 것이라고 믿어졌다. 중농파는 경제학설사에서 이르듯이 지주이익을 대표하였으며 양곡수출국이었던 프랑스의 역사적 사정을 반영한데 불과하였으나, 그 학문의 체계는 — 계몽주의 사상에서 직접 유래하는 학문일반의 보편타당성에의 요청에 응하여 — 외면상 초역사적인 보편적 진리로 표현되었다. 이 점이 중농파의 사상이 한 개의 이데올로기에 불과한 이유거니와 이러한 현상은 후에 따라오는 고전경제학·자유주의 경제학에도 일면 그대로 타당되는 점이다. 그것은 그렇고 — 경제에는 경제고유의 자율성이 있고 따라서 경제학은 고유의 대상을 취급하고, 경제적 진리를 탐구하는 독립적 학문이라는 관념은 이미 스미스(Smith)가 학문(Science)이라고 할 때에 시사되고 (주62), J. B. 새(Say)에 이르러는 명백하고 확고한 어조로 기술되었었다 (Say, *Traité*, op. cit., Préliminaire X seq.). 이러한 경제학은 현실적으로는 두 가지의 효력을 가져왔으니, 하나는 그것이 영국에 있어서 자국에게 가장 유리하였던 자유무역 및 산업경제에 이바지하는 이데올로기로서의 효력이요, 또 하나는 고도(高度)한 자본주의 발달의 단계 — 이른바 사회주의 학파의 금융자본주의 시대에 있어서는 자본활동 또는 — 법칙적인 어조를 담은 — 자본운동의 성격이 초국가적·초국경적 양상을 내포하고 있음을 반영하는 이데올로기로서의 효력이다.
60) J. S. Mill, op. cit., pp. 578, 575.

수 있거니와 또 아담 스미스 이래의 새로운 부의 관념에도 명백히 엿볼 수 있었다.[61] 아담 스미스의 '국부론'에는 머컨틸리슴에 대한 맹렬한 공격이 실려 있거니와 동시에 새로운 부의 관념이 제시되어 있었는데 그것은 자유경제론자에 의하면 재화財貨의 '생산'에 있다[62]고 해석되었으며 따라서 생산력의 확대를 밑받침하는 요건으로 국내보다 넓은 국제시장이 요청되었다고 여겨진다. 극대極大의 국제시장이란 바로 세계시장일 수 밖에 없으며, 따라 극대極大 시장 위에 전개되는 순수한 경제현상이야말로 자유경제론의 적어도 이론상의 이상일 것이다. 그러나 현실적으로는 '부'는 여전히 '국부'의 형태일 수밖에 없는 까닭에 아담 스미스는 물론 J. S. 밀에 있어서도 '제국諸國의 경제상태'가 문제일 수밖에 없으며 정부의 관계사항이 논의되고 국방과 세수의 필요

---

61) 아담 스미스 시대에 이르러 부의 관념은 달라지게 되었다. 하기는 중농파의 '순생산'(Produit Net) 관념은 머컨틸리슴과는 차이가 있는 것이나 토지생산만에 한하였다. 스미스, D. 흄에 오면 토지와 및 노동의 소산(Produce)으로 확대되는데 그것은 그들이 지닌 노동가치설에서 이유를 발견할 수 있다(Smith, op. cit., pp. 314-316; Hume, op. cit., p. 294). 단 스미스에 있어서 국부는 명백히 정의되어 있지 않은 관계로 더 자세히 규명하기 힘드나 그러나 그가 사람과 나라가 '소비하는' 생산품(소산)을 누차 든 점으로 보아(ibid., pp. 329. 흄에 있어서도 같음 ibid., pp. 294-295), 그 국부관(國富觀)이 - 머컨틸리슴의 상공업자 이익중심에 대하여 - 소비자 중심이라고 불리우며, 그것이 다시 고전경제학·자유경제론의 전통이 되었다. 예컨대, 세니여에 의하면, 부란 결국 사람에게 직접 간접으로 쾌감을 일으키며 이양가능하며 제한된 양의 모든 물건 곧 교환(Exchange) 가능하고 가치(Value)있는 물건이라는 것이다. 여기서 쾌감을 일으킨다고 함은 당시 자유주의 철학을 지배하던 벤담(J. Bentham)의 설을 딴 것이며, 이른바 효용(Utility)설의 근거였다(N. Senior, op. cit.. pp. 6-7). 여기 사용한 세니여의 1938년 복각판(復刻版)에는 부록으로 웨이틀리의 경제용어 해설이 첨부되어 있는데 그 중의 '부'항에는, 스미스이래 Malthus, M'Culloch, Storch, Torrens, Say 등의 부관념(富觀念) 및 머컨틸리슴의 '부(富) 즉시(卽是) 금전' 관념이 열거되어 있다(*On certain terms which are peculiarly liable to be used ambiguously in Political Economy from Elements of Logic by Richard Whately*, pp. 229-230).

62) J. R. M'Culloch, *Principles of Political Economy*, 1872, pp. 11 & 35ff.

가 고려된다.[63] 아니, 현실적으로 세계시장은 국내시장과 달라서 국경과 국책國策에 의하여 자디잘게 분획分劃되어 있는 까닭에 자유경제론에 있어서 그 사이를 구별아니할 도리가 없다. D. 리카도David Ricardo에 있어서 외국무역이 따로 취급된 이유[64]가 여기 있을 뿐 아니라 또 외국무역에 있어서는 현실적으로 제국가의 존재가 전제되지 않으면 아니되었던 까닭이었다. 머컨틸리슴의 이론이 가장 강렬하게 노출되는 면이 외국무역론이었거니와 자유경제론에 있어서도 국가정치의 그림자가 짙은 면이 바로 대외경제였다.

물론 자유경제론은 외국무역 관념에 있어서 머컨틸리스트와는 매우 다르다. "일국의 득得은 일국의 손損"이라는 방식의 무역차액론은 머컨틸리스트 중에서도 의문시하는 사람이 있었다[65]고

---

63) J. S. Mill, op. cit., p. 21 & Bk. V(on the Influence of Government).
64) 한 나라에 있어서 제(諸)상품의 상대가치를 규율하는 동일한 룰(규칙)은 둘 또는 그 이상의 나라 사이에 교환되는 제(諸)상품의 상대가치를 규율하지 않는다(D. Ricardo, *The Principles of Political Economy and Taxation*, 1817, Everyman's Library edition, 1929, p. 81). 아담 스미스에 있어서 국제교역이 국제분업론의 입장에서 옹호된데 대하여 리카도에 있어서는 그것이 비교생산비설로 설명되어 후대 학자에게 큰 영향을 주었거니와, 현실적으로 전개된 자유무역논쟁에 있어서는(가령 1825년 이래의 하원 논쟁), 주로 스미스의 국제분업론의 입장이 강조되었다. 따라서 나와 같이 현실국가정책과의 관련에서 이해하려는 마당에 있어서는 이 국제분업론이 더 중요한 것이나, 그러나 스미스, 리카도 이래로 외국무역의 '터'가 국내시장과는 다른 – 국가군(群)을 전제한 – '국제시장'이라는 점을 이론화하는 점에 있어서는 문제될 바가 없다.
65) MacCulloch, op. cit,, pp. 28-29. 맥클럭크는 토머스 먼, J. 차일드, W. 페티, D. 노어쓰(Dudey North)를 들어 머컨틸리스트 중에서도 건전한 사상을 지닌 사람으로 간주하거니와 특히 노어쓰에 이르러는 "That the whole world as to trade is but as one nation or people, and therein nations are persons" 등등의 구절을 인용하여 그가 자유무역의 편모(片貌)를 지니고 있었음을 역설하였다. cf. D. North, *Discourse uopn Trade*, 1691, ed. Hollander, 1907, Preface, pp. 10-14, esp. 13. 이에 대하여 상인 일반의 개념은 통용하지 않으며, 현실적으로 화(和)·불(佛)·서(西)·토(土)의 상인이라고 부르는 것이 예라고 지적하여 경제행위의 국가적 성격을 명백히 한 바본의 견해는 주목할만 하다(N. Barbon, A Discourse of Trade, 1690, ed Hollander, 1905, pp. 9, 11).

하며, 프랑스의 '에코노미스트'들의 자유무역론[66] 그리고 D. 흄

---

66) 자유무역론은 역사적으로 중농파 이전으로 소급된다. 1701년경에 이미 프랑스의 낭트(Nantes) 상공회의소 대표의 말로서, "무역을 위하여 희망되는 첫째의 것은 자유입니다. 곧 무역은 현재의 국내외에 있어서 너무나 구속받고 있으며, 이 형편에서 증가한다는 것은 상인에겐 불가능한 일"이라고 하였다고 하며, 또 다르장손 후작(Marquis d'Argenson)은 1738년에 이르되 "모든 상품의 무역은 공기의 통로같이 자유스러워야 되며, 무역은 보통 생각하고 있는 것처럼 결코 금지나 특권으로 되는 것은 아니라"고 하였다. 뿐만 아니라 당시에 마르세이유 상공회의소 문서 및 유명한 보와기유벨(P. le Pesant de Boisguillebert), 보방(Sebastian Le Prêtre, Marquis de Vauban) 등등에 보이듯이 여러 사람의 반(反)머컨틸리스트에 의하여 자유무역이 제창되었다(인용은 Wilson, op. cit., p. 66 & cf. pp. 65ff; Heckscher, op. cit., Vol. I, pp. 213-214; W. Liebermann, *Die Politischen Grundlagen der Französischen Volkswirtschaft am Ausgang des XVII Jahrhunderts*, 1909, S. 13ff.; C. W. Cole, *French Mercantilism 1683-1700*, 1943, ch. 5, esp. pp. 231ff). 하기는 자유주의의 모토인 "Laissez-faire et Laissez-passer"의 어구는 일찍이 다르장손 후작으로부터 시작한다고 한다 (Macgregor, op. cit., pp. 57ff. 맥그리고씨의 이 부분은 '자유주의'의 어사語史이기도 하다). 그러나 본격적으로 자유무역이 제창되고 이론화되는 것은 주지되듯이 중농파에 있어서이다. 우선 그 수장격이었던 케네(François Quesney)에 있어서 이미 명백한 문자로 표시되며(가령, '농업왕국의 경제정치의 일반원칙'(*Maximes Générales du Gouvernment Économique d'un Royaume Agricole*의 제25 '상업(통상)의 완전자유,' 그리고 '통상론'(Du Commerce)(對話), '양곡론'(Grains) 중의 '양곡수출에 대한 관찰' 및 이에 부재(附載)된 경제정치 원칙 중의 제13·14(*Physiocrates*, op. cit., pp. 101, 157 seq., 285 seq. 294-296), 또 리비엘(Mercier de la Rivière), 보드 신부(Nicolas Baudeau), 르 토로슨(Guilaume-François Le Trosne) 등에 있어서도 크게 취급되었다.(리비엘의 『정치사회의 자연·본질적 질서』(*L'Ordre Naturel et Essentiel des Sociétés Politiques*, 1767, 제10장 '통상론'(Du Commerce); 보도 신부의 『경제철학 서론 혹은 문명국가 분석론』(*Premiégre Introduction à la Philosophie Économique, ou Analyse des États Pollicès*, 1771, 제5장 제5절 제2·3항 특히 통상에 있어서 일반자유(liberte générale)의 필요성을 논한 제2항. 르 토로슨의 『가치·유통·산업 및 국내외 상업에 관한 사회이익에 대하여』(*De l'Interet Social par Rapport à la Valeur, à la Circulation, à l'Industrie et au Commerce Intérieur et Extérieur*, 1777, 제7장, 제8장 7·8·9절(식민지와 본국 사이의 무역) 제1절). 듀퐁 드 너물(Dupont de Nemours) 및 튀르고(Anne-Robert-Jacque Turgot)에 이르러는 열렬한 실천가로서 드 너물은 혁명후 제헌국회초(初)에 자유무역정책에 이바지하였을 뿐 아니라 이에 앞서 소위 이든(Eden)조약(1787) 체결에 막후 활동을 하였었고 또 튀르고는 루이 16

제 3 절 경제국가

David Hume의 유명한 '무역질투론'의 결론, 아담 스미스 이래의 고전파와 자유무역론의 이론은 널리 회자되어 있다.[67] 그런데 이러한 자유무역론은 그 이론이 새로운 경제사상에 입각하고 있었으며 그 관점이 경제의 자율적인 법칙에 근거하고 있다고 주장되어 있기는 하나 이 역시 정책론에 직결되어 있었으며 또 그 까닭에 현실적으로는 '국가' 정책으로서의 입장을 내포하고 있었다. 당초에 흄같은 사람의 자유무역론도 영국 신민의 견지에 서 있던 것은 그의 '상업론' '무역차액론' '무역질투론'의 처처處處에 나타나 있는 바와 같으며, 심지어는 "해외상업Foreign Commerce의 이익은 신민의 부와 행복과 더불어 나라의 힘을 증대한다"고 하여 왕국의 이해를 취급하였고 또 재정수요 및 국내산업 보호를 위한 관세 기타其他는 정당하고 또 필요한 것으로 간주하였다. '국부론'[68]은 본래 '나라'의 부를 논의한 새로운 정책론이며 제1·2권에 전개된 이론은 구경 그 정책론을 합리화하는 기본으로 제시된 것인데, 스미스의 '나라'의 입장은 그가 나라의 풍족보다도 국방을 우선시키고 영국의 머컨틸리슴적인 항해법을 가르쳐 가장 현명한 정부조치라고 평한 바로 짐작이 되는 바이다.[69] J. B. 새Jean Baptiste Say, F. 바스티아Frédéric Bastiat 등등 그리고 영국의 J. S. 밀,

세하 재무장관으로 '에코노미스트'의 주장을 일시 실시한 바로 유명하다. 따라서 튤고의 유문(遺文) 중에는 자유통상(국내외)에 관한 여러 문장·칙령·법령·포고의 초고 등을 볼 수 있다(*Oeuvres de Trugot*, 2 Vols, 1844, T. I, pp. 343 seq., 371 seq., T. II, pp. 59 seq., 169 seq).

67) 고전학파의 대표로 상인(上引)한 매클럭크(op. cit., pp. 69ff), 자유주의학파의 대표로 J. S. 밀(op. cit., pp. 578ff), 자유무역론의 대표는 허스킷슨(William Huskisson), 콥덴(Richard Cobden) 등. 단, 1820년대에 있어서의 헛스킨스의 혁혁한 활동에도 불구하고 헛스킷슨을 현대적인 의미의 자유무역주의자는 아니라는 평도 있다(W. Smart, *Economic Annals of the 19th Century 1821-1830*, 1917, p. 289).

68) op. cit., pp. 294-295.

69) op. cit., p. 431.

J. R. 머클럭크 등등의 자유경제론에 이르면 이와 같은 애국정신이 행간에 용솟음치는 일은 보기 드물기는 하지만 그러나 '나라'가 사실상의 전제인 것은 여러 모로 나타났다. 예컨대 – J. B. 새는 경제론을 가리켜 '부'를 취급하는 학문이며 그 목적은 진리의 탐구에 있노라고 강조한 순수경제주의의 학자이건만 그도 또한 '나라의 부'와 그 증진책이 논의의 대상이 아닐 수 없었으며,[70] 또 J. S. 밀, J. R. 머클럭크 등에 있어서도 스미스, 리카도, 새의 예를 따라 나라 사이의 경제관계로서 첨예한 국가무역, 국가재정의 문제, 정부의 관여의 한도 등을 논하였다.[71] 말하자면, 일단 국내시장 · 국내경제를 떠나는 마당에 있어서는 경제외적인 현상으로 될 수 있는 대로 회피하였던 국가 · 정부의 존재가 피할 수 없는 여건으로서 도입되지 않을 수 없었다. 물론 그렇다고 하여 자유경제론의 의미가 사라지는 것은 절대로 아니었다. 자유경제론의 경제론으로서의 진수眞髓는 이러한 '나라'에 대하여도 그들이 생각하는 경제원칙의 허용이 이득이며 국부의 도움이 된다는 것이며, 따라서 경제가 번영하려면 – 비록 '나라'의 존재로 정치적으로는 촌단寸斷되어 있는 세계이지만은 – 경제적으로는 국내시장과 같이 경제활동이 자유스럽고 자본활동이 자율적인 극대의 자유시장 곧 경제적으로 자유스러운 단일한 세계시장이 필요하다는 것을 역설하는데 있었다. 이 까닭에 논리상 경제활동에 대한 정부와 정치의 관여는 극소이어야 되며, 또 이런 견지에서 경제에 대한 정치의 영향이 논의된 것도 세인이 모두 아는 터이다. 말하자면 경제현상의 자율성, 경제가치의 법칙성, 자본활동의 자유가 초국가 · 초국경적인 극대시장 곧 세계시장에서 보장되

---

70) Traité, op. cit., T. I, pp. 18-20, T. II, pp. 6-9 및 (주60) 중의 새 관계.
71) 국가재정 곧 국가지출에 따른 문제는 – J. S. Mill, op. cit., ch. V; M'Culloch, op. cit., pp. 215ff. 맥클럭크의 스미스류(流)의 통상론은 p. 68이하.

제 3 절 경제국가

는 것을 이상으로 하고, 현실의 정치와 국가는 이러한 세계 자유시장화에 대한 극소관여의 입장을 취함으로써 최대의 부가 확보된다는 이론이라고 할 수도 있다. 그러나 이러한 경제사상은 그것이 일단 경제학적인 일반론을 떠나서 정책론의 견지를 취하게 되면 직각으로 일국의 이해가 최전면에 표시되는 일국의 정책론이 되는 운명을 지니게 되며, 더구나 그것이 현실적 목적을 지닌 국가정책론 혹은 경제운동인 경우에는 홀연히 정치의 이른바 이해 그룹의 주장이 되기 쉽고, 또 그것이 국가정책으로 채택되는 경우에는 국가이성Ragioni di Stato이 작용하여 '내 나라'의 입장이 노골화되기가 쉽다. 아니, 때로는 경제론은 경제론일 따름이오 정책은 정반대를 실천할 수도 있다. 경제학은 졸지에 실천적 목적을 지닌 이데올로기로 변하고 주장과 정책은 서로 괴리한다.

단일 세계시장에 있어서의 자유경쟁을 의미하면 자유무역정책은 주지되듯이 중농파의 운동으로 나타났다.[72] 국내외 '상업'에 있어서의 충분한 자유경쟁이라는 원칙에서 F. 케내Francois Quesnay는 양곡의 자유수출을 주장하였거니와 1764년에는 단명한 왕령이 발포되어 양곡의 자유수출이 허용되었으나 곧 사실상 폐지되었다. 1774년에는 '에코노미스트'의 한 사람인 튤고Anne Robert Jacques Turgot의 재무장관 취임의 해요 또 유명한 양곡매매 자유의 법령이 공포된 해이기도 하였으나 그러나 국외 자유수출까지는 포함되지 못하였다. 1786년의 영불英佛 통상항해조약 이른바 이든 조약Eden Treaty은 자유무역의 입장을 가미한 중대한 조약이었으며, 그 성립에 듀퐁 드 너물Depont de Nemours 같은 중농파가 개입되어 있음으로 보아 중농파의 영향이 거의 확실한 것이었으나 프랑스 대혁명 이후로는 반대 진정서에 덮여 유명무실한 것이 되

---

72) 주64 참조.

고 말았다. 19세기의 20년대부터 현실문제로서 중대성을 띠우게 된[73] 자유무역론Free Trade은 주지되듯이 산업혁명을 먼저 치른 영국산업의 국제적 우세[74]와 관련되어 시작되었거니와 또 한편 그것은 '나라'의 이익을 위하여 '보호'·'자유'의 두 가지 정책 중의 어느 것이 과연 유리하야 하는 치열하고 오랜 정치적 논쟁을 통하여 전개된 것이었다. 영국정치계에 있어서의 직접적인 논쟁의 발단은 런던 상인·글래스고우 상공회의소·맨체스터 상공인의 진성서(1820)에 있었다. 지금, 런던 상인의 것으로 예컨대, 그 주장은 대략[75] (1) 제약의 철폐야말로 외국무역을 최대한으로 확대하고 또 그것은 '나라' 자본과 산업이 나아갈 최선의 방향이다. (2) 싸게 사고 비싸게 판다는 상업원칙은 동시에 온 세계에 적용되어야 하며 그것은 또 각국에 호혜적이다. (3) 보호·금지의 제법령은 국가일반의 손해요 소수자의 이익을 따름이며, 한 부면의 보호는 필연적으로 타 부면에 확대된다. (4) 외국무역의 제한제도라는 반反상업주의를 반대함으로써 영국산업의 우세를 구실로 하여 보호정책을 자국에 요구하는 외국상인의 책동을 봉쇄하여야 한다. (5) 자유무역은 열국의 상업적 반목을 완화하고 국제평화 유지에 공헌한다. (6) 자유정책은 가장 정책적 효과가 있는 정책이다. 그런고로 의회는 조사·고려하여 달라는 것이었다. 그런데 실재에 있어서 자유무역이 20년대에 있어서 어떻게 일반적으로 해석되었느냐 하면 - 그것은 결국 수

---

73) cf. W. Smart, *Economic Annals of the 19th Century 1801-1820*, 1910, p. 759.
74) 영국 산업의 국제적 우세는 이미 허스킷슨의 하원 연설에서도 공언되어 있으며(*Substance of Two Speeches delivered in the House of Commons on the 21st & 25th of March*, 1825, 2nd ed., p. 37), 또 이것은 당시 자유무역의 논객·선전책 저술가(Pamphleteers)들이 매번 전제(前提)하고 있던 사실이다(일례를 들면 Lt. Gen. Diron, *Remarks on Free Trade and on the State of the British Empire*, 1827, pp. 8-9).
75) 원문은 - Smart, *Annals*, Vol. I(1801-1820), op. cit., pp. 744-746에 의거하였다.

제 3 절 경제국가

출입 금지가 아닌 무역허용Open Trade 및 호혜주의Reciprocity로 여겨졌으며 따라서 여러 제한 곧 관세 기타의 철폐가 아니라 적절한 인하가 문제였다.[76] 그리고 적절한 인하란 결국 무역증진을 위한 것이오 무역증진의 온 목적은 영국산업과 상업의 이익이었다.[77] W. 허스킷슨William Huskisson은 20년대 자유무역론의 대표격의 맹장이었으며, 상무장관이었고 또 짓궂은 의원으로서 1823년 관세개정법 기타에 공헌이 두터운 점진적 자유무역론자였다. 허스킷슨에 의하면 영국산업은 산업혁명 이래 그 힘이 세계에 관절冠絶하며, 그 무역자본은 계속적으로 증진하고 있으므로, 자유무역(적절한 관세 인하 아래의)의 결과는 타국에서 수입되는 상품양보다 훨씬 많은 양을 세계시장에 공급하게 될 것이며 현現 금지품의 수입조차도 '나라'(영국)의 전체적 이익에 도움이 될 것이며, 또 원료수입에 부가되고 있는 관세의 인하가 그 얼마나 영국 산업가에게 외국시장 경쟁에 있어서 정당한 이익을 주는지 모른다고 한다.[78] 말하자면 자유무역론을 둘러싼 영의회英議會에 있어서의 격렬한 논쟁은 당연하게도 '나라' 곧 영국의 이익이라는 입장에서 행하여질 뿐 아니라 영국 상공업계의 진흥책으로 출발되었던 것이었다. 뿐만이 아니다. 자유무역이라는 기치아래 이룩되는 수입금지 해제・관세인하 등의 무역촉진책은 1825・1826년 예산에서 보는 바와 같은 백만 방磅 이상의 흑자예산으로 인한 세율인하로부터 구현된다.[79] 재정적 이유가, 곧 정치경제적인 여유가 자유무역론에 유리하게 작용하였다. 이렇듯이 자유무역은

---

76) Smart, *Annals*, Vol. II(1821-1830), pp. 22, 489, 491.
77) Huskisson, op. cit., p. 57.
78) *ibid.*, pp. 53-59.
79) Smart, *Annals*, Vol. II(1821-1830), op. cit., ch. 19, 25. 이런 조치에 따른 세수(歲收) 감소는 곧 다른 방식으로 처리된다. 곧 유명한 소득세(Income Tax)의 신설이다. cf. Doubleday, op. cit., pp. 330ff.

그것이 국가의 정책이라는 형태로서 비로소 실현될 수밖에 없는 까닭에 필연적으로 국내정치의 당파적 투쟁을 겪고 또 대외적인 국가이익의 성격을 겪고 또 지니지 아니할 수 없다. 1830년대에 이르러 맨체스터 공업시를 중심으로 반곡물법 운동이 발생하여 마침내 R. 콥던Richard Cobden, J. 브라잇트John Bright 등을 중심으로 곡물법 반대동맹이 결성되게 되었다(1838). 이 동맹의 활동에 방대한 상공계의 선전자금이 투입되어 지주이익과 대립되는 산공계의 여론으로서 전국에 파급하는데 이러한 이익단체의 사회적 압력은 마치 1830년대 및 1840년대의 적자예산을 계기로 정책화하여 1842년의 관세저감을 선두로 – 중요한 것만 들어도 – 1843년의 양모 자유수입. 1845년의 수출세 폐지, 1849년의 곡물세·항해법의 완전폐지를 거쳐 1860년의 콥던조약(영불 통상조약)이 체결됨으로써 자유통상의 한 모델이 수립되고, 급기야 1870년대에 들어서면 영국 보호주의의 제법령은 거의 전부 포기되게 되었다. 이러한 영국 자유무역정책의 진전은 영국경제의 급속한 발달에 따라 그 때까지 지배적이던 자족적 농촌중심경제로부터 도시중심경제 곧 세계시장에 유기적으로 연관되어 예민하게 세계수요에 반응하는 산업중심경제로 옮겨가는 도중에 생긴 현상이었던 것은 이미 널리 알려져 있는 사실이다. 바꾸어 말하면 영국산업의 세계적 제패와 영국자본의 세계 자유시장에의 요구가 그 기저에 놓여있었다고 여겨진다. 이 까닭에 자유무역 운동은 1836-1839년의 상업위기, 1847년 및 1857년의 상업위기에서 격화되고 또 촉진된다. 자유무역정책이 실시되어 가던 40·50년대로부터 대체로 완결되는 70년대 중간까지만 하더라도 그간의 무역량·생산량·자본수출의 격증은 놀랠만한 것이 있었으니 예컨대 총무역과 서비스에서 보면 1841-1845년간(5개년)의 액수는 62만 방※의 흑자였는데 1871-1875년의 5년간의 결과 무력 2,346만 방※의 흑자를 나타낸다.[80] 이러한 외국무역의 확대는 영국 정치가에 있어서도 충분히 의식되어 있었던 터로, 가령 1857・1858년의 '은행법 급及 상업불황 대책 의회특별위원회'의 보고에 의하면 "영국의 해외무역은 기간중(1848-1858) 세계역사상 아마 전례없는 증가와 발전을 보았다"고 하며, 1848년 전까지 거의 답보상태에 있었던 연수출액 6,000만 방※은, 하반기의 불황에도 불구하고 1857년에는 1억 2,200만 방※을 돌파하였다고 덧붙였다.[81] 이렇듯이 영제국의 경제적 소득은 자유무역정책으로 인하여 막대한 것이 있었으며 또 이 점은 정책수립에 충분히 반영되어 있었다. 자유무역의 풍조는 영국에서 시작하여 일시 프랑스(특히 나폴레옹 3세시), 러시아, 스위스, 덴마크, 홀랜드, 스칸디나비아 반도, 이탈리아 반도, 독일의 관세동맹국 등에 퍼져 40년대로부터 60년대에 걸쳐 관세 인하의 조치가 각국에서 취하여진 일이 발생하였다.[82] 그러나 이런 경우에 있어서도 경제사상으로서 널리 전파됨에 반하여 각국의 실재정책은 당연

---

80) *English Historical Documents*, Vol. 12-1, by G. M. Young & W. D. Handcock, 1956, p. 227. cf. Leon Levi, *The History of British Commerce and of the Economic Progress of the British Nation 1763-1878*, 1880, Pt. IV, ch. 7 & pt. V, ch. 8. 이 시기의 상황(商況) 전반(곡물・항해법 폐기・1847・1857 양회兩回의 상업위기, 콥던 조약, 경기・생산의 상승, 국민소득의 증가 등)에 관한여 동서(同書) 제4・5편을 참조. 이 시기는 클래팸, 레미에 소상하듯이 무역뿐만 아니라 생산 – 특히 석탄・철괴 생산이 약진하며 해운량이 경이적으로 확대되고, 인구가 격증(激增)하며 또 한편 인구의 도시집중이 급격하여 1850년에는 농업인구가 압도적이었던 영국의 유업(有業) 인구의 구조가 점차로 변모하여가는 때였다(*Engl. Hist. Doc*., ibid., pp. 221, 222, 203, 207; J. H. Clapham, *An Economic History of Modern Britain*, Vol. II, 1932, ch. 3 & pp. 228ff; Levi, ibid., pp. 533-534, 552 graphic table I. J., 560. 특히 면제품 수출에 대하여는 pp. 320, 413, 493, 552).

81) ibid., p. 292.

82) 예컨대 – 러시아 1844・1856・1858의 각년. 스위스 1859년. 스웨덴・노르웨이 1857년. 덴마크 1863년. 홀랜드 1865년 등.

히도 각개 상품품목에 따라 고려되었으니, 예컨대 프랑스의 자유무역정책은 중농파 시대로부터 양곡 수출국의 입장에서 주장되어 왔던 것과 같다. 무릇 자유무역과 국제 자유경쟁의 경제론은 자본의 자유활동 및 이에 따른 사회 생산력의 극대화의 이론적 조건으로 단일 세계자유시장을 전제하게 되며, 동시에 경제발달의 단계와 형태에 호응하는 상품구조 아래 다각도의 국제교역을 상정하는 것인데, 현실로 보면 산업·금융경제시대의 국제 상품구조로 인하여 선진산업국이 경쟁단위로서 총체적으로 절대 유리하다는 사태가 벌어지며 또 그로 인해 리利·불리不利는 국가경제(국민경제)에 밀착하여 있는 정치권력에 직접적인 영향을 가져온다. 1786년 이든조약은 프랑스 양곡수출에는 유리하였으나 산업방면에 있어서는 영국 상품의 홍수로 말미암아 중대한 불만을 자아냈으며, 1860년의 콥던조약에서도 같은 경향이 엿보였다. 이미 우리들이 경제사에서 발견하였듯이, 이러한 국민경제 발달의 불균형에서 유래하는 자유무역의 불공평은 얼마 안 가서 각국 상공업계·자본가·노동계급에 반발을 일으키고 나아가서 국가정책상의 반대조치로 구현되었다. 프랑스 산업계도 모르게 추진되었던 콥던조약의 자유무역 정신은 L. A. 치엘Louis Adolph Thiers에 이르러(1871) 무산霧散되고, 1892년에는 이른바 '메리느 관세'의 실시로서 자유무역 잔재에 종지부를 찍었다.[83] 독일 '관세동맹'Zollverein 지역이 취하여오던 자유무역 경향은 독일제국으로 옮겨간 후 1876년 델부르크Rudolf von Delbück의 사임으로 끝맺는다.[84] 80년대에 들어서면 보호주의에로의 전향은 속속 계속되어, 러시아·이탈리아·오홍墺洪제국 등을 비롯한 각국이 자유

---

83) cf. J. H. Clapham, *The Economic Development of France and Germany 1815-1914*, 1936, pp. 263ff.
84) *ibid.*, pp. 315ff.

무역에서 탈락하였으며, 미국에 이르러는 자유무역론이 전성하던 1861년에 남북전쟁을 계기로 전시 관세로 들어가거니와 내전 이후에도 계속적으로 보호정책의 입장을 취하였다.[85] 급기야 85·86년대에 도달하면 자유무역의 파도는 대체로 사라져 나가는데, 그 본원지인 영국에 있어서는 그 공업력·해운력과 그 양곡·원료의 해외의존도로 인하여 비교적 오래 자유무역정책을 유지하였으나 70년대의 유럽공황과 국내시장에 쇄도하는 타국 공업제품에 자극을 받아 일시 '공평무역'Fair Trade의 소동이 있었으며[86] 또 일방 디즈레일리Benjamin Disraeli의 대영국주의, J. 챔벌린 Joseph Chamberlain의 제국주의론이 출현함으로써 특혜 또는 독점시장 형성의 정책적 기조가 마련되며 이 위에 특혜관세 관계가 수립되고, 이로써 대영국 시장이 성립하였다.[87] 뿐만 아니라 20세기에 들어서자마자 보수당은 보호관세 정책을 강력히 들고 나왔으며 마침내 1915년 이후로는 점차로 전반적인 보호관세제가 도입되게 되더니 1932년에 이르러 자유무역정책은 문자대로의 종언을 고하게 되었다. 그런데 이러한 사태를 통하여 일치되는 것은,

---

85) 1816년에 통과한 유명한 모릴관세법(Morill Tariff)은 전쟁 전에 이미 상정되었으나 그러나 전쟁개시후 관세 인상은 1862·1864년에 보듯이, 전시 관세의 성격을 띠우게 되었다. 미국의 보호관세가 – 설령 처음에는 냉담한 태도로 시작되었다고는 하나 – 북부 산공업계(産工業界)의 의견을 반영하였던 것은 말할 것도 없다(F. W. Taussig, *Tariff History of the United States*, 7th ed., pp. 160ff).

86) Clapham, op. cit., Vol. II, pp. 246ff; V. Berard, *British Imperialism and Commercial Supremacy*, transl. by H. W. Foskett, 1906, pp. 131ff.

87) 디스렐리의 대영국주의(제국주의)에 대하여는 – D. C. Murray, Disraeli, 1927, pp. 210-211. 대영연방(大英聯邦) 시장의 구상은 챔벌린에 이르러 현실화되는데, 그가 이러한 특혜시장 형성을 독일에 있었던 '관세동맹'과 비유한 것은 그것이 단일관세 지역화함으로써 사실상 국내시장과 같은 효과를 노린 것으로 인정된다(A. B. Keith, ed., *Selected Speeches and Documents on British Colonial Policy 1763-1917*, 1948, World Classic, Vol. II, pp. 223ff). Berard, op. cit., pp. 185ff.

세계경제주의에 대한 국민경제주의의 반발 곧 경제·정치 사이의 상관성·밀착성에서 유래하는 '국부' 정책의 반발이며, 또 구체적으로 보호주의·관세주의·독점시장 형성에 반드시 따라 온 전쟁·전쟁위기·군비확장·재정수요 팽창·민족주의·'정치적 고려' 등의 계기였다. 프랑스·영국·오스트리아·이탈리아·러시아·미국·독일 등등의 정책전향은 대개 전쟁·전쟁위기·재정팽창을 계기로 하였으며, 비스마르크Otto Eduard Leopold von Bismarck에서와 같이 '정치적 고려'가 계기가 되는 경우가 허다하였다.[88] 1841년 간행된 리스트Freidrich List의 『정치경제의 국민체계』 Das Nationale System der Politischen Oekonomie에 있어서, 경제발달의 단계를 전제하고, 설혹 궁극에 가서 국제 자유경쟁이 인정된다 하더라도 미발달 상태에 처하여 있는 국민경제체는 의당히 보호육성되어야 한다는 주장을 전개[89]한 것은 국가경제로서 성립하고 국가와 경제가 함께 밀착되어 '국부'라는 관념아래 정책을 수립하는 근대국가의 정치·경제적 성향에게는 매우 매력적이 아닐 수 없다. 근대 전기로부터 20세기의 초엽에 이르는 동안 유럽의 근대국가 형태는 정치형태로서 온 지표地表에 확대되어 마침내 유럽적인 국제정치 형태를 세계정치의 규모로 확장·변모케 하였거니와 동시에 근대국가의 형성·발달에 내재적으로 밀착하여 그 상업·경제주의적 성향에 요인을 이룬 국가경제주의는 드디어 세계경제의 일면을 결정하였고[90] 불완전 경쟁과 정치적 요인

---

88) Clapham, *Economic Development*, op. cit., p. 316
89) F. List, op. cit., Kap. 26, 33, 34, 35, 36. 리스트의 설(說)을 인용하는 차(次)에 그의 코스모폴리틱한 경제학(곧 중농·고전·자유주의의 각파(各派))의 비판은 주(60)과 연관하여 참고할 필요가 있다(op. cit., S. 109ff).
90) 19세기의 후반기로부터 1914년 대전발발까지에 이룩되는 '세계경제'에 대하여 간단히는 – W. Ashworht, *A Short History of the International Economy 1850-1950*, 1952, ch. 6. 이 시기의 세계경제의 성격에 대한 마르크스주의적 입장은 – R. Hilferding, *Finanzkapital*, 1910.

제 3 절 경제국가

이 작용하는 정치경제적 세계시장의 현실을 규제하였다. 세계정치는 이러한 의미에서 세계경제와 상관적이라기 보다 오히려 상호매개되어 존재하는 현상이다. 그러면서도 세계시장은 경제적 자유를 희구한다. 19세기 말에는 이미 '국민경제'라는 단위에서 구상되는 세계경제와는 다른 세계경제가 요망되었다. 국가경제를 통하여 발달하여 온 산업경제 현상 특히 고도자본주의 현상은 그 필연적인 요청으로 자본활동의 코스모폴리타니즘과 또 그 자연적인 소산으로 초국가적 단일세계 · 자유시장을 기원하여 마치 않는다. 국가경제의 규모를 넘어 세계경제의 규모에 도달하려고 든다. 이러한 즈음에 또한 세계정치는 이룩되었다.

제 4 절   식민지 국가

근대국가는 앞서 군사국가·경제국가로서 규정하였거니와 또 동시에 식민국가로서 판단할 수 있다. 설령 식민지를 실제로 획득하지 못하였던 시기와 경우에 있어서도 근대국가의 성향은 식민지국가의 그 것이었다.[1] 이런 의미에서 근대국가의 팽창사는 바로 식민지 역사이기도 하다. 이 경우 식민지란 의미는 단순히 국외이주와 이민지의 영토화라는 좁은 해석을 따르지 않는다. 이 말의 유럽적인 자의(字義)에서 판단하면 – 국민의 영구적 또는 장기적 국외이주와 이주지역의 정치적 점거사실이 우선 중요하고 또 근대 이후로는 그것이 법적으로 본국의 영토화되어 있는 것을 요건으로 여기는 것이 좁은 해석이 된다. 이에 대하여, 정치적인 의미의 식민지란 일정한 지역과 그 주민이 정치·경제에 있어서 차별적으로 예속되어 있거나 또 예속되어 있는 것

---

1) 리스트에 의하면 "공업력과 그로 인해 파생되는 내외(內外)상업, 중요 연안 및 원양항해, 거대한 해양어업 또 끝으로 유력한 해군력 등의 최고의 정화(精華)야말로 식민지"라고 하고(F. List, *Das Nationale System der Politischen Oekonomie*, Eheberg Aus., 1925, S. 226). 이 견해는 러시아 팽창사에는 적용되지 않을 뿐 아니라 서(西)·포(葡)의 초기 식민사에도 그대로는 부적당하다. 그러나 그럼에도 불구하고 전반적으로 유럽국가의 해양국가로서의 식민지발전의 성향은 대체로 파악되어 있다고 여겨진다.

과 같은 지위에 빠진 경우를 말한다. 따라서 식민정책이란 이러한 지역의 조성을 목적으로 하는 것이며, 그러므로 식민지국가란 그 정책이 이러한 식민지의 획득을 꾸준히 목적으로 하였다는 것이다.[2] 이렇게 볼 때 식민지 정책에서 오는 결과는 '본국의

---

2) 식민지(Colony)와 식민주의(Colonialism)의 정의 — 유럽말(apoikia, colonia, colony, colonie, Kolonie)의 역어(譯語)로서의 '식민지'는 그 유럽 어원과 어사(語史)로 해서 본국에서 이주·정착한 집단의 땅이라는 의미가 오래 통용된다(예컨대 A. Zimmermann, *Kolonialpolitik*, 1905, S. 1ff에 예거되어 있는 용례). 그러나 '아포이키아', '콜로니아'같은 희(希)·라(羅)의 고대식민지는 그 역사적 환경에서 이해해야 될 독특한 것임에도 불구하고, 근대식민지론에도 많이 적용되었다. 예컨대 — H. Merivale, *Lectures on Colonialism and Colonies*, ed. 1928, Intro. xii에 의하면 "본 강좌를 통해 식민지라는 용어는 그 오래고 또 정당한 의미에서 사용되며, 정식의 용어법에서 일반화한 용례 곧 모든 외국영토 — 지브랄터·말타같은 군주둔지, 세일론과 같이 정복민이 극히 약간 혼재하고 대부분 토착민이 사는 정복지역, 아프리카 연안의 유럽국가의 상관(商館)과 같은 통상관계의 상항(商港) 따위의 의미로 사용치는 아니한다. 식민지란 본국으로부터 내주(來住)한 자에 의하여 전적으로 혹은 주로 소유되어 있는 땅이라고 나는 이해한다." 같은 생각은 동시대의 일반 태도인지도 모른다. 참조 — Sir. C. B. Adderley, *Review of "The Colonial Policy of Lord J. Russel's Administration,"* by Earl Grey, 1853, 1869, pp. 12-30; J. E. Cairnes, *Political Essays*, 1875, pp. 4-5; E. G. Wakefield, *Art of Colonization*, 1849, ed. J. Collier, 1914, pp. 16ff. 그러나 식민지의 일반 용례가 어원적(語源的) 용례보다는 훨씬 넓어진 것은 메리베일, 애덜리의 말로써도 역으로 짐작이 되며, 또 적극적으로 비평·지적되는 바이다(S. H. Frankel, *The Economic Impact on Underdeveloped Societies*, 1953, pp. 4ff). 근대식민지는 본국과의 특정한 종속관계가 그 특징인 것은 여러 학자의 주목한 바였다. 가령, Paul S. Reinsch, *Conlonial Government*, 1916, p. 16에 의하면, "식민지란 국민국가(근대국가)의 원격한 소유지로서 그 행정은 국민영토의 정치(The Government of the National Territory 곧 본국정치)와 구별되며 동시에 종속되는 제도에 의하여 집행된다. 식민지의 주민은 본국 국민 및 그 후손일 수도 있고 혹은 주로 다른 인종일 수도 있으나 그러나 모든 경우에 있어서 식민지 정치는 본국에 대하여 어떤 식으로나 충성을 확실히 하지 않으면 아니된다." 이에 대하여 정치적 종속관계와 동시에 본국국민의 이주정착지라는 점을 내세우는데, 가령 — A. G. Keller, *Colonialism*, 1908, p. 2같은 예도 있는데, 이 모두가 본국국민의 이주정착지 아니면 종속관계에 있는 모든 영토를 가리키는 점에서 일치된다. 그러나 G. T. Raynal(*Histoire Philosophique et Politique des Établisments et du Commerce des Européens dans les deux Indes*, 1770), D. MacPherson(*The History of the*

이익을 위한 영유-Possession'의 관념 그리고 차별적인 정치·경제의 지배관계 설정[3]인데 이러한 식민지정책과 식민지경쟁을 위요하고 근대국가는 발전하여 나왔다.

European Commerce with India, 1812), W. Roscher(*Kolonien*, 1862), P. Leroy-Beaulieu(*De la Colonisation chez les Peuples Modernes*, 1874) 등등에서 보듯이 유럽의 동양무역과 관련하여 직접 영토가 아닌 주변지역이나 토번국(土藩國)·군후(君侯)관계도 식민활동에 관계되는 사항으로 취급되었는데 그것은 한편 동양무역의 성격상 그 무역대상지역 전체가 식민지 조성과 밀접히 관계되는 이유도 있겠으나 동시에 그것이 상리(商利)에 유조(有助)하고 국위·군사에 이바지하는 한 기회닿는대로 식민지화한 사실에 원인하고 또 나아가서 19세기에 이르르면, 소위 세력권·이익권·조계 등이 그 효과에 있어서 식민지 영토와 다름없거나 혹은 유사한 까닭이었다. 이 까닭에 학자에 따라서는 식민지의 분류에 있어서 이주식민지 혹은 경작식민지(colonies agricoles ordinaires ou de peuplement; Acckerbaukolonien, settlement colony, v. P. Leroy-Beaulieu, co. cit., 5ᵉ éd., T. II, pp. 565-565; W. Roseher u. R. Jannasch, *Kolonien, Kolonial Poltik u. Auswanderung*, 1885, S. 18-23; *Encyclopedia of the Social Sciences*, Vol. 3, p. 653), 개발식민지 혹은 농원(農園)식민지(colonies de plantations ou d'éxploitation; Pflanzungskolonien; Exploitation Colony, v. Leroy-Beauleiu, pp. 566-567; Roscher, S. 23-32; Encyclopedia, p. 653), 약탈식민지(Eroberungs Kolonien, v. Roscher, S. 3-9), 군사기지(Strategic Colonies or colonies de position, Militarkolonien, v. R. J. H. Church, *Modern Colonization*, 1951, Preface, ix; Roscher, S. 8ff)에 대하여 특히 상업식민지(Colonies ou Comptoires de Commerce; Handelskolonien, v. Leroy-Beauliue, pp. 564-565; Roscher, S. 10-18; D. F. Fabri, *Bedarf Deutschland der Colonien?*, 3. Aus., 1884, S. 35ff)라는 종별(種別)을 세웠다. 그러나 이 경우에도 세력권·이익권의 형성과 그 식민지적 효과를 목적으로 하는 정책의 성격은 여기에 포함되지 않는다. 지금 기존하는 식민지의 분류보다는 식민지를 추구하는 유럽국가의 근대적 특색 곧 역사적 특색을 감안하면서 그 주되는 경제·군사적 이익의 식민지적 획득과 유지를 목적으로 하는 정책의 성격을 식민주의(Colonialism)라고 한다며는, 설령 식민지화하거나 식민지의 구체적 형태가 아니라도 그런 정책이 남의 땅·남의 고장을 대상으로 하고 간접으로 유사한 효과를 거두려고 할 때에는 그것은 식민지정책이라고 아니할 수 없고 또 그런 의미에서 식민지없는 식민주의가 가능할 것이다. 내가 유럽근대국가의 식민지정책·식민주의적 성향이라는 것은 이러한 사태를 말한다.

3) 이러한 식민지의 면은 대영주의자 실리에서 가장 명석하다(J. R. Seely, *The Expansion of England*, 1883, ed. 1921, pp. 72-86, esp. 72, 73, 74, 75, 78, 81, 86).

1. 식민사적 소묘

　근대 식민지경영과 식민지적 동양무역은 특정한 유럽국가의 전통으로 내려온 감이 있다. 지금 유럽사회에 있어서 소위 '구식민제'Old Colonial System의 관념이 붕괴하여 나가던 1850년경의 현황을 관찰하건대, 식민지국가란 대체로 영英·불佛·화和·서西·포葡·정丁·서瑞·노露의 8개국으로서 이 중에서 러시아와 같이 아시아 대륙의 동방을 향하여 진출한 대륙국을 제외하면 그 나머지는 모두 '바다건너' 식민지를 보유하는 나라로서 대소지간大小之間에 또 모두 해운국의 성격을 지니고 있었다. 또 이 중에서도 16세기 이래 식민지 획득의 치열한 경쟁국은 ― 순서로 하여 ― 서西·포葡·화和·불佛·영英으로서, 또 취중就中 제1의 해운국인 영국이 동시에 제1의 식민지국가로 나타나 있었다. 따라서, 거의 무경쟁으로 아시아의 황막한 한랭지에 진출하는 러시아를 제외하면[4] 19세기 중엽까지의 식민지국가는 대체로 서북유럽 ― 곧

---

4) 러시아의 시베리아 진출은 문자 그대로의 무인지경(無人之境)을 간 것은 아니고 코삭크 기병을 선두로 하고 카산·아스트라한을 위시하여 시베리아의 타타르족을 격퇴함으로써 가능하였으며, 중앙아시아, 몽골, 우수리강변에 이르러 중국세력에 의하여 저지되었다. 이와 관련하여 흥미있는 사실은 시베리아 개척의 시작이 아니카 스트로고노프(Anika Strogonoff)라는 상인의 무역에서 출발한 것과 중앙아시아, 중국에 접촉함에 따라 그 중심은 무역이었다는 점인데, 이렇듯이 군사·무역이 병행하는 점은 다른 유럽 해운국가와 동일하였다(G. F. Muller and P. S. Pallas, *Conquest of Siberia*, transl. from the Russian, 2nd ed., 1843, esp. chapt. 1, 4, 6, 9, 10. Strogonoff에 대하여는 pp. 6ff). 근대식민지가 희(希)·라(羅)의 고대와 다른 점은 고대에 있어서 이주가 선행함에 대하여, 근대에 있어서는 재보(財寶)탐험·상로(商路)발견·신앙전도가 선행한 사실이며 또 서(西)·포(葡)의 초기후로는 주로 상대(商隊)가 그 앞장을 선 것인데 이 점이 중세 이탈리아의 도시식민과도 유사하거니와 19세기에 이르러 유행된 "국기는 상업을 뒤쫓아간다"는 식민주의 모토의 역사적 전통을 이루었다(J. Chailley-Bert, *Les Compagnies de Colonisation*, 1898, pp. 8, 11). 근대식민 초기의 이주정착은 그 후에 ― 다른 동기에 의하여 ― 따라왔다. 가령, 서(西)·포(葡)에 있어서는

앞서 이미 든바 있듯이 근대 이후 외국무역에 활동하는 – 서북 유럽의 해양세력이었다. 주지되듯이 중세까지의 유럽세계의 형성은 지중해의 세계이며 또 유럽세계의 형성은 지중해의 해상교통로가 있음으로써 용이하였다. 그러던 것이 15세기말 이후로는 그때까지 동방의 신흥 터어키 세력보다도 일층 철저한 자연의 장벽, 건널 수 없었던 무한한 대양이 별안간 사통팔달四通八達의 교통로로 등장하고 이에 따라 유럽세계의 중심은 정치지리적인 의미에서 서쪽으로 옮겨가고 서북유럽은 유럽의 주변아닌 중심으로 일변하게 되었다.[5] 서西 · 포葡 · 화和 · 영英 · 불佛의 3세기에 걸친 각축전은 기실 이러한 정치지리적 위치에 거하게 되는 열국의 쟁패전爭霸戰이라고도 여겨지는 면이 있었다. 그런데 이렇듯이 대양의 교통로를 타고 진출하던 서북유럽 국가의 추구하던 바는 그 근본이 재보財寶 · 상리商利에 있었으며 따라서 국가로서는 상리商利와 소득이라는 면에서 오래 식민지정책을 수행하였다. 이러한 상리商利 · 재욕財慾 중심적인 정책의 양식은 역사적으로 이탈리아의 베네치아(베니스) 등의 식민정책 및 중세 도시에 있어서의 성내와 그 주변 농촌과의 관계에 흡사한 바가 있

점거지의 주둔목적이 그랬고 따라서 본국 부녀의 대부족으로 혼혈종(混血種)층의 형성이 급속히 이룩되었으며 일방 북미주에 있어서는 그 이주가 본국 내의 종교 · 정치적 압박에서 유래하였던 사실은 너무나 유명하고 또 오래전부터 알려왔다. 이러한 견해의 일례로는 – Josiah Child, *A New Discourse of Trade*, 4th ed., p. 198. 그리고 유명한 Leyden Agreement, 1618; Mayflower Compact, 1620. 이에 대하여 Sir Humphrey, Sir Walter Raleigh 같은 정신(廷臣)이 시험한 제국적인 식민지건설은 쉽게 쇠퇴되었으며, 영국에 있어서 진실로 국가권력이 전폭적으로 식민지개발에 경주되게 된 것은 크롬웰시대 이후의 일이었다 – cf. A. D. Innes, *The Maritime and Colonial Expansion of England under the Stuarts(1603-1714)*, 1931, pp. 83ff, 127ff; *English Historical Documents*, Vol. 8, ed. by A. Browning, 1953, p. 524.

5) cf. Seeley, op. cit., pp. 91, 109, 102-103, esp. 104, 116.

제 4 절 식민지 국가

다[6]고 하니, 이 점으로 보면 근대 식민지제植民地制에는 중세 유럽의 유제遺制로서의 면을 지니고 있다고 할 수 있다. 더구나 근대 식민지정책은 일층 더 강력한 병력과 강요가 수반한다. 일찍이 솜바르트W. Sombart는 '약탈'Raub과 '강제무역'Zwanghande이란 말로서 식민지경영과 동양무역의 일면을 표현한 일이 있다.[7] 약탈의 전형적 예는 식민사 초기에 빈번한 아프리카 서해안의 노예잡이, 유명한 스페인 모험귀족들[8]의 페루·멕시코의 황금약탈, 영英·불佛·화和·포葡·서西 특히 영英·화和의 해적행위를 들 수 있으며, 강제무역은 인도·세이론·안남安南·남해제국南海諸國 등등에 있어서의 병력주둔·요새구축·토산물 매점가격의 강제설립·토산물의 강제수집·점령 등으로 나타나고 여기에 또 유명한 노예무역[9]이 첨가되어야 할 것이다. 따라서 근대 식민지사는

---

6) W. Sombart, *Der Moderne Kapitalismus*, Ausg. 1928, I-1, S. 432-433, 435-436, u. 437-438; J. A. Hobson, *The Evolution of Modern Capitalism*, rev. ed., pp. 10-11; Seeley, op. cit., p. 74; G. Schmoller, *Das Merkantilsystem in seiner historishcen Bdeutung*, 1884(*Umrisse und Untersuchungen*, 1898, S. 6ff).

7) Sombart, op. cit., 1-2, Kapt. 44, 45.

8) 서(西)·포(葡)의 식민지 개척자가 곧 모험가들이 전쟁분위기에서 자란 무사며 귀족들이었던 점은 매우 암시적이다(Merivale, op. cit., p. 46; Leroy-Beaulieu, op. cit., T. I, 5e éd., p. 4; cf. J. A. Schumpeter, *Zur Soziologie der Imperialismen*, 1919(*Aufsätze zur Soziologie*, 1953), Kapt. 4).

9) 노예무역은 회교지방에서 이미 성행하던 바였으며 아프리카에서 대상이 된 회교상인의 흑인노예의 수는 막대한 수에 다다른다는 말이 있다 (가령 처치는 근거는 모르겠으나 6백만의 인수(人數)를 추정하였으며, 아랍·유럽인의 아프리카 흑인노예 취급수는 최대 15,00만을 산(算)하였다 - R. J. H. Church, *Modern Civilization*, 1951, pp. 44ff, and esp. 45). 이 까닭에 식민을 취급하는 일반개론서에도 '노예'의 장별(章別)을 마련도 하거니와 (Zimmermann, op. cit., Kapt, 7; Schaelcher, *Esclavage et Conolisation*, 1948), 또 프랑스 대혁명 그리고 비엔나회의 전후로부터 시작하여 오래 유럽인의 죄악의식의 근원이 되었다. 그런가 하면, 한편 노예매매를 유럽인의 덕으로 간주하는 의견이 초기로부터 있기도 하였다(일례를 들건대 - *English Historical Documents*, Vol. 8, op. cit., pp. 573-574(*A Frenchman's Account of the Slave Trade*, 1682). 초기 동양무역의 위험과 군사력에 대하여는, 전인(前引) 샤이에 벨, pp. 11, p. 16-17.

강력强力에 필요한 유럽 군사력의 우세 그리고 대원정 선단에 동원되는 대자본력의 존재를 전제로 하고 이에 다시 '바다건너'의 식민지, '바다건너'의 무역이라는 점에서 해운력·해군력은 필수의 조건으로 간주되었다. 말하자면, 유럽 내의 패권이 육전陸戰에서 결정됨에 대하여 식민지 패권은 간단히 해전에서 결정되었다. 이것이 영국으로 하여금 최대의 식민지국가로서 남게 하였던 이유인 것은 이미 영국 사람이 깨닫고 있는 바와 같다. 이렇듯이 군사력과 상업자본이 국가력國家力을 매개하여 결합한 예는 동양세계에서는 대단히 드물었다. 15세기말 혹은 16세기초까지의 형편으로 보아도 중국 및 인도·남해(동남아) 일대의 국제무역을 오래 장악하고 있었던 회교 상인 소위 번상番商만 하더라도 그 활동은 이미 9세기 문헌에 기록되고,[10] 특히 12세기 조여괄趙汝括의 『제번지』諸蕃志 이후로 남해 일대의 번상番商 상황이 습견習見하는 바이로되 유럽의 동양무역에서 보는 바와 같은 강제무역·요새구축·병력주둔을 찾아 볼 길이 없으며 또 국가지원의 흔적을 탐색할 길이 없다. 오히려 중국과의 교섭에서 보듯이 유교권 전래의 조공형식을 이용하는 것이 보통인 듯하며, 심지어는 번상番商이 적賊에게 크게 초략抄略당하는 사건까지 기록되어 있다.[11] 유럽의 동양무역은 이와는 달라서 무역로·통상로

---

10) *Ancient Accounts of India and China by Two Mohammedan Travellers*, transl. from the Arabic by E. Renaudot, 1733, pp. 19, 21, 51-60.
11) 남해(南海)의 번상(蕃商)에 대하여는 남해관계 지지(地誌) 특히 『영외대답』(嶺外代答), 『제번지』(諸蕃誌), 마환(馬歡)의 『영해승람』(瀛海勝覽), 왕대연(汪大淵)의 『도이지략』(島夷志略), 비신(費信)의 『성사승람』(星槎勝覽), 황성증(黃省曾)의 『서양조공전록』(西洋朝貢典錄) 등에 비교적 많이 산견(散見)되는데, 특히 『영외대답』 제3권의 '항해외이'(航海外夷) 조(條)를 비롯하여 『제번지』·『영해승람』에 번상(蕃商)·회회(回回)가 습견(習見)하였다. cf. F. Hirth & W. W. Rokchill, *Chau Ju Kua: His Work on the Chinese and Arab Trade in the 12th and 13th Centuries*, entitled chufan chi, 1912, esp. their Introduction; W. P. Groenveldt, *Notes on the Malay Archipelago and Mallacca*, Compiled

의 독점을 꾀하여, 급기야 회교 상선(주로 아랍 · 이집트 · 페르시아)의 토멸討滅 및 회교 상인의 구축驅逐으로부터 시작하고 동남아 일대의 토착세력의 내분12을 틈타 그 무력을 배경으로 상권商權을 독점하였었다. 일찍이 18세기 유럽 계몽사상에 의하여 그 본질상 평화적이라던 통상 · 무역은 얄궂게도 지중해 연해무역 아닌 동양무역 · 아프리카 노예무역 그리고 신대륙무역은 그 시작부터 호전적이며 전투적인 것으로 나타났다.[13]

본래 유럽식민지 정책은 그 역사적 과정에서 관찰하면 대개 두 가지 방향을 취하였다. 곧 그 하나는 동양무역의 예에서 본보듯이 통상권의 장악의 방향이오, 그 둘은 소위 식민지 경영 특히 주로 농원경영Plantation이라는 것이었다.[14] 이 두 가지는 실제로

---

from Chinese Sources, 1876. 상원척장(桑原隲藏),『포수경(蒲壽庚)의 사적(事蹟)』(蒲壽庚の事蹟, 1939) 본론 제1 · 2 · 3의 각처. 풍승조(馮承鈞),『중국남양교통사』(中國南洋交通史, 1937)의 제3 · 4장. 중국과 교역하는 남해 제국(諸國)이나 번상(蕃商)이 조공의 형식을 이용하는 예는 정사 · 통고 · 속통고를 위시하여 앞에 든 각서에 자주 보이거니와 전인(前引) 서중(書中) 명대(유럽근대)에관하여는 특히『서양조공전록』(西洋朝貢典錄; 월아당(粵雅堂) 총서본(叢書本)) 남해 각국 말미에 대개 부기(附記)되어 있으며, 아랍관계는 - Col. H. Yule, *Cathay and the Way Thither*, new ed., by H. Cordier, 1915, Vol. 1, pp. 88-92. 번상(蕃商)이 적(賊)에게 초략(抄略) 당하는 사례는『성사승람교주』(星槎勝覽校注; 풍승조찬사지(馮承鈞撰史地) 소총서본(小叢書本)), pp. 18-19, 구항(舊港, Palembang) 조(條).

12) 동남아 토착왕국 내의 내분과 유럽 병력을 서로 이용하려던 것이 유럽세력이 침투하는 계기가 되었던 통킹과 안남(安南) 예로는 - H. Bernard, *Pour la Compréhension de L'Indochine et de l'Occident*, 1939, pp. 94-96. 특히 19세기 이후의 완조(阮條)와 프랑스의 예.

13) 솜바르트에 의하면 "식민사는 대부분 전쟁사"였다는 것이며(op. cit., I-1, S. 439), 실리에 의하면 "이 단계(크롬웰 전후)의 영국은 상업적이며 동시에 호전적인 것이 그 주되는 성격"인 것같다고 하고 또 "영국은 상업적이 되면 될수록 일층 더 호전적이 되었다." - Seeley, op. cit., pp. 127, 128.

14) 앞서 식민지 분류에서 언급했듯이 종류로 보면 식민은 군사 · 교통 · 이주 · 농원경영 · 상업 등의 여러 가지로 나누어 관찰할 수 있겠으나 그러나 그 주되는 것을 따지면 통상과 농원경영의 양자를 들지 않을 수 없다. 특히 농원경영을 의미하게 된 Plantation은 베이컨 시대

혼합되어 있는 경우가 허다하니, 예컨대 아메리카·서인도에서와 같이 농원경영과 무역독점이 서로 밀착되어 있던 사례, 또는 아프리카의 노예무역과 같이 신대륙의 노동력 수요 특히 식민지 농원노동력의 수요와 서로 연결되어 있던 사례가 그 우심尤甚한 것이 될 것이다. 그러나 이 두 가지는 제각기 제대로의 특색이 있어서 각기 본국이익에 이바지하였다. 먼저 통상권의 장악에 의한 상리商利 곧 유럽 상품의 시장화에 의한 경제소득이라는 점을 살피자면 – 그 전형적 예는 역시 동양 제국諸國에서 구할 수 있다. 18세기에 들어서기 전에 이미 영토화한 지역(Goa, Bombay, Calcuta, Malacca, Phillipine 등등) 및 소위 국제법상 피보호국화한 인도·세일론·남해의 여러 토번국土藩國은 차치且置하고 그밖에 동양 제국諸國과 유럽 식민지국가와의 통상은 거의 예외없이 불평등조약에 의하여 식민지통상에 가까운 양상을 노출하였었다. 동양 제국諸國과 체결된 불평등조약은 대개 동양 제국諸國의 패전 또는 유럽 제국諸國의 위협[15]에 의하여 강요된 것이려니와 그 핵

이래로 오래 식민의 뜻으로 쓰여왔다. 베이컨에 의하면 "나라를 심는 것(Planting)은 나무를 심는 것과 같다"고 설명하면서 '식민지'(Colonies) 건설의 뜻으로 사용하였는데 – F. Bacon, *Essays*, 1625, 33(of Plantations), 1606년 버지니아 특허장(First Charter of Virginia)을 참고하건대, "...... That We couchsafe unto them our Licence, to make Habitation, Plantation, and to deduce a Colony of sundry of our People into that part of America......"라 하였으니 이로써 보면 Habitation(거주)과 Plantation(식민건설)과 Colony(정주집단)가 구별되었던 것같다 – H. S. Commager, ed., *Documents of American History*, 4th ed., 1948, p. 8.

15) 올콕그 공사(公使)에 의하면, "우리 상업은 사활적인 욕구를 충족시킨다. ......아등(我等)은 계속하여 증대하는 욕구와 생산력에 부응하기 위하여 새롭고 끊임없이 확대하는 시장을 찾는데, 이러한 시장은 주로 원동(遠東)에 놓여있는 듯이 보인다. 아등(我等)의 제1보는 조약에 의하여 제공되는 시장에 접하는 것인데, 토착 정권은 협상을 개시할 의사가 없는지라 유일한 효과적인 수단은 곧 압박을 가함으로써 요구되는 무역에 필요한 모든 권리와 편의를 부여하는 뜻의 문서(조약)를 아등은 획득한다"– R. Alcock, *The Capital of the Tycoon*, Vol. 2, 1863, p. 320.

심은 (1) 개항 (2) 치외법권 (3) 협정관세 (4) 최혜국조항 (5) 연안 항해권 등에 존재하였다. 이 가운데 불평등무역에 직접 공헌한 협정관세Tarif exclusivement conditionnel를 들어 예하건대 - 이 협정관세 야말로 유럽상품의 시장지배를 용이하게 성취하는 방법으로 이용되었다. 가령, 투르크土耳其는 19세기 중간까지 종가從價 3%, 페르시아는 투르크멘차이조약Tourkmentchai, 1828에 의하여 5%,[16] 섬라暹羅는 1885년 조약에 의하여 수입세 종가 3%, 중국은 강녕江寧 조약(1842)에 따라 체결된 통상장정通商章程, 1843에 의하여 수출입 공히 거의 종량가 5%, 일본은 1858년 미일 통상조약에 의하여 수출세 종가 5%, 한제국韓帝國은 수출 종가 5%, 수입품 중의 중요 상품인 면제품 7.5%로 그 당시의 동양 제국諸國의 생산력이나 시장구조로 보아 이것은 유럽의 종속시장화한다는 것을 의미하였다. 또 한편 최혜국조항most favoured nations clause은 식민지국가의 상권옹호의 수단인 경우가 많았거니와 동시에 그 '수혜국 평등주의'[17] 라는 원칙아래 식민지국가 사이의 경제분규를 완화하여 한편으로는 열국간의 세력균형의 현상유지를 가능하게 하는 방법으로도 이용되었다. 이리하여 19세기 후반까지에 동양세계는 대부분 유럽세력의 공동시장으로 일변하였다.

일방 - 식민지경영 특히 식민지 농원경영은 신대륙 · 서인도 그리고 후에는 동남아에 있어서도 주되는 식민지사업으로 등장하였는데 이러한 농원경영은 여러 가지의 중대한 결과를 가져왔

---

16) B. Nolde, *La Clause de la Nation la plus Favorisée et les Tarifs Préférentiels, Recueil des Cours*, 1931-1932, pp. 15-16.
17) 수혜국 평등주의의 효과는 놀데가 지적하듯이 최혜국조약에 의하여 유럽의 대(對)동양관계에 있어서 그 불평등성을 나타내거니와(Nolde, *ibid*., pp. 55, 58), 이에 못지 않게 - 아니 이 최혜국 조항에 의한 대(對)아시아 · 아프리카 · 남미 지역의 공통 침투를 정책적으로 합리화하는 것은 다름 아닌 문호개방 · 기회균등의 사상과 정책이었다 - 滿鐵經濟調査會(編), 『機會均等主義關聯資料』 (1935).

다. 무릇 식민지 농원은 그 성질상 이에 종사하는 경영자 및 노무자가 모두 전래傳來의 생활환경과 이웃을 떠난 각종의 생활관습인生活慣習人의 인위적 취주聚住의 형식을 취하였으며 따라서 사회학적인 의미에서 무도덕·무질서의 생활환경을 갖게 되기 쉬운데 더구나 그 노무자의 보충을 토착민의 노예화 또는 흑인노예의 도입이라는 비인도적 방법에 의지하는 경우는 더구나 그러할 것이다. 그러나 국제정치의 입장에서 볼 때 문제되는 점은 다른 곳에 있다. 식민지 농원경제는 처음부터 본국 산업을 위하여 그 생산구조가 기형화될 뿐 아니라 생산도 소위 특산품(본국무역을 위한)에 집중하게 된다. 이러한 식민지 생산구조 곧 농작원료 및 식량 생산중심의 구조는 – 식민지적 통상정책에 따른 아시아지역의 농업지대화와 아울러 – 오래 식민지 지역을 대부분 농업국으로 남게 하였으며, 그것이 20세기초두 전후의 세계정치의 단계와 그 이후에 따라오는 국제정치의 성격을 결정하는 한 요인으로 작용하였다. 물론 역사적으로 관찰하면 이러한 식민지 경영은 한편 머컨틸리슴의 국부 관념과 또 한편 유럽의 세력균형 정책이 식민지에 미친 탓이라고 할 수 있다. 식민통치의 방식은 나라와 시대를 따라 서로 다른 바가 있고 극단으로 – 스페인식이라고 부르는 철저한 정부직할·정부직영의 방식과 또 이와는 반대라는 자치허용·신앙관용의 정책을 취하였던 영국식이라는 것의 비교도 가능하고 그리고 영英·불佛 등이 바야흐로 강대하여 갈 즈음에 스페인같은 노老식민지국 본국 무역이 쇠잔하여 식민지시장의 수요조차 공급못하고 급기야는 노예무역Assiento을 위시하여 식민지 시장이 외상外商에게 좌우되고, 게다가 유명한 밀무역密貿易이 관허官許 무역을 압도하는 것과 같은 각국 사정의 차이가 없는 바 아니다. 그러면서도 본국·식민지간의 무역독점과 이에 따른 식민지 생산구조의 조절 곧 중상주의 정책의 정신만은 어디서나 또 어느 때나 거의 동일하였던 것은 주지되어 있는 일이다. 이러한 식민지 통제는 메리베일Herman Merivale에 의하면 (1) 식민지 생산품의 본국 이외 수출제한 (2) 본국 이외로부터의 상품 수입제한 (3) 타국 및 타국 식민지 생산품의 수입제한 (4) 본국선적 선박의 식민지 운수독점 (5) 식민지 산업에 대한 제한 등이 식민지 국가정책 곧 구정책이 공통으로 가지고 있는 점[18]이라고 하는데 이것은 말을 바꾸면 식민지를 국가정책상 경제적 가치에서 보았다는 점에서 공통되었다는 것을 표현한데 불과하다. 유럽국가는 중세 이래 19세기 전반까지 거의 모두가 봉쇄적인 자족적 농업국가였으며 또 그 국제교역량의 큰 부분은 유럽 내륙의 무역이었다.[19] 그러나 유럽국가간의 촌분寸分을 다투는 치열한 경합상태는 조그마한 국부의 증진이 곧 한계효용의 효과를 가져왔으며 이런 의미에서 식민지무역은 그것이 이바지한 소위 본원적 축적[20]에서만 아니라 현실정치의 면에서 자주 주목되었다.[21] 이러한 '상리商利의 추구'는 식민지무역을 포함한 호혜통상협정 · 식민지 분할양도 · 무력발동 등을 수반하는데 이 까닭에 일찍이 실리Seeley는 식민지 영토, 특히 신대륙이 유럽 쟁패전의 내인內因으로 작용하였다고 하며 또 유럽 세력균형의 대상으로 식민지가 등장되었다고 평하였다.[22] 이것은 바꾸

---

18) Merivale, op. cit., p. 193.
19) Adam Smith, *The Wealth of Nations*, Mod. Lib. ed., p. 564.
20) 이 마르크스의 관념에 대하여는 – *Das Kapital*, herausgegeben von F. Engels, 10, Auf., 1922, Bd. I, S. 716ff.
21) 전절(前節)에서 이미 언급한 것과 같이 영국 중상파의 저술은 기실(其實) 국력비교론인 경우가 대부분이었다. 식민지 통상의 Marginal Value에 가까운 이론은 일찍이 레인슈가 지적한 일이 있다 – Reinsch, op. cit., pp. 62ff.
22) Seeley, op. cit., pp. 93, 108, 128-130.

어 말하면 곧 식민지와 식민지 경제가 유럽 국제정치 속에 완전히 용해되었다는 것을 의미한다. 이렇듯이 통상과 점령과 강제와 고리高利에 의하여 신대륙을 위시하여 동양의 여러 지역이 유럽정치 속에 휩쓸려 들어가고, 유럽 세력균형정책의 인자因子로서 취급되게 되면서 19세기의 후반을 맞이하였다.

2. 식민사적 소묘(속)

19세기의 중간은 유럽에 있어서 자유주의 경제론의 전성시대이며 또 그 이론이 많이 정책에 반영되었다고 믿어지고 있다. 그때까지의 식민지는 이른바 "거의 모두 무역차액(정책)la balanace du commerce의 소산이라"[23]고 여겨졌으며 '자유무역론' 이후는 그와는 도시 다른 것으로 생각되었다. 그러나 자유주의 경제론자의 이론이나 국가의 현실정책을 자세히 살펴볼 때 거기에는 과거에 질 바 없는 식민지주의가 노출되었음을 알 수 있다. 본래 헥셔 Eli F. Heckscher의 이른 바와 같이[24] 머컨틸리즘의 기본관념은 상공商工, Commerce[25] 특히 외국통상론에 있되 그 관념 속에는 '통상의 자유'라는 면이 깃들어 있었다. 그것은 현실 국제교역에 있어서 물론 그대로 반영될 수는 없을 것이나 그러나 적어도 관념으로는 그러한 면이 있었으며 또 이점이 자본주의 발달에 병행하는 시장확대에의 경제적 요청과 일치하였던 것으로 이해된다. 이러한 시장확대에의 요청은 근대국가에 있어서는 국민경제 곧 '국경'이라고 하는 정치적 요인에 규제된 단일 자유시장경제의 확

---

23) A. Blangui, *Précis Élementaire d'Économie Politique*, 1857, p. 62.
24) Eli F. Heckscher, *Mercantilism*, Rev. ed. by Söderland, transl. by M. Shapiro, 1955, Vol. II, pp. 274ff. cf. Davenant, *Balance of Trade*, 1699, pp. 209-210.
25) 본래 commerce라는 말은 상업·공업의 양자를 아울러 의미하였다 – J. U. Nef, War and Human Progress, 1952, p. 250.

대를 의미하는데 그 가운데 최대의 것이 바로 '식민지' 경영으로 나타났다. 그러나 이렇게 조성된 식민지 시장은 앞서 본 바와 같이 국민경제의 확대로는 의미가 컸으나 한편 국제상품이동이라는 면에서 볼 때에는 호혜조약・보호주의・무역금지 등에 의하여 각국이 각국대로 독립된 국제무역을 영위하였을 뿐으로 전체가 다각적으로 통합된 단일한 국제무역관계를 이룩할 수 없었으니, 따라서 국제상품 교환의 증가라는 점에서는 자본주의 생산발달에 못 미치는 바가 있었다. 자유무역론은 주지되듯이 이러한 상품의 국제교환 과정을 개선함으로써 다각적인 국제무역관계를 이룩하고 이에 따라 시장확대에의 요청을 충족시키려는 입장이었는데 그 속에는 제일 먼저 공업국으로 출현한 해양국과 또 시장확대에의 요구가 시급하였던 특정한 산업부분의 강력한 정책적 뒷받침이 있었던 것은 이미 전절前節에서 언급한 바와 같다. 따라서 자유주의 역시 경제이익・재욕財慾・상리商利를 주로 목적삼는 한에는 식민지를 우선 '시장'적 가치에서 보지 않을 수 없었다. 아담 스미스Adam Smith는 아다시피 식민지의 실비失費와 국방부담을 들어 식민지정책에 의문을 표시하고 그리고 식민지의 보유는 아마 나라의 위신과 정치가의 이권의식에서 유지될 것이라는 정도로 긍정한 사람이로되 한편 또 "식민지 무역이 시장을 개척하는 것은 유럽의 원료재材가 아니라 공업제품"이라고 논함으로써 판매시장으로서의 가치를 지적하였다.[26] 하기는 식민지 곧 판매시장론은 이에 앞서 16세기 말경(1583) 이미 펙컴G. Peckham이 말한 바 있었던 일이다.[27] 이러한 식민지의 시장가치는 반反보

---

[26] A. Smith, op. cit., pp. 535, esp. 559-560, 574-575, 579-580. 스미스는 유럽의 어느 일국(一國)의 '식민지'에 대하여는 회의적인 면도 있었으나 유럽전체의 입장에서는 그 경제적 이익을 주장하였다.

[27] *Tudor Economic Documents*, ed. by R. H. Tawney & Power, 1924, Vol. III, p. 258.

호주의·반反중상주의의 자유무역론자에 있어서도 변함이 있을 리가 없다. 자유무역론의 전성기인 19세기 중엽(1846) 영국 『식민지관보』(Colonial Gazette, 12월 12일자)에 실린 바에 의하면 "오등吾等의 식민지는 실제상 국내시장의 연장일 뿐이며 남나라의 식민지란 그 나라 국내시장의 연장일 뿐. 국내(자국) 시장이야말로 외국시장보다는 항상 활기있고 안전하고 또 이익이 높은 곳"이라는 것이며, 이것이 또 당시 통용되던 견해로서 이 까닭에 이 글을 이끄른 메리베일Herman Merivale도 – 설령 국제자유경쟁이 실시되는 마당에 있어서라도 "국민 풍상風尙과 관습의 지속으로 인하여 본국은 그 식민지 시장에서 오래 유리한 위치를 유지한 것은 아마 진실"일 것이라고 인정하였다.[28] 더욱이 정치 및 정책의 현실은 – 국방부담·재정부담을 들어 식민지 무용無用·'백인부담'을 일시 주장하던 의견[29]과는 반대로 – 과감한 식민지주의로 매진하였다. 자유무역론이 의회에서 문제되는 1820년대에 온 인도는 공식으로 영령英領에 편입되고, 자유무역론이 전성기에 들어가는 1840년대에 한편 아편전쟁을 계기로 하여 영국은 중국을 강제로 개국케 하고 홍콩을 조차라는 명목으로 사실상 영유화하였고 또 다른 편으로는 호주·신서란新西蘭(뉴질랜드) 점령을 끝마치었다. 프랑스의 예로 보건데, 30년대에 알제

---

28) Merivale, op. cit., p. 190.
29) 19세기 중엽, 영국의 자유경제이론은 주로 국방·재정부담을 이유로 식민지 포기론을 주장한 일이 있는데 R. Cobden, J. Bright는 말할 것도 없고, 학자도 가담하고(일례를 들면 J. E. Cairnes, op. cit., pp. 40ff), 또 식민지 개혁에도 이 문제가 항상 고려되었다(일례는 호주위원회 보고서 A. B. Keith, ed., *Selected Speeches and Documents on British Colonial Policy 1763-1917*, Vol. I, pp. 198, 206). '백인 부담'(Whiteman's Burden)이라는 키플링(R. Kipling)의 시구(詩句)는 – 문명의 전파라는 숭고한 사명 때문에 괴로움과 손실에도 불구하고 식민지 통치를 맡아한다는 야릇한 식민관의 모토가 되었는데 이러한 분위기를 밑받침하는 시대환경에 대하여는 – P. T. Moon, *Imperial and World Politics*, 1926, chpt. 3.

리Algérie, 60년대에는 인도·차이나, 캄보디아가 식민지화하고 말며 또 일시 잠간 자유무역론에 솔깃하였던 러시아에서 보면 이 시기에 거의 아무 장해도 없이 중앙아시아, 아물지방, 연해주를 병합하였다. 말하자면, 정책의 현실과 자유무역론의 효과로 관찰컨대 19세기 중엽은 경제적 이익의 추구가 때로는 자유경쟁 또 때로는 정치·군사의 합력에 의한 강제시장화가 병행되고 또 겸용된 때로 인정된다. 그리고 그 핵심은 - 적어도 주되는 목적은 고리高利·재욕財慾·경제이익에 있었다. 가령, 신대륙 개발에 소요되던 방대한 노동력도 기왕에는 흑인 노예무역에 크게 의존하던 것을 영국은 19세기의 10년대에 이미 그 폐지를 주장하고 또 남에 앞서 실천하기 시작하였는데 그것은 단순한 도덕론이 대세를 움직인 것이 아니라 그 비용·반란·위험부담에 있어서 당시 국제자유시장에 풍부히 제공되는 노동자의 떼 곧 유럽의 노동자·형역자形役者, 중국·인도 등의 노동자[30]가 흑인노예보다 임금과 부담이 덜 먹힌다는 매우 경제적인 이유였

---

30) 영국의 식민지정책이 미국의 독립 후로는 일변하여 중앙집권제·관료주의의 나왔는데(Wakefield, op. cit., Letters, 35, 36; Cairnes, op. cit., pp. 21ff), 그것이 식민지 발달을 조애(阻礙)하였을 뿐 아니라 소위 식민지 노동력의 부족을 보충하고 본국 환경의 정화를 돕는 정책에서 형역자(形役者)를 식민지 특히 서인도·호주·신서란(新西蘭)에 이송·정주케 하였다. 이 정책은 곧 식민지 환경의 악화, 식민지 열시(劣視)를 가져왔는데 또 이 즈음 영령(英領)의 식민지 각지에서 분란이 잦고(C. H. Currey, British Colonial Policy 1783-1915, 1916, ch. 1, 2), 이에 대한 문제가 본국에서 정치화하였다(Wakefield, ibid., pp. 6-7 & Letters 21, 22). 이에 대한 반동과 동시에 식민지 출비(出費)의 자족자급 및 식민지 개혁운동이 일어났는데(ibid., Letter 9), 이러한 운동의 근저에는 식민지의 재정·경제부담 문제 및 노동력 공급문제가 놓여 있었다(ibid., Letters 15, 16, 27). 여하간에 형역자(形役者)가 식민지의 노동력 보충으로 이송된 면이 있는 것만은 틀림없다. 또 국제적인 염가 노동력 곧 '고력(苦力)' 노동력은 - 주지되듯이 노예노동력을 대신하는 구실을 하게 되며 이것이 식민지 정책론에서 주의를 끌었다 - Zimmermann, op. cit., Kapt. 8.

다는 것은 앞서 이끄른 메리베일이 이미 지적한 바이다.[31] 이와 같이 자유경쟁에 따른 코스트 경쟁 그리고 이와 관련된 생산경쟁·시장개척 경쟁이 문제였을지언정 그것은 절대로 식민지의 무조건 포기가 될 리 없었으며, 자유무역론 역시 식민지의 보유를 전제한 편이 보통이었다. 예컨대 당시 자유주의 사상의 유력한 대변자 노릇을 담당하였던 밀J. S. Mill을 든다. 1846년 초판을 간행한 『경제원론』 Principles of Political Economy의 마지막 장章에는 '식민'Colonization이라는 일절一節이 있거니와 이에는 자유주의 아래서도 식민지는 국가통치에 직속하여야 된다는 이유와 더불어 "세계의 현상태現狀態에 있어서는 식민이야말로 노부국老富國의 자본이 투입될 수 있는 제일의 사업"이라고 공언되고, 이어서 과잉 인구에 허덕이는 영국은 모름지기 자급적 방식(Self-supporting system, 소위 웨이크필드Wakefield식 같은 방식)에 의한 식민지 보유에 힘쓸 것을 명백히 하였다.[32] 밀은 일찍이 동인도회사에 근무하여 인도 식민지 사정에 밝았던 사람이며 식민지 행정의 모순을 많이 지적한 사람이었다. 그랬건만 1861년 초판의 『대의부론』 Consideration on Representative Government의 역시 종장終章인 식민지론에 의하면 — 식민지는 (1) 본국민족으로 구성된 식민지(곧 당시로는 백인으로 구성된 식민지) (2) 기타민족으로 구성된 식민지(곧 비非백인으로 흑黑·황인종으로 구성된 식민지)의 둘로 구분되거니와 (1)은 원칙으로 자치가 허용되어야 하며 나아가서 독립도 허락될 것이나 다만 독립된 경우 그것이 다시 열강의 분규 대상이 될 위험이 있는 고로 종속국의 지위로 유지될 것이나 (2)에 이르러는 그 민도民度로 보아 오히려 전제정치가 타당할 것

---

31) Merivale, op. cit., p. 303. 물론 그렇다고 하여 W. Wilberforce 같은 사람의 노예폐지 운동의 도덕적 가치가 저감될 것은 아니리라.
32) J. S. Mill, *Principles of Political Economy*, ed., Ashley, 1923, pp. 965, 970ff. 인용은 p. 971.

이며 토착 군주의 선정이 반드시 기대되기 어렵다면 차라리 문명국민(곧 백인) 아래 식민지로 있는 것이 가可할 것이라는 견해를 토로하였다.[33] 또 하나의 예를 프랑스의 후기 자유경제학파이며 파리대학 교수였던 르롸 볼리에Paul Leroy Beaulieu로서 든다. 그는 프랑스의 이른바 '동화정책'Assimiliation[34]의 신봉자이며 또 식민지주의자로서 설령 보호정책에는 반대는 입장을 취하였으나 '식민지'는 프랑스의 생사에 관한 중요문제라고 판단하였다. 그에 의하면 식민지 팽창이란 한 국민의 왕성한 생명력의 표현이며, "세계 혹은 한 개의 넓다란 지역을 그 국민의 언어·습관·사상 및 법률에 따르게 하는 것"이요, 이런 의미에서 토민적土民的 요소와 유럽적 요소의 혼합(식민지경영에 의한)이야 말로 긴요하고도 유일한 조화의 방식이라고 여겨졌다. 그리고 또 식민지의 효용은 결국 주로 본국통상과 이주민Colons의 번영에 있되, 중요한 것은 곧 – "식민지경영의 진정한 힘줄은 출이민出移民보다도 오히려 자본(수출)에 있다"는 것이었다.[35] 말하자면 식민지란 본국 과잉자본[36] 및 과잉인구의 배설지이며 본국통상의 이익이 유지되어야 되는데 그러려면 동화정책이 가장 좋다고 비꼬아 생각

---

33) Everyman's Library, ed., pp. 515ff.
34) H. Deschamps, *Méthodes et Doctrines Coloniales de la France*, 1953, pp. 88 seq. et 142 seqq.: S. H. Roberts, *History of French Colonial Policy(1870-1925)*, 1929, Vol. I, pp. 68ff & 100ff.
35) Deschamps, op. cit., pp. 125 seq.; Leroy-Beaulieu, op. cit., Tome, I (préface de la deuxieme édition), XVII-XX. 또 그의 식민주의의 결론이라고도 할 수 있는 '식민지 철학'이라는 것을 참고하면 – 세계는 (1) 유럽문명지역 (2) 동양문명(중국·일본 등) (3) 아(亞)문명의 불안정 지역(인도·자바·코친차이나 등) (4) 미개야만지로 구별되는데 적어도 (3), (4)는 유럽의 지배와 보호를 받아야 되며, 이것은 바로 문명인(유럽인)의 '간섭의 권리'(de droit à une intervention)라고 불렀다. 왜냐하면 (3), (4)급에 있어서 자연적으로 문명화 한다는 것은 기대되지 못하므로 따라서 문명인의 '교육'과 '보호'가 있어야 된다는 것이었다. Tome II, pp. 706 et seq. 이런 점은 묘하게 J. S. 밀에 통한다.
36) ibid., T. II, 2ᵉ pt., liv. 1, chapt, 2

할 수도 있으리라. 이렇듯이 식민지에 대한 통상제한을 열렬히 반대하던 자유경제론자는 기실 그 본질에 있어서 식민지주의에 입각하고 있는 면이 있었으며 식민지 무용론도 그 논거가 타산과 경제적 득실에 있었으며 그나마 결과로보면 캐나다 · 호주 · 뉴질랜드 같은 백인의 정주식민지(협의의 식민지)만을 대상으로 한 것과도 같았다.

그런데 19세기 중엽 자유무역론이 시론時論을 지배하던 당시로부터 식민지의 경제적 이익에 대한 중대한 변화가 일어났다. 그때까지의 식민지는 대체로 상리商利 특히 무역이익을 중심으로 하였던 것은 앞서 여러 차례 논급한 바인데 자유무역론 이후로는 이러한 무역이익론은 자본수출 · 출이민出移民의 절호한 대상지라는 의미에서 논의되게 되었다. 앞서 이끄른 메리베일, 밀, 루롸 볼리에 등에 있어서도 한결같이 출이민出移民과 자본수출이 논의되거니와 고전경제학의 후미後尾인 캐언스J. E. Cairnes에 의하면 "통상독점이 오래 우리 식민제국植民帝國을 건설 · 유지한 분들의 주목적"이었거니와 이렇듯이 "식민지를 종속화한 상업상 이유는 재정이유와 같이 이미 사라지고 말았다"는 것이며, 이에 대신하여 "식민경영의 기본적 이유와 정당성은 인구와 자본의 법칙에서 찾아야 될 것"이고 "그 주목적은 과잉인구와 노老(대)국(과잉) 자본의 출구를 마련"하는데 있다고 해석되었다.[37] 원래 출이민出移民과 자본이동은 − 메리베일, 클래펌J. H. Clapham 등이 지적한 바[38]와 같이 − 초기에는 병행하였으며 또 그러한 병행 사실이 주목을 끌었다. 지금 당시 곧 자유무역론이 세론을 지배하던 1840년대에서 1870년대까지의 실재를 관찰하면, 영제국에

---

37) Cairnes, op. cit., pp. 8, 30, 33, 43.
38) Merivale, op. cit., Lecture VI; J. H. Clapham, *An Economic History of Modern Britain, Free Trade and Steel 1850-1886*, 1932, pp. 234ff.

서 나간 출이민出移民의 수는 1840년에 약 9만이었던 것이 1850년은 28만, 1852년은 36만 8천, 1860년 12만 8천, 1870년 20만, 1875년에는 14만이였으며 이에 대하여 외국 여신與信의 누계는 (영국), 1836-1840년간 1억 6천만 방대磅臺, 1841-1845년간 1억 9천만 방대, 1851-1855년간 2억 6천만 방대, 1861-1865년간 5억 방대, 1866-1870년간 약 7억 방대, 1871-1875년간은 무려 10억 방대로 증가한다. 한편 이 연간의 수출입 상황을 살펴보면, 총무역량의 수지는 1841-1845년간이 겨우 60만 방磅 출초出超하였으나 그후 10년은 계속 입초入超하였고, 1856-1860년간이 약 천만 방의 출초, 1861-1865년간 및 1871-1875년간은 각각 60만 방대 및 2,300만 방대의 출초[39]로서 - 이 자그마한 사례로도 왜 자유경제론자들이 무역이익보다 자본수출·출이민出移民을 더 중요시하였나 하는 이유를 짐작할 수 있다. 1875년 이후 1909년까지 영제국의 해외투자 연이윤 수입은 대체로 신규 자본수출액에 비등한 정도였으며 제1차 대전 발발직전의 영英 해외투자액은 대략 37억 방磅에 다달랐고 20세기초(1900-1904)의 계산으로는 국내투자의 이윤율 3.18%에 대하여 식민지 투자이윤은 3.33%, 해외투자는 5.39%에 해당하였다고 한다. 프랑스 역시 1850년 이후는 국제적인 자본수출국으로 등장하였으니 곧 1880년 그 해외투자액은 대략 150억 프랑, 1914년까지는 이 3배의 액으로 추산되었다.[40] 19세기 중엽 전후로부터의 자본·노동력의 국제이동은 - 미美캘리포니아, 호주의 금광 붐에 의한 국제통화의 소통과 더불어 - 중대한 사건이 아닐 수 없었다. 자본이동이 자본과잉 지역인 영英·불佛 등의 유럽국가로부터 같은 유럽의 자본

---

39) *English Historical Documents*, Vol. XII, ed. 1956, pp. 204, 227.
40) A. Ashworth, *A Short History of the International Economy 1850-1950*, 1952, pp. 171ff.

부족 지대帶・각국의 영유 식민지(제국 영토내)에, 그리고 다시 아시아 지역으로 확대되는 한편 또 인구이동은 주로 노동력 부족 지역 곧 아메리카 대륙・남태평양 영령英領 및 말레이시아・자바, 태국 등의 동남아로 실시되었는데 출이민국出移民國은 대체로 유럽의 영국(특히 아일랜드)・불佛・이伊・독獨・오홍墺洪・락諾・단서瑞西 그리고 아시아의 중中・인印・일日 등이었다. 그런데 이러한 자본과 인구의 이동은 교역과 같은 상품의 이동과는 또 다른 결과를 가져왔다. 대저 자본수출은 그것이 출이민出移民의 휴대자금이든 철도자본 또는 대부자본(차관)이든 대개 장기적인 것이 보통이오 따라서 투자자본의 장기적 안전의 보장이야말로 투자국의 중요한 관심사가 아닐 수 없었다. 이 까닭으로 초기 자본수출은 인정풍속人情風俗이 같고 경제 및 정치사정에 익숙한 유럽지역에 투자대상지를 구하는 경향이 있었으나 곧 그보다도 이윤이 높은 식민지 또는 자치령(영국)에 대한 투자로 확대되었으며 또 다시 이윤추구의 원칙에 따라 아시아 지역에까지 넓혀져 갔다. 이러한 투자지역에 대하여는 - 본국통치에 직속하여 있는 직속식민지는 말할 것도 없고 - 대체로 특정한 조처를 취함으로써 특수관계를 맺었다. 예컨대, 민족・문물이 대략 동계同系인 소위 자치령과의 관계를 보면, 1897년・1902년・1907년 및 1911년의 '식민지회의'Colonial Conference 또는 '제국회의'Imperial Conference 를 통하여 (1) 이민에 대하여는 유색인종 입이민入移民을 제한하고, 귀화 기준을 통일하여 영국민英國民에 우선권을 부여하고 (2) 회사・특허・상표 등의 상법 및 세제・선적 등을 통일하여 영령英領 내의 소위 법규통일을 협의 하고 (3) 나아가서 특혜관세特惠關稅에 합의함으로써 사실상 영령英領내의 상권商權 투자이민을

제 4 절 식민지 국가　　　　　　　　　　　　　　229

보호하고 밖에 대하여 대영주의大英主義의 실實을 내세웠다.⁴¹ 말하자면 자유무역론이 적어도 외면상 대영제국의 통상상의 개방을 의미한데 비하여 자본수출과 이민관계는 점차로 대영제국을 폐쇄하는 방향을 취하였다. 영영英領의 확대와 '제국帝國의 단결' – 이것이 이른바 영국의 제국주의Imperialism가 표방한 점이었다.⁴² 식민지의 소유를 전제로 하는 제국의 형성 – 식민지 영토의 획득에 따른 국위의 앙양과 세력의 균형은 고려에 넣지 않고라도 자본수출의 대상만으로도 식민지의 안전을 선택하는 경향이 있었거니와 더욱이 1880년대에 들어와 자유무역정책이 국제적으

---

41) A. B. Keith, *Responsible Government in the Dominions*, 1912, Vol. III, pp. 1101, 1470ff., 1482, 1490, 1530ff. & chapt., VI, pt. I. 이민에 대하여는 – cf. A. M. MacLean, *Modern Immigration*, 1925, pt. II.

42) v. A. B. Keith, *Documents on Colonial Policy*, op. cit., Vol. II, ch. 9 (the Unity of the Empire) 한편 제국주의의 역사적 용어례(用語例)는 주지되듯이 영국에서 출발하거니와 그 근본은 대영주의(Greater Britain)를 표방하는 영국의 영토적 팽창주의였다(G. W. F. Hallgarten, *Imperialismus vor 1914*, 1951, Bd. 1, S. 15ff; W. L. Langer, *The Diplomacy of Imperialism*, 2nd ed., 1951, pp. 70ff. "Greater Britain, 1870"으로 유명하여진 딜크의 '대영제국의 제문제'(C. W. Dilke, *Problems of Greater Britain*, 4th ed., 1890, Introduction, Seeley, op. cit.), 그리고 이 '제국주의'라는 대영주의의 모토를 가지고 선거에 승리하여 정권을 장악한 디스렐리(B. Disraeli)의 수상취임 후의 외교정책 – 소위 '대영주의 외교'(Imperial Foreign Policy)에 보듯이 '대영주의'는 단순히 영토팽창이나 제국판도의 옹호만이 아니라 더 적극적으로 제국권익의 적극적 앙양으로서, 중근동(이집트, 중앙아시아 등)·중국 등에서 정치·경제권익을 적극적으로 신장하였는데, 그 스스로도 – 일본을 꼬여서 중국에 공동으로 압력을 가하려 할 때에는 – "일찍이 있어 본 적이 없는 외교적 한 발을 내놓았다"고 자부하였으며 (W. F. Monypenny & G. E. Buckle, *The Life of Benjamin Disraeli*, 1929, Vol. II, pt. V, chapt. 11, 12, 인용은 p. 778), 이러한 정책을 다시 일층 확대하고 명백히 하여 제국의 단결, 영토의 팽창, 권익의 확대에 매진한 것인 J. 챔벌린(Chambelain)인 것은 모두 아는 바이다. 그런데 영국이 머컨틸리즘 이래로 권익 중에도 경제권익, 이익 중에도 경제이익을 제일 중요시하며 또 선진 자본국으로서 당시 제일의 자본수출국이었던 것은 주지되어 있는데 이 점에서 볼 때에 대영주의의 모든 외교와 팽창을 경제적인 면에서 집약해서 생각할 수 있으며 이것이 또 마르크스류의 '제국주의' 용어법과 서로 연결되는 점이라고 여겨진다.

로 붕괴됨에 따라 공업·산업국으로서의 수입확보(원재료·식량 등), 판매시장의 독점, 자본수출의 안전율로 보아 식민지 영토에의 희구希求가 급작히 상승하고 이에 부응하여 식민지 제국열帝國熱이 드높아졌다. 이 대표적인 예가 1880년대로부터 활발하였던 소위 아프리카 분할이었던 것은 이미 주지되어 있으며 또 이 연고로 이 시기를 제국주의 시대라고 칭한다(권말부록 참조). 그런데 유럽 근대국가의 통상·자본수출의 정책은 반드시 식민지의 조성 후에 오는 것은 아니었다. 역사의 실재로 관찰하면 좁은 의미의 식민지가 먼저 있는 연후에 경제정책이 수반하는 경우 곧 식민지가 선행하는 수도 있거니와 또 반대로 경제정책의 실시로 말미암아 식민지 또는 식민지적 환경이 조성되는 수도 많다. 아니 오히려 상품이 국기國旗에 선행하는 수가 많았다. 아시아의 예는 많이 여기에 속하거니와 그것이 일국의 식민지화와 다른 점은 구미열강의 공동 대상지가 되었다[43]는 것이오, 그러면서도 반식민지 혹은 식민지 대상이 되었다는 것은 그것이 사실상 식민지의 효용을 가져오는 특권(법적), 이권(경제적), 고이윤, 안전보장 등이 확보되고 심지어는 영토 분할에 방불한 이익권Sphere of Interest·영향권Sphere of Influence 등이 설치되는 점에 있었다. 이러한 지역에 대한 제일의 단계는 대개 앞서 든 바 있듯이 불평등조약에 의한 통상과 개항이거니와 이에 뒤따라오는 상품·자본의 이동(특히 철도·통신자본·대부자본·개발자본 등)에 이어 거의 예외없이 재정간섭財政干涉의 길이 마련되었다. 지금 중국의 예로 보건대, 1842년 남경조약 이래 1911년 신해혁명까지의 중요조약·통상협정의 50여 조약문을 조사하면 그것에 불평등 관세협정·상부商埠개설·최혜국조항·내하內河 항해

---

43) 이것이 앞서(주39) 잠간 든 바 기회균등·문호개방의 원칙이 역사적으로 해당되었던 것은 말할 것도 없다.

권·연해 무역권·상공업 투자권 등이 포함되지 않는 일이 거의 없으며, 상해上海같은 대항구에는 1854년 이미 영英·미美·불佛의 3국 '관세관리위원회'Board of Inspectors가 설치되어 중국과 공동관리에 임하였거니와 다시 1858년에는 중영통상장정中英通商章程의 제10조가 원용됨으로써 중국의 세관은 사실상 영국의 간섭 아래로 들어갔다. 뿐만 아니라 청말 철도부설권을 중심하여 각국이 중국 각지의 세력권을 부식한 것은 유명한 일이니, 곧 러시아의 북만北滿, 일본의 남만南滿, 영국의 장강유역, 프랑스의 운남雲南, 광서廣西, 독일의 산동山東 등이 모두 특수권익지로 알려진 바와 같다.[44] 대부자본국으로서의 유럽이 채권국으로 재정관리에

---

44) 조약의 조사는 - 于能模·黃月波·鮑鼇人(等編), 『中外條約彙編』 (1933) 중, 대(對)영국·미국·프랑스·일본·러시아·독일·스페인·이탈리아·스웨덴·노르웨이·네덜란드·덴마크·포르투갈·오스트리아·멕시코·브라질의 강화조약·수호조약·통상조약·국경조약·관세협정을 포함한 것인데 어떤 종류든간에 유럽측에 유리한 불평등한 권익양보 및 통상이익 규정이 거의 없는 것이 없음에 놀랠 수밖에 없다. 이 점은 구한말의 우리도 더하다면 더한 편이었으니, 『한중육상통상장정』(韓中陸上通商章程) 등은 형식적인 주권조차 인정하지 않았던 까닭이다. cf. R. Gilbert, *The Unequal Treaties: China and the Foreigner*, 1929, Introduction, chpt. 4, 5. 英修道著, 『中華民國に於ける列國條約權益』(1939) 및 孫中山, 『三民主義』 중 민권주의 제2강 이하 (廣益書局 全書本 第1卷 p. 16이하). 해관 관리는 중국반식민화의 또 하나의 뚜렷한 증거였는데, 이 창설은 당초 태평천국난시 상해포기의 혼란을 틈타서 발생된 것이라고 하지만, 1854년 협정으로 보면 - 공동관리(영국·미국·프랑스)의 제일의 목적은 중국 관리(官吏)의 무식 등으로 조약·해관규칙의 준수가 여의롭지 않은 것을 구제하려는데 있다고 하니(제1항), 유럽국의 판단에 따라 자의로 간섭하면 면목이 - 비록 표면으로는 영조계(英租界)에 피난 중인 도대(道臺)와의 협정이라고 하지만 - 약여하다(H. B. Morse, *The Trade and Administration of the Chinese Empire*, chpt. XII, esp. pp. 353ff. W. W. Willoughby, Foreign Rights and Interests in China, Rev. ed., 1927, Vol. II, pp. 769 ff. 상인(上引) 英修道 제2장 제6절. 세력권 형성에 관계된 권익문제에는 방대한 문헌이 있으나, 그 대체는 상인(上引) W. W. Willoughby의 양책(兩冊), 특히 제1권 제6장 '세력권'에 개관되어 있는데, 묘하게도 이 책은 일·러 양국권익에만 자세하다(제7장 이하). cf. A. J. Sargent, *Anglo-Chinese Commerce and Diplomacy*, 1907, chpt. 8, 9, 10. 중국의 식민지화와 관계가 깊은 치외법권에

임하였다가 마침내는 병탄併呑한 예는 허다하거니와 그 중에서도 중근동의 튜니스, 이집트의 예는 유명하다. 터어키는 노토전쟁露土戰爭의 여화餘禍로 재정파산에 이르러 무하렘Mouharrem 월법月法,(1881)으로 채권국인 영英·화和·불佛·독獨·이伊·오홍墺洪 등의 채무관리위의 재정관리를 받음으로써 – 한편 재정권을 상실하고 또 한편 이 위원회의 관여를 통하여 바그다드철도 부설권, 시리아 철도권, 연초전매권 등이 독獨·불佛 등에 양여讓與 되고 또 이 위원회에 의하여 유럽 열국列國의 권익이 대행도 되었으니,[45] 투르크土耳其제국의 자주권이란 그 무엇이냐 하는 비통을 맛보게 되었었다.

무릇 유럽의 식민지건설은 그 동기로 보아 황금·상리商利·재욕財慾 외에 종교·정치피난, 전도 등의 여러 가지가 있었고, 또 식민지의 형태도 상항商港, Emporia, 군사기지, 기항지, 경작 및 농원경영지Plantation, 정복지, 합병지 등 여러 가지가 있었으나, 지금 국제정치의 입장에 서서 구미 등의 식민지정책사를 살피건대 그 줄거리되는 대목적은 거의 예외없이 경제이익에 있었으며, 설령 그것이 식민지에 대한 이민정책인 경우에도 그것은 본국경제 사정에 감안하여 고려되었다. 그 나머지의 군사기지·기항지 등에 이르르면 이들은 대개 교통상의 거점 또는 전략상의 필요로 획득된 것이 보통이었다. 그러면서도 근대국가의 경제이익은 단순한 경제이익이 아니라 어디까지나 '국부'에 관련된, 또 따라서 부국강병과 관련된, 특수한 경제이익이며 이 까닭에 경제이익은 군사이익에 저초底礎되어 있고 군사주의는 경

   대하여는 – Wesley R. Fishel, *The End of Extraterritoriality in China*, 1952; G. W. Keeton, *The Development of Extraterritoriality in China*, 2 vols. 및 상인 (上引) 英修道 제6, 7장.
45) D. C. Blaisdell, *European Financial Control in the Ottoman Empire*, 1929, chpt. 1, 4, 5, 6, 7.

제주의에 서로 밀착되어 양자가 얼키고 설키어 결국은 정치·군사·경제의 3면을 지닌 국가경제적인 이익으로 나타난다. 이것이 바로 식민지 팽창과 구미歐美·일日 등의 군사주의가 역사적으로 일치하는 연고였다. 르네상스기에 이베리아 반도에서 회교도를 완전히 소탕한 서西·포葡 양국이 그 군사력의 여세를 직접·간접으로 신대륙 개척에 활용한 것은 이미 앞서 언급한 바 있다. 화和·영英·불佛의 식민지 무역의 개척기가 모두 군사적인 상승기였던 것은 쉽게 알 수 있는 일이었으니, 곧 － 저지국低地國에서 보면 오랜 무력적 독립운동기와 그 여세를 몰아 동양무역의 패권을 한 때 장악하였었으며, 영국은 무적함대 전승이후 융성하여가는 해군력과 더불어 식민지무역이 확대되거니와 특히 크롬웰 군사혁명기에 있어서 식민지 전쟁의 계기가 마련되는 것이거나 또 프랑스의 식민지 개발은 루이 13·14세 시대의 군사적 패권이 유럽에서 성립하던 때였다는 등, 거의 그간의 대응에는 예외가 없었다. 19세기 하반의 소위 제국주의 시기에 있어서도 이 사실에는 예외가 없었다. 영제국의 일대 팽창기였던 빅토리아 여왕시대가 바로 영국이 세계최강의 해군국이었던 것은 주지된 일이며, 19세기말 가까이부터 급작하게 식민지 팽창을 하던 독일이 신진의 강대 군사국가이었던 것이나, 미국이 남북전쟁 후의 군사력을 배경으로 하여 태평양 제도諸島·남미에 식민지·세력을 조성하였던 것 그리고 이탈리아가 통일전의 여력을 몰아 아프리카에 식민지 진출을 꾀하던 일, 또 프랑스는 보불전쟁普佛戰爭에서 패전은 하였으나 다시 군비를 갖추어 설욕전의 군국적 분위기가 노골한 가운데 식민지 팽창기에 들어섰던 사실, 끝으로 일본이 명치유신明治維新기에서 쳐진 잉여 군사력의 배설로 침략적 식민지주의로 나온 것이 이 모든 예가 아닐 수 없다.

이렇듯이 근대국가의 식민지주의는 그 국가의 성격상 군국적이고 경제적인 것이 서로 때로는 수단·방법 또 때로는 동기·목적으로 서로 매개되어 있으면서 국가정책으로는 주로 경제이익으로 의식되고 선전되는 것이 그 특징이었다. 뿐만 아니라, 이 주되는 이익은 그것이 금은보화·통상이익 또 혹은 자본수출·출이민出移民의 이익이라고 여겨지는 경우에 있어서 언제나 '내 나라'의 입장 그리고 근대 정치관념에서 유래하는 무윤리성無倫理性 곧 국가이성주의를 벗어나지 못하였다. 근대국가의 재보財寶와 경제와 정의와 정치는 그것이 '국가'와 관련되는 한에는 언제나 일국적一國的이오 또 '국경'을 지니고 있었다.

3. 식민의 국제정치

근대식민사는 국제정치에 허다한 변화를 가져왔다. 그 중의 가장 중요한 것은 말할 것도 없이, 유럽 국제정치의 확대에서 이룩된 세계정치 성립에 공헌한 점이었다. 본래 유럽 국제정치는 유럽에서 발생한 근대국가라는 특정한 나라의 형태를 중심하여 이룩된 특정한 국제정치였건만 유럽국가의 식민지경영 및 식민주의 정책의 확대로 말미암아 전지표全地表가 유럽정치의 권내圈內에 들어오게 되었다. 설령 독립을 유지하는 동양국가에 있어서도 전후좌우에 파도와 같이 닥쳐오는 유럽정치에 영향을 아니 받을 도리가 없게 되었다. 이 까닭에 "식민지는 의심없이 문명전파의 주되는 수단 중의 하나였다"고 여겨졌는데,[46] 이 경우 '문

---

46) N. Senior, An Outline of the Science of Political Economy, 1836, ed. 1938, p. 224. 같은 의미에서, 랏첼은 - "연고로 그 결과(식민의)는 전지구의 유럽화"라고 규정하였는데 그가 지배자와 피지배자, 호전(好戰)민족과 평화민족의 대립에서 식민개념을 이해한 점에서 이 말은 단순한 의미라고

명'이란 물론 유럽문명을 말하는 것이었다. 더구나 이 '문명'을 전파하고 나서는 구미歐美의 식민지국가는 그 '문명'에 있어서는 우월감에 차고[47] '신앙'에 있어서는 전도의식이 강한 '국민'Nation 이어서 한족漢族 사회에 쳐들어온 막북漠北의 민족의 예와는 그 바탕이 달랐다.[48] 본래 유럽의 식민활동은 그 시초로부터 기독교의 전파 또는 변종變種에 대한 개종사업 그리고 사교도邪敎徒의 박멸이라는 이데올로기의 면이 있었다. 근대식민사는 유럽 근대국가의 정치·경제적 활동이라는 성격 외에 또 유럽 기독교사회의 세계적 팽창이라는 면모를 지니고 있어서 그것이 이른바 '정신적 제국주의'의 구실을 담당하게 되었었다.[49] 콜럼부스가 아메리카를 발견하던 해(1493), 서西·포葡 양국의 관할구역을 선포한 법왕 알렉산더 6세의 교서가 특히 탐험의 목적을 "토착주민에게 구세주 숭상과 카톨릭 신앙의 교의를 전하는"것[50]이라고 규정한 것은 법왕의 입장으로 보아 의당한 일이라고 여겨지거니와

생각되지 않는다(F. Ratzel, *Politische Geographie*, 2. Auf., 1903, S. 151 u. 134ff).

47) 르 볼리에, J. S. 밀 등의 예는 이미 앞서 든 바 있거니와, 레인슈 같은 현대인에 있어서도 식민은 고문명(高文明) 민족과 저문명(低文明) 인종과의 대립에서 이해되었으며 또 이러한 관념에서 보는 문명전파론은 거의 백인의 선입견이 되고 말았다(Reinsch, op. cit., p. 14). 이 외에 일례(一例)만을 첨가하면 – 유럽문명의 우월을 전제하고, 프랑스의 동화정책 이론과 같은 인류사상에서 동서문명의 접촉으로 이해한, A. D. A. de Kat Angelino, *Colonial Policy*, transl. by G. J. Reiner, 1931, Vo. I, esp. chpt. II.

48) 흉노·북호(北胡)·돌궐·거란(契丹)·여진·몽고·청(淸)의 주변세력이 중국에 침입하여 정권을 장악하는 경우에도 곧 중국문명에 동화하는 사례는 너무나 유명하다.

49) 모니에 교수의 표현 – René Maunier, *Sociologie Colonial*, T. II, Liv. Premiére, chapt. 1, 2.

50) H. S. Commager, *Documents of American History*, 4th ed., 1948, p. 3. 전도(傳道) 목적이 전면에 나와있는 이 법왕교서에 대하여 '정복'을 중언반복(重言反復)하는 카스틸·아라곤 양왕(兩王, 스페인)이 대(對)콜럼부스 항해허가서는 좋은 대라고 할 수 있다 – ibid., p. 1.

버지니아 개발특허장The First Charter to the Virginia Company, 1606에 있어서도 그 목적의 하나를 들어 특히 이르되 "아직도 진리와 숭신崇神을 모르는 암흑과 몽매의 인간들에게 기독교를 전파함으로써 장차 이 지방에 거주하는 사교도邪教徒와 야만에게 인간문명과 안전·평화로운 통치를 가져와 욕浴하게 함에 있다"고 하였고, 또 1602년의 메이플라워 맹약Mayflower Compact, 1629년 찰스 1세의 특허장에도 유사한 선교목적이 명시되어 있었다.[51] 프랑스의 프랑소와 1세가 허가한 캐나다 특허장(1540-1541)에 있어서도 기독교 신앙의 전파가 요청되었고, 루이 14세 때의 식민지 개발에도 명목으로 선교전도宣教傳道가 꼽혀 있었으며[52] 동양문명 사회에 진출하는 유럽세력의 선두에는 상인·병원兵員에 못지 않게 선교사가 끼어있었고,[53] 19세기 하반 제국주의 시대에 있어서와 같이 선교전도 사업과 국력의 침투가 병행[54]하는 명백하고 허다한 예건이 있기도 하였다. 이렇게 보면 유럽문명의 전파의 선봉은 다름아닌 종교가였던 인상을 주며 또 이 까닭에 진정한 토착민에 대한 식민정치는 오직 종교에 기다릴 수밖에 없다는 의견도 나오게 된다.[55] 이러한 유럽종교의 우월의식은 다시 유럽문화 우월·백인 우월의 의식과 아울러 이른바 '문화 제국주의'의 면모를 갖추

---

51) *ibid*., pp. 8, 15.
52) Maunier, op. cit., pp. 62-63.
53) E. R. Hughes, *L'Invasion de la Chine par l'Occident*, trad. par S. le Quesne, chapt. II; K. S. Latourette, *A History of Christian Missions in China*, 1929; H. Bernard, op. cit., chapt. 1, 6, 7. 단 벨날 신부는 신교의 영(英)·화(和)의 진출은 그야말로 상리(商利)만인 '무종교적' 태도였다고 평가 가하였다 (*ibid*., p. 87). ch. Dallet, *Histroire de l'Église de Corée*, 1874, 2 Tomes.
54) 일례(一例)를 독일에서 들면 - Moon, op. cit., pp. 48ff; E. G. Jacob, *Deutsch Kolonialpolitik in Documenten*, 1938, S. 15-16.
55) 대표적인 예로는 파라과이(Paraguay)의 신부(神父) 정치에 감탄한 메리베일의 의견 - Merivale, op. cit., pp. 293-294.

게 되는데[56] 그것은 특히 신대륙 및 아프리카 토착민에 대한 식민정책에 노골하였고 또 근대국가의 군국적인 성격에 의하여 군사적 정복을 당한 민족에게는 이러한 태도가 다소간에 거의 예외없이 뒤따라 왔다. 군사적 우월이 대개는 인종·정치·문화·종교의 우월감을 파생케 하는 것이 예가 되었다. 1885년 서아프리카 분할에 관한 벨린회의 의정서 제6조에는 "토착민을 교도하고 그들로 하여금 문명la civilisation 곧 유럽문명)의 이익을 깨닫고 존경하게끔 노력"하기 위하여 활동하는 종교·학술·자선단체를 열국(독獨·오홍墺洪·백白·정丁·서西·미美·불佛·영英·이伊·화和·포葡·로露·서전瑞典·낙諾·토土)은 보호·원조할 것을 규정하였다.[57] 문명인과 야만인, 유럽문명의 우월과 그 전파의 의무가 국제협정으로 공시된 터로, 모니에René Maunier의 말을 빌리면 – "정복은 먼 고장사람의 개화Civilisation를 그 목적의 하나로 명시하게 되었다."[58] 1889년 프랑스 식민회의의 최종결의에는 이르되, "모든 식민노력은 토인土人에게 우리의 국어, 사무방법, 그리고 점진적으로 우리문명의 얼을 전파토록 하여야 된다"고 하였다는 것이다.[59]

그러나 이와 같은 문화·종교의 전파보다도 정치관계에 있어서 더욱 중요하고 또 직접적인 것은 물론 정치경제의 체제, 법제, 이데올로기 등인데, 지금 유럽 국제정치의 확대라는 점에서 그 본보기가 될만한 것을 선택하면 다음 몇 가지를 들 수 있다. 우선 먼저 국가 영토관념 및 현상의 변화를 꼽을 수 있는데,

---

56) Maunier, op. cit., Liv. I, chapt. III.
57)　F. H. Geffcken, "*Recueil Manuel et Pratique de Traités et Conventions*," 2ᵉ série, 1888, T. III, p. 608.
58) Maunier, op. cit., T. II, p. 87.
59) S. H. Roberts, op. cit., Vol. I, p. 103.

이 '영토'라는 근대국가의 현상은 '국경' 현상에 첨예하게 나타났다. 역사적으로 관찰할 때 새외塞外의 유목민, 사막주변의 이동부족, 인구희소의 북미주, 잉카·마야문명을 제외한 중남미·서인도의 부족정치체, 사하라 이남 아프리카의 부족사회를 논외로 한다면 비非 유럽국가의 대표되는 회교권과 유교권의 국경관념은 유럽과 아주 다른 바가 있었다. 원래 이슬람권에 있어서는 세속적인 통치보다는 교세教勢가 강한 지역이었던 이유로 교권教圈, 이슬람지역 dar al Islam과 비교권非教圈, dar al harb의 구별이 우선하였으며[60] 교권 내에 있어서는 각국이 '명분상' 동등한 것이 아니라 그 군주의 호칭에 명백하듯이 회교 주국主國을 중심한 상하·서차序次의 세계였고 따라서 세공歲貢의 제制로서 이슬람세계의 질서를 밝히었다. 따라서 그 사이의 '국경'이라는 것은, 대등한 피아彼我의 팽창력이 부딪쳐 중화中和된 '계선'界線으로서 나타난다[61]는 비좁은 유럽의 현상과는 무릇 거리가 먼 것이었다. 이러한 사정은 유교권에 있어서도 다름이 없었다. 유교사회가 국제정치 사회로서 상하·서차의 세계를 이루고 있었던 것은 앞서 이미 언급한 일이거니와 따라서 그 사이의 관계가 유럽 국제정치에서와 다를 수밖에 없고 또 그 까닭에 그 국경의식이 대등한 나라 사이의 접선接線으로 여겨지는 것과 같은 예는 보통이 아니었다. 비좁고 또한 주권국가 간의 관계로 나타난 근대유럽의 국경이 대체

---

60) G. E. von Grunebaum, *Islam*, 1955, pp. 131, 133, 135; Majid Khadduri, *War and Peace in the Law of Islam*, 1955, pp. 45ff, 52ff; Louis Milliot, *Introduction à l'Étude du Droit Musulman*, 1953, pp. 36, 66 seq. 특히 cf. L. Gardet, *La Cité Musulmane*, 2ᵉ ed., 1961, pp. 208, 215 seqq.

61) "국경이란, 팽창 또는 대항하는 반대세력이 서로 중화되고 안정된 지리적 위치이다" – Y. M. Goblet, *Political Geography and the World Map*, 1955, p. 162. 또 "국경이란 하나의 선으로서, 하나의 국민주권체(une souveraineté nationale)가 놓여있는 공간을 계획(界劃)한다" – J. Gottmann, *La Politique des États et leur Géographie*, 1952, p. 121.

제 4 절 식민지 국가

로 계선界線으로 확립되고 그 계선의 한정에 따라 지연적地緣的인 국민의식이 공고화되는 경향에 반하여,[62] 유교권·회교권에 있어서는 - 광대한 지면地面도 작용하여 - 국경은 대체로 계역界域(계면界面)으로 나타나며, 지리학자가 부르는 계변界邊, Marche의 넓은 지역을 포함하는 것이 상례였다. 그러므로 권역圈域의 상국上國과 그 주변국 사이의 국경은 그 지리적 형태뿐 아니라 그로 인한 '국민의식'·'법질서'·'정치사상'의 계획界劃으로서의 구실을, 근대유럽에서와 같이 발휘할 수 없었으니, 애당초 주변국은 중심세력에 의하여 한낱 '번리藩籬'로 간주되었다.[63] 말하자면 문화적·종교윤리적 상하질서가 바로 정치질서를 대신하였다. 이러한 비유럽 문명지역 및 유럽정치적 진공지眞空地(미美·아阿대륙 등등)에 유럽의 식민활동이 개시됨에 따라 사태는 일변하게 되었다. 식민지 획득은 유럽정치에서 볼 때에 영토확대요 또 따라서 '국경선'의 확대였다. 미美·아阿 양 대륙 및 서인제도西印諸島 등에서와 같이 점거지 주변에 미지의 정치적 공백지가 산재

---

62) 국경은 이론상 또 세계의 역사상, 혹은 무인(無人)의 진공지대로, 강(江)·산(山)·해(海)·사막 등의 자연장해물 혹은 완충지대적인 주변의 광대한 계역(界域, 면면)으로 계변지대(界邊地帶, Marche) 혹은 부용(附庸)적인 주변나라망(Marche states) 등의 여러 가지로 나타날 수 있으나 근대유럽에 있어서는 중세 유제(遺制)인 봉건적 후백영제(侯伯領制)가 폐지된 곳에서는 직각으로 국경은 계선화(界線化)하였다. 이 이유는 앞서 논급한 바 있거니와(이탈리아 반도의 예), 그 중요한 이유는 비교적인 의미의 비좁은 땅과 경쟁국의 다수(多數)한 공존인데, 이와 같은 유럽의 사정은 유럽정치의 세계화와 더불어 급속히 전파되었다.

63) 이 점에서 우리 역사상 유명한 백두산 정계(定界)의 사례는 재미있는 예라고 할 수 있으니, 왜냐하면, 당시 조선은 상국인 청조(강희제 시대)의 고압적 요구에 응하여 마지못해 압록·두만 양강(兩江)의 수원지 탐험에 안내역을 맡은 나머지의 정계(定界)인 것이니(『이조실록 숙종38년조(條)』, 국사편찬회본(本) 제40권 제431상(上), 434상(上), 435상(上), 436상(上), 437하(下), 439, 440-442의 각 면(面)), 그 얼마나, 유럽 예에 보이는 다수한 국경조약(E. Hertslet, *The Map of Europe by Treaty*, 4 vols, 1875)과 다른지 알 수가 있다.

하는 - 곧 공백지空白地가 계변界邊 역할을 하던 시대 또는 동양항로상에 상품집산지Depot of Commerce를 설치하는데 만족하던 식민사 전기가 경과함에 따라 온 지구의 지표상地表上 도처에서 점차적으로 유럽국가 대 유럽세력, 유럽국가 대 비유럽국이 접촉하여 가게 되는데 이에 수반하여 또 도처에서 유럽적인 영토관념이 발달하게 되었다. 이뿐 아니라 점령·정복이 여의롭지 않은 지역에 있어서는 보호국·조차지租借地·이익권利益權·영향권影響圈 등을 설정하는데 여기에도 근대 영토관념을 준용하거나 혹은 유추적용하여 이에 따른 유럽 국제법의 적용을 요구하게 되었다.[64] 이렇듯이 식민팽창은 유럽의 영토·국경관념의 확대요 또 따라 근대국가의 확대 곧 유럽 국제정치의 팽창을 의미하였으니 그 팽창속도가 어느 정도였느냐 하는 것은 첨부한 식민지 팽창도로써 쉽게 짐작할 수 있다. 더구나 유럽 식민사가 설정한 식민지의 국경 계획界劃은 오로지 식민세력 또는 세력 사이의 형편으로 결정되는 것이 보통으로서 따라 그 식민지역의 현지 역사·인종민족·정치경제·종교문화가 특별히 고려되지 않는 것이 예였다. 이러한 사례는 이미 공고한 정치단위로서 뭉쳐있고 따라서 그 단위체가 식민대상으로서의 단위가 되는 아세아 사회와 달라 다분히 부족사회의 형태가 지배적이었던 고장에 있어서는 더욱이나 심하였으니 그 대표적 최근 사례는 아프리카 분할에서 볼 수 있다. 가령, 구독령舊獨領(토고Togo)가 독獨·영英·불佛의 분할 소유에 따라 그곳에 살고 있는 에웨Ewe족이 양분된 것이라든

---

64) 이 점은 중국에서 예하면, 중영(中英), 중불(中佛), 중일(中日), 중아(中俄) 등 사이에 체결된 인장(印藏)·면전(緬甸)·신월(滇越)·악월(粵越)·요남(遼南)·니포초(尼布楚)·합극도(恰克圖)·흑룡강(黑龍江)·이리(伊犁) 등등 지역의 정계(定界) 조약을 읽을진대 이는 과거와 달라 완전히 유럽식이며, 또 유명한 중국 조계(租界) 문제와 치외법권 문제가 조약법의 위력으로 중국을 압박한 것은 주지되어 있다.

제 4 절 식민지 국가

지, 카메룬Cameroon이 독獨·영英·불佛 사이에 몇 번씩 분할 점거되었던 사실이 모두 그런 예인데, 중미中美의 과테말라－영령英領 온두라스Guatemala Honduras 케이스[65]와 같이 아프리카에 국한하는 사례가 아니라 세계 각지에서 허다하게 일어난 일이었다. 한편 식민지 세력의 정치력에 의하여 어느 지역이 일괄적으로 오래 통치되는 관계로 그것이 한 개의 정치단위로 화하는 예가 있다. 곧, 저지국低地國 아래 통일적으로 지배되었던 오늘의 인도네시아, 또 말레이시아의 예가 그렇고 그리고 중근동의 사막의 부족이 여러 아랍 나라로 통합되는데도 식민세력의 작용이 컸다고 할 수 있었다. 그런가하면 모로코 및 소小아세아에 있어서와 같이 식민세력의 정치적 조치로 민족정치가 세분되는 시리아·레바논·이라크·요르단 같은 예도 있어서 이것이 모두 현대의 세계정치의 문제로 남게 되었다. 이처럼 유럽 식민사는 유럽정치의 세계화를 의미하는데 그 첫째는 유럽적인 세계 지표地表의 영토 계획界劃·국경 계선界線으로 결과하였으며 이에 따라 유럽적인 '민족·국민'nation, nationality 사상이 조성·전파되고 또 그럼으로써 현대정치의 한 가지 역사적 분규점을 마련해 놓게 되었다.

유럽 국제정치의 팽창은 또한 정체政體·법제·경제의 유럽화를 가져왔다. 식민지가 백인 식민지 곧 백인 이민 또는 본국민의 이민지인 경우 대체로 정치·법제·경제 형태를 본국에서 따는 것은 고대로부터 보는 바이거니와 또 근대 식민사에 있어서는 본국정부에 의하여 그것이 명백히 요청되는 예가 많았다. 본 보기로 영국에서 예컨대 － 1584년 엘리자베스 여왕이 월터경Sir Walter Raleigh에게 부여한 식민특허장에는 － 식민지에서 재정·집행하는 법령은 되도록 "본국의 법·제정법·정치·정책"에 부

---

65) Church, op. cit., pp. 118ff, 108ff.

합되어야 한다고 규정하였으며, 찰스 1세의 메세추세츠 특허장 Charter of Massachusetts, 1620에는 식민지 법령과 지시 등은 "이 영국왕의 법과 상반하여서는 아니된다"고 명시하였다.[66] 평판나빴던 캐나다 지식지의 퀘벡법The Quebec Act, 1774에도 영왕英王에 대한 충성뿐 아니라 영형법英刑法 등을 준용할 것을 규정하였고, 1849년 호주위濠洲委 보고서Report of Committee for Trade and Plantations of Parivy Council on Proposed Australian Constitution에 보면 – 하급 식민지 의원議院(호주의원)이 선거법 취급을 제한함으로써 의원議員 구조를 상급의원(본국의회)의 권리로 남겨놓고, 또 유명한 더럼 보고Lord Durham's Report, 1839의 기본적 이론은 캐나다 식민지에도 영본국英本國과 같은 책임정치가 허용되어야 된다는 것이었다.[67] 이에 대하여 이민족 특히 흑黑·황인종이 대다수인 식민지에 있어서는 대개는 총독 또는 이와 유사한 본국 대표에 의하여 직접통치됨으로써 식민지 기본법은 본국법에 자연히 포함되거니와 기여其餘의 민民·상商·형소송법刑訴訟法에 있어서도 본국법의 영향을 압도적으로 받는 것이 일반이었다. 형법·상법에 있어서 예외없이 본국법이 적용되는 것은 유럽 경제체제의 도입과 식민지 통치의 본국연관을 위하여 불가피하였다고도 주장하겠거니와 나아가서 친족·상속·소송법 같은 토착민의 관습법 또는 기존법이 사회구조와 밀착되어 있는 법종法種에 이르러도 유럽법에 점차로 압도되었었다. 19세기 프랑스의 격퇴정책Refoulement 및 동화정책Assimilation 아래 알제리·튀니스·인도지나 등의 기존법이 여지없이 무시되고 구축되던 예[68]를 극단으로 하고 인도에 있어서의 영정책英政策, 자바·수마트라 등에 있어서의 화란和蘭같이 현지의 기존법을 어느 정

---

66) Commager, op. cit., pp. 7, 18.
67) Keith, *Documents*, op. cit., pp. 61, 63, 204, 125 & passim.
68) Roberts, op. cit., vol. 1, pp. 97ff.

도 허용하던 사례에 있어서도, 전통법은 그것이 근거하고 있던 회교·인도교 등의 정치적 쇠퇴에 따라 점차로 쇠잔하고 말았다.[69] 이 점에 관하여 우리 반도半島의 예는 갑오경장 이후의 전통법·관습법의 대부분의 폐기로 나타났다. 이러한 사태는 비단 식민지 영토화한 지역에서만이 아니라 세력권 이익권이 설치되는 이른바 반식민지에 있어서도 거의 어디서든지 타율적으로 나타난다. 그 본보기를 중국에서 들건대 – 중국에 있어서의 서양법의 채택은 단순히 시대조류에 호응하는 개혁적 정신에서 이루어진 것 보다는 오히려 불평등관계를 시정하는 조건으로써 또 따라 타율적 요청에 의하여 행하여졌고, 심지어는 그 사실을 국제협정에 명시하였다. 곧 '중영속의통상행선조약'中英續議通商行船條約,(1902)의 제12조, '중미속의통상행선조약'中美續議通商行船條約,(1903)의 제15조, '중일통상행선속약'中日通商行船續約,(1903)의 제11조에는 한결같이 "中國政府, 深慾整頓本國律例, 以期與各西國(東西各國)律例, 改同一律, 某國(英·美·日), 允願盡力協助, 以成此擧, 一候查悉, 中國律例情形, 及其審斷辦法, 幷一切相關事, 宜皆臻妥善某國(英·美·日), 卽允棄其治外法權"이라고 규정하여 평등관계의 수립에 법제개혁(양식洋式)이 선행하는 것을 밝히었다. 이렇듯이 근대 식민사는 유럽정치·법률·경제의 직접·간접적인 전파에 크게 이바지하였고 또 이에 따라 유럽 국제정치에 유래하는 세계정치 성립에 중대한 공헌을 하였다. 뿐만 아니라 식민지 경영을 통하여 현대 국제정치의 기본적인 면을 역사적으로 규정하기도 하였다. 앞서 유럽 식민국가의 자의적인 국경 계획界劃이 한편으로는 오늘날 허다한 국제분규의 씨

---

69) Reinsch, op. cit., chapt. 18, esp. 388ff. Washington Foreign Law Society, *Studies in the Law of the Far East and Southeast Asia*, 1956, pp. 70(Vietnam), 75(Cambodia), 84ff(India), 91ff(Indonesia).

를 뿌리는 것이 되었던 바를 언급하였거니와 또 다른 편으로는 방대한 미대륙·태평양지역·아프리카 일부에 백인 출이민국出移民國을 형성하여 그것이 현대 세계정치에 있어서 유럽정치 유지에 핵심적인 기능을 발휘하게 하였다. 인구 조밀稠密한 미작米作 지역인 아세아 나라가 일시적인 노동력 수출 외에는 출이민出移民 대상지가 거의 없었음에 반하여 역시 인구 조밀한 유럽이 광막한 대륙과 도서島嶼에 출이민처出移民處를 마련한 사실은 18·19세기 이래로 국제정치의 양상을 결정하고 또 오늘날에 있어서도 영국과 같이 광대한 과잉 인구의 배설구를 보유하고 있는 소이가 되었다.[70]

그러나 한편 유럽정치의 전파는 그것이 식민지거나 또는 비유럽 국가거나 거의 일률적으로 근대국가의 일국주의·민족주의·군국주의에 감연을 가져왔으며, 또 동시에 유럽 식민지정책은 그것이 알제리Algérie 같이 본토에 법률상 편입된 경우 또 소위 식민지법에 의하여 차별적 위치에 있는 경우를 막론하고 정치 및 민족적인 불평등을 조성하였다. 식민지국가와 식민주의는 필연적으로 식민지의 항거 - 그것도 근대 유럽정치의 이념에 입각한 반항을 촉발하는데 그 동안에 식민지는 식민지국가의 군사 또는 경제구조 속에 완전히 편입되어 있는 것이 상례여서 그 반항은 식민지국가에 중대한 문제를 던지게 된다. 이 점은 북미합중국이 독립한 후에 있어서도 영미英美간의 무역량이 줄기 커녕 도리어 늘었다는 것이 뒤에 이르러 자유무역론자 또는 식민지 무용론자의 한 개 논거로 되었던 것이나 식민지의 독립이 제

---

[70] 이민법·귀화법의 조정에 의하여, 사실상 입이민(入移民)의 인종·빈부·성분 등을 조절하는 방법은 도처에서 사용하는 방법인데, 그 중에 이름높은 예로는 미(美)·영(英)을 들 수 있다 - E. Abbott, *Immigration, Select Documents and Case Records*, 1924, pt. II. sect. I, II; MacLean, op. cit., pt. II, III.

제 4 절 식민지 국가

1・제2차 대전후에 있어서 평화적으로 허용되는 경우에 있어서는 무엇보다도 경제적 유대가 유지되도록 협정이 마련되는 현상으로 쉽사리 짐작되는 바이다. 이것은 따라서 또 하나의 국제정치의 분규점이 아닐 수 없으며 이러한 각도에서 볼 때 식민지는 유럽정치의 일정한 발전단계에 있어서 최대의 자기모순으로 나타날 수밖에 없게 되어있다. 왜냐하면 19세기 후반에 이르러 구미정치歐美政治는 국내에 있어서 국가권력을 국민화한다는 국민주의의 방향을 취하였으며 그 선두로는 법적 평등과 국민의 평등한 참정권 사상으로 표현되었다. 그 용례에 있어서 애매한 '민주주의'도 그것이 참정권・인권을 그 핵심으로 하는 것만은 부인된 일이 없었다. 그리고 동시에 이러한 국민주의・민주주의(일국민주주의-國民主主義)가 19세기 후반이후의 유럽경제의 번영 위에 수립되었던 것도 의심의 여지가 없는 일인데, 바로 이 점에 있어서 유럽정치와 유럽정치사상은 모순을 노출하였다. 국민주의와 민주주의의 방향에 선 유럽정치가 비국민주의・비민주주의를 자체 속에 내포하여야 되고 또 동시에 반항적인 본질적 정치요인을 스스로 자기 안에 기르고 있다는 사실은 모순이 아닐 수 없다. 유럽국가의 민주주의적 기반이 비민주주의적 식민지 정치와 경제 위에 서 있다는 것은 중대한 변화를 예언하는 또 하나의 싹이 아닐 수 없다. 식민지 정책은 그 자체가 유럽정치가 지니고 있는 군사주의・경제주의의 역사적 표현으로서 구경에는 온 세계를 '너'와 '나'의 대립적 관계 그리고 '우적友敵'의 관계로 일변하여 놓았다.

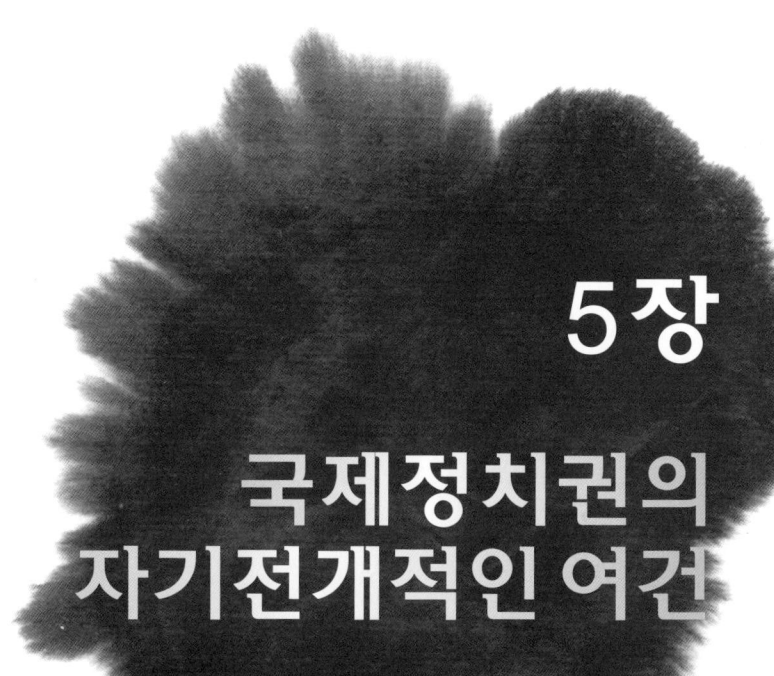

5장

국제정치권의 자기전개적인 여건

세계정치란 국제정치의 현대적 양상을 지칭하는 말이며 또 특정한 국제정치권國의 세계적 확대에 따라 이해되는 현상이다. 국제정치에 있어서 '현대'란 단순한 '시대', 단순한 '동안'이 아니라 유럽정치의 특질과 변모가 온 지표地表를 휘덮고 마침내 세계정치로서 이룩되면서[1] 동시에 역사적 요인의 자기전개로서 이해되는 개성적이며 독특한 '동안' – 우리가 살고 있는 이 '동안'으로 해석된다. '현대'는 부단히 변하고 흘러가는 '시간'으로서뿐 아니라 또 유럽정치의 확대현상에서 이룩된 세계정치의 '터'라는 특정한 역사적 구속력도 발휘한다. 현대의 세계정치는 그것이 유럽정치의 확대라는 의미에서 자연히 단일한 기준에 정치를 이해하고, 반응하고, 행위하는 단일한 유형의 세계를 의미한다. 세계정치란 이런 의미에서는 단일한 커뮤니케이션의 '망'網을 전제로 하여 서게 되었다. 그리고 이러한 커뮤니케이션망 속에 들어온다는 것은 이데올로기 또는 법 · 정치 · 사회행위에 수반하는 의미 · 가치반응의 통일을 뜻하는데, 앞서 논의한 바 '전파傳播' 작용에는 이러한 커뮤니케이션 망의 기능을 발휘하는 구실이 있었다. 그러나 '전파傳播'는 단순한 일방통행은 아니다. 전파자의 입장을 견지하여 오는 구미정치만 하더라도 그 작용에 따르는 기능확대로 인하여 때로는 유럽정치라는 좁은 지역의 특정한 정치양상을 일부 수정 혹은 변경하는 경우가 있을 뿐 아니라[2] 그 자체의 비대에 따르는 내면적인 변화가 곧 전파의 작용에 영향

---

1) Ramsay Muir, *The Expansion of Europe*, 4th ed., 1926, ch. 7 (The Era of the World-States, 1878-1900) 특히 pp. 144ff, 153ff, 188ff.
2) "아등(我等)은 식민을 단순한 대외적인 또는 일방적인 운동으로 보는 것을 멈추어야 한다. 그 과정은 상호적이다." S. H. Frankel, *The Economic Impact on Underdeveloped Societies*, 1953, pp. 8-9.

을 주게 된다. 전파의 기능을 하는 도중에 역으로 팽창해가는 국제정치에 영향을 입고 또 유럽정치의 확대와 더불어 유럽정치의 비대에서 오는 모순이 일어난다. 더욱이 그 모순이 클 경우 이러한 면을 안고 서는 세계정치는 복잡하지 않을 수 없다.

제 1 절　군사 · 경제 · 정치

1. 자기변이自己變移**의 제상**諸相

　유럽의 국제정치체제가 온 지표地表를 휘덮게 되는 세계정치의 시대 곧 현대에 들어서매 근대국가의 전통에는 여러 가지의 새 현상이 나타나기 시작하였다. 지금 이러한 미묘한 변화의 추이를 군사 · 경제 · 정치의 면에서 몇 가지 들어 본다.

　군사국가로서의 근대국가의 성격은 19세기 후반 제국주의 시대를 고비로 하고 세론과 언론 · 선전에서는 부인되기 시작하였었다. 빅토리아 여왕시대의 전쟁관 – 예컨대 자연도태설에 근거한 전쟁법칙관 또는 팽창기의 독일제국을 상징하는 전쟁관 – 곧 '신의 예정한 질서'로서 전쟁을 받아 들이는 트라이츠케H. von Traitschke류의 전쟁관을 저초底礎하는 군국사상[3]은 적어도 대의명분

---

[3] 참조 – Walter Bagehot, *Physics and Politics*, 1867, ed. Hans Kohn, 1956, ch. II, esp. 36, 39, 57-59; H. von Treitschke, *Politics*, transl. by B. Dugdael & T. de Bille, 1916, Vol. II, pp. 597-599. 그리고 또 영국의 유명한 징고이즘(Jingoism)의 가사(歌辭)는 가장 솔직한 대중의 전쟁열(戰爭熱)을 상징한다고 볼 것이다. "We don't want to fight, but, by Jingo, if we do we've got the ships, we've got the men, we've got the money too."

6대강국(1925-1940년 현재) 세출총액 및 국방비 일람표 (255쪽 참조)

나라별	영국 (£)		프랑스 (FRANCS)	
연도 항목	세출	국방비	세출	국방비
1925	795,776,711	114,700,000	32,814,926,371	6,168,922,867
1926	826,099,778	119,377,000	37,338,389,202	5,729,500,024
1927	842,395,027	116,730,000	39,382,349,274	7,215,052,022
1928	838,585,027	117,440,000	42,444,948,760	8,481,725,663
1929	818,040,525	113,470,000	45,366,130,503	8,336,917,658
1930	829,493,543	113,000,000	48,665,916,698	8,984,797,402
1931	881,036,905	110,524,000	50,398,167,195	10,970,135,959
1932	851,117,944	107,280,000	50,640,509,352	11,400,289,043
1933	859,310,173	102,990,000	50,486,710,242	10,789,375,639
1934	778,231,288	107,872,000	50,162,570,005	10,544,004,317
1935	797,067,170	113,870,000	47,817,011,976	10,789,375,639
1936	841,834,442	136,949,000	40,306,808,525	6,656,696,892
1937	902,193,385	186,090,000	48,168,496,577	8,941,118,006
1938	919,874,286	197,250,000	52,179,527,259	10,221,286,668
1939	1,018,948,905	254,406,000	66,517,371,819	12,649,483,609
1940	1,408,176,699	217,897,000	78,995,035,783	－
나라별	이탈리아 (LIRE)		일본 (YEN)	
연도 항목	세출	국방비	세출	국방비
1925	19,949,567,132	1,899,919,000	1,615,406,000	449,267,000
1926	17,938,639,719	2,748,403,300	1,524,399,028	293,224,540
1927	20,727,753,439	3,125,638,200	1,598,291,785	295,102,905
1928	21,130,946,5833	3,393,724,300	1,758,969,664	309,592,496
1929	18,178,109,142	3,315,642,300	1,709,127,000	319,555,000
1930	20,117,460,533	3,551,986,586	1,681,061,000	328,870,000
1931	22,937,474,170	3,956,407,794	1,608,639,000	329,848,000
1932	2,046,419,700	456,313,800	1,488,903,000	313,485,000
1933	21,828,810,000	4,559,594,000	1,943,813,000	307,083,000
1934	23,152,804,000	4,040,810,000	2,309,415,000	350,941,000
1935	22,276,276,526	3,768,547,564	2,142,528,000	－
1936	20,217,300,000	3,785,600,000	2,193,414,000	395,720,000
1937	22,044,573,039	3,835,957,947	3,033,581,000	491,757,000
1938	25,448,276,863	4,283,957,947	2,867,797,000	1,241,952,000
1939	26,914,801,834	4,534,066,947	3,694,666,000	1,149,654,000
1940	36,530,250,996	6,109,698,809	4,804,544,000	1,149,655,000

나라별	독일 (R.M)		미국 ($)	
연도 항목	세출	국방비	세출	국방비
1925	9,141,740,000	462,422,000	3,529,643,446	708,030,521
1926	92,942,000,000	569,392,000	3,529,643,446	667,815,643
1927	92,942,000,000	18,562,000,000	3,493,584,519	679,717,873
1928	100,102,000,000	16,770,000,000	3,643,519,875	721,876,296
1929	106,312,000,000	19,945,000,000	3,848,463,190	781,463,090
1930	110,391,000,000	19,718,000,000	3,994,152,487	827,690,612
1931	120,791,000,000	21,826,000,000	4,219,950,339	832,489,978
1932	93,000,000,000	6,170,000,000	5,006,590,305	824,405,845
1933	82,000,000,000	17,071,000,000	5,142,953,627	651,119,383
1934	59,000,000,000	15,833,000,000	7,105,050,084	540,358,442
1935	82,323,000,000	15,552,000,000	7,375,825,166	709,933,572
1936	82,323,000,000	18,340,000,000	8,879,798,258	911,116,928
1937	−	−	8,105,158,547	935,116,928
1938	−	−	7,691,287,000	1,027,843,000
1939	−	−	9,268,338,000	1,074,602,000
1940	−	−	9,666,086,000	1,558,763,000

(주)1. 차표此表는 구미 5대강국과 일본을 포함한 1925−1940년 간의 각국에 있어서의 세출총액과 국방비총액을 계산기록한 것이다.

   2. 자료는 The Statesman's Year Book, Statistical and Historical Annual of the States of the World (Macmillan: London, 1926-1941)년간의 각권을 이용하였다. 단 1925년도 이탈리아 및 일본의 국방비는 The League of Nations; Armament Year Book (Publication of the League of Nations, IX, Armaments, 1926, IX. I) (Geneva, 1926), p. 698, p. 728에서 각각 의거·산출하였다. 그리고 1926년도 독일 국방비는 전게 Armament Year Book (1926), p. 598에서, 그리고 1932년도의 독일의 국방비는 동서 (1933), p. 302에서 의거·산출하였다. 독일의 경우 1937년 이래는 계산불가능하였다.

으로는 유행을 멈추었다.

제1차 대전후의 국제연맹 등이 표방하는 평화사상과 또 그것을 가능케 하는 주요 전승국이 현상유지 정책은 여러 모로 평화사상과 이에 수반하는 반反군국주의의 선전에 이바지하였다. 국제연맹의 주도국에 있어서나 또 미국에 있어서 군국주의는 금주禁呪의 대상의 되고 군사국가라는 표현은 표현으로서도 드문 것이 되었다. 그러나 그럼에도 불구하고 군사국가로서의 요인은 여전히 지속되었다. 이미 앞서 근대국가를 군사국가로서 규정하고, 그 집중적 표현으로서 군비軍費의 팽창사를 든 일이 있다. 다시 영국의 예에서 이 점을 거듭하건대 – 17세기 명예혁명 이후 팽창하여 가는 전시재정을 년평균 세출로 환산하여 보면, 17세기말의 500만 방磅, 미국전쟁시의 760만 방(1702–1714), 서西·오墺 계승전쟁시의 950만 방, 7년전쟁시의 1,450만 방, 미국전쟁시의 2,180만 방, 제1차 나폴레옹전시의 4,540만 방, 그리고 제2차 나폴레옹전시의 8,050만 방을 산算할 수 있으며,[4] 제1차대전의 전시재정 중(1915–1920 회계연도)의 군사비 총액은 95억으로서, 이 금액은 이에 앞선 226년간(1688–1914년)의 군사비 총화總和인 약 45억보다 – 적어도 수자상數字上 – 배액倍額을 상회하는 것이었다.[5] 제2차 대전의 군사비에 이르러는 미국대여법Lend Lease Act에 의한 군사보급을 제외한 순산액純算額 상의 군사비 총계만도 무려 231억 방에 달하는 거액으로서,[6] 이로써도 현대로 다가섬에 따라, 혹은 현대로 옮겨짐에 따라 전비戰費에 대한 재정

---

4) H. E. Fisk, *English Public Finance from the Revolution of 1688*, 1921, p. 120.
5) Fisk, op. cit., p. 14, p. 15.
6) *Statistical Digest of the War*, prepared in the Central Statistical Office, 1951, table 137. 만일 여기에 붙여서 미국의 대영(對英) '대여법' 원조 300억불을 가산한다면 그 실질군사비의 액수는 실로 막대하다고 할만하다(ibid., table 178).

수요가 그 얼마나 팽창하였는가를 용이하게 알 수 있으리라. 제1차 대전후에 점차로 경제가 회복되는 것은 대체로 1924년 이후이며 따라서 회계연도로는 1924-1925년이 되는데 이 해를 기점으로 하여 세계공황이 명백히 된 1930년까지의 영국의 재정규모는 세출 8억 방 평균정도로서 그 중 군사비는 대략 1억 1,500만 방 정도로서 평균 14%이며, 또 1931년-1939년간의 세출 평균은 약 8억 7,200만 방, 군사비 평균은 약 1억 4,600만 방으로서 총세출에 대하여 평균 16.6% 정도 였다.(p. 209-210 표참조) 지금 이러한 숫자는, 그 절대액으로 거대하나 총지출에 대하여는 적은 것같은 인상을 주기 쉽다. 그러나 그것은 그렇지 않다. 1914년 전 곧 대전 발발 전의 예로 보면 대체로 평시 군사비는 일반경상비보다 약간 많은 정도였는데 그것도 일반경상비가 군사비에 육박하는 경향을 보였었다. 가령, 피스크씨氏에 의하면[7] -

회계연도	일반경상비 (우정[郵政] 지출 제외)	군사비 (단위: 백만 방)
1909	49.9	59.0
1910	55.7	63.0
1911	60.9	67.8
1912	67.4	70.4
1913	70.1	72.4
1914	75.2	77.2

이상의 계수計數를 얻을 수 있는데, 이에 대하여 상게上揭한 1925년도 이후의 총세출 중에는 국채상환 등의 막대한 지출이 포함되어 있는 터로,[8] 일반경상비는 복지국가·행정국가의 색채

---

7) Fisk, op. cit., p. 124.
8) League of Nations, *Public Finance 1928-1935 (Economic Intelligence Service)*, V (United Kingdom of Great Britain and Northern Ireland), 1936, p. 9.

가 농후하여 노출되기 시작하는 1928년으로부터 계산한다 하더라도 평균 약 3억 방대磅臺를 상하上下하였다. 따라서 군사비의 비중은 이에 대하여 3분지 1정도로서 – 현대 복지정책·행정기능 확대에 따른 일반회계의 팽창을 감안한다면 과거 일반회계와 군사비가 상반相半하던 평시재정과 큰 차이가 있는 것은 아니었다. 더구나 1928년–1938년간은 재정 특히 군사재정이 최소로 축소된 동안이었는데 이러한 동안의 평시 최저군사비 세출평균인 1억 1,500만 방에 대하여 제1차 대전 발발 전년인 1914년의 평시 군사비는 7,700만 방 정도였다. 따라서 평시 최저군사비도 역사적으로는 팽창과정에 있었음을 짐작할 수 있다.

이 점은 재정부담의 국내기반을 이루고 있는 국부 또는 국민소득에 비추어 볼 때 더욱 명백하다. 가령, 나폴레옹대전쟁 즉후의 평시 회계연도인 1817년도 영국 세출총액이 7,100만 방였음에 대하여 대전 전인 1914년도 평균 예산세출은 그 3배 가까운 2억 1,200만 방였으나, 한편 국민소득은 4억에 대하여 22억 5,000만 방이라는 5배반의 수자로 추정되었다.[9] 이것이 영국재정 팽창을 밑받치는 근거였던 것은 구구한 방화磅貨의 실가實價 계산을 하지 않더라도 용이하게 이해할 수 있는 바다. 그런데 지금 힉스U. K. Hicks씨의 선택식의 각연도 계산에 의하면[10] – 1880, 1890, 1895 각년도 세출의 군사비 백분비는 33%, 38%, 39%였으며, 한편 대국민소득 군사비 백분비는 2.5%, 2.4%, 2.6%로 추정되었다. 이에 대하여, 양대전 중간기의 최저 평시군사비 지출년도인 1923, 1933년도의 군사비 백분비는 총세출에 대하여 평균 14%로 일견 얕은 감을 주었으나 일방 국민소득에 대하여는

---

9) Fisk, op. cit., p. 128.
10) Ursula K. Hicks, *British Public Finances: Their Structure and Development 1880-1952*, 1954, p. 14.

2.7%, 2.8%로서 빅토리아 성조盛朝 아래의 세계 최대강국기보다도 높은 비율을 보였으며, 더욱이 대전에의 위기가 닥쳐오던 1938년에는 총세출에 대하여는 22%였으나, 국민소득에 대하여는 5.3%로 뛰어 올랐었다. 이와 같은 사태는 최근의 냉전기 예산에도 찾을 수 있으니 - 예컨대 1948·1950년도의 영국 군사비 백분비는 총세출에 대하여 22%, 25%의 비교적 저율低率을 시현하였으나 한편 국민소득에 대하여는 7.5%, 6.9%의 고율을 보여주어 군비경쟁의 치열함을 새삼 느끼게 하였다.

위에 이끄른 바는 제1·2차대전후 - 곧 세계정치의 최대강국이었던 영국의 예를 든 것에 불과하거니와 제1차대전 후의 심각한 경제난 속에서도 열강이 부단히 군사재정 곧 군비유지에 노력한 것은 공통되는 바로서 앞에 붙인 부표附表와 같다. 말하자면 군비팽창은 전시아닌 평시에 있어서도 부절히 진행하고 있었음을 알 수 있다. 더구나 그것이 평시아닌 전시의 전비戰費인 경우에는 그 규모의 팽창은 실로 놀랄만한 것이 있었다. 앞서 영국의 예에서 제1차 대전 6년간의 전비는 과거 이백수십년간의 전비의 배倍를 훨씬 돌파한다고 하였거니와 제1차대전의 직접 군사비를 2,080억 미불美弗로 추정함[11]에 대하여 제2차대전 직접 군사비는 미美·독獨·쏘·영英·이伊·일日만도 1조 미불美弗을 상회하는 천문학 수자로 추산되고 있다.

이러한 전쟁규모의 확대와 전투의 격렬함을 그로 인한 사상자 및 회전會戰 회수 등으로 바꾸어 계산한 소로킨 계수로 표현한다면 - 제2차대전을 계산에서 제외하고도 19세기에 비하여 20세기는 무려 40배의 계수로서 이에 또 제2차대전을 가산한다면 20세기의 전반은 가히 인류사상 최고의 전쟁시대라고 하여

---

11) E. L. Bogart, *War Costs and Their Financing: A Study of the Financing of the War and the After War Problems of Debt and Taxation*, 1921, p. 105.

도 과언이 아니다.[12] 여기서 다시 군사비의 비약적 팽창으로 생긴 사실을 명기하면서 군사현상의 현대적 양상 중에 몇 점을 고려하여 본다.

예로부터 전쟁의 군사목적은 적군에 대한 '승리'로 규정하고 있거니와 그 정치적 의미는 시대에 따라 차이가 있었다. 근세 유럽의 전쟁사를 연구하여 보면 – 프랑스 대혁명까지의 전쟁은 무조건 항복을 요구하는 섬멸전이 아닌 일종의 제한전쟁, 곧 유럽 사회의 균형이라는 관념에 의하여 제약된 미결전未決戰의 형식을 취하였다.[13] 이 까닭에 전쟁 후에 따르는 강화조약의 양식도, 무

---

12) P. A. Sorokin, *Social and Cultural Dynamics*, Vol. III (Fluctuation of Social Relationships, War and Revolution), 1937. 제10장의 개별 국가의 예와 제11장의 총괄. 특히 335-338, 340이하, 345, 349의 각 면(面). Same, *Indices of the Movement of War*, American Ass. for Advancement of Sciences, Dec. 1933.
13) Carl von Clausewitz, *Vom Kriege*, hersg. von Major Bruno Pochhammer, S. 559 (Bch. 8, Kapt. 3-B). "대체로 적의 금전력·재보(財寶)·여신력 및 그 군력은 알려져 있었던 고로 전쟁발발 시에 현저한 병력증가라는 것은 할 수 없는 일이었다. 적 세력의 한계를 이렇듯이 알고 있었던 까닭에 (적에 의한) 전적인 파멸로부터 상당히 안전하였고 또 각기는 각기의 (힘의) 한도를 느끼고 있었던 까닭에 도를 넘지 않는 목적(ein mässiges Ziel)에 각기 국척(: :)하고 있었다." "따라서 전쟁은 그 본질로 인하여 한낱 현실의 (트럼프) 놀이 곧 시간과 요행이 뒤섞이는 놀이가 된다 – 그러나 그 의의로 본다면, 그것은 어느 정도 강화된 외교술, 다시 말하면 전투와 공성(攻城)이 주요 각서의 구실을 하는 강력한 교섭의 술인 것이다. 도를 넘지 않는 이점을 획득하여 강화체결에 자(資)하려는 정도가 가장 야심적인 나라의 목적이었다. 이러한 제한되고 위축된 전쟁의 양상은……" 운운(云云). 원래 여하한 고전적 제한전쟁은 따져보면 그 동원규모·보급능력의 제한성과 공성전 중심의 전술 및 군왕의 정략주의(政略主義)라는 삼자의 소산이었다. 동원·보급규모는 이미 클라우제비츠가 상인서(上引書) 동면(同面)에서도 잠깐 논급한 바이며, 18세기말에 일어난 대혁명을 계기로 국민병제 및 산업발달에 의하여 이 면은 타개된다. 전술면에 있어서는 루이 14세 시대를 통하여 공성전 중심에 따른 공성법이 전술의 핵심이었으며 이 까닭에 보방 후작(Marquis de Vauban)의 축성법이 오래 프랑스 왕조를 지배하였었다. 이러한 성채를 중심한 공방의 전술은 프리드리히 대왕의 정예주의·회전주의(會戰主義)에 의하여 역시 타개되어 유럽 전국(戰局)을 일변케 하였다. 고전적 제한전쟁에 있어서의 정략우선·정치우선은 유명한 루이 14세의 지휘방식으로 대표할 수 있다. 루이 14세의 방식은

조건항복에 따르는 사실상의 일방적 조약체결과 같은 예는 거의 찾기 힘들다. 이런 점에서 볼 때 폴란드 분할같은 사실은 진정 예외가 아닐 수 없었다.[14] '승리'가 단순히 '회전會戰의 승리'가 아니라 온 적병력敵兵力의의 섬멸과 이에 따른 무조건 항복을 의미하는 전면적 승리를 가리키게 되는 것은 프랑스 대혁명으로 비롯하여 나폴레옹전쟁을 통하여 성립한다.[15] 1792년으로 전쟁상태에 들어간 프랑스 혁명의회는 전쟁성격을 들어서 이것을 국민

다름아니라 우선 정략적 결정 곧 군략적(軍略的) 고려가 감안되지 않은 정치적 필요를 먼저 결정지은 다음 대신·장군을 소집하여 전국(戰局)을 이에 맞추어 진행토록 작전케 하였으며, 장군은 유유낙낙(唯唯諾諾) 이에 따랐던 까닭에 왕왕히 군사적 견지에서 대단히 부자연한 작전을 하였다는 것이다(E. Carrias, *La Pensée Militaire Française*, 1960, pp. 147-147, 185). 상인(上引) 클라우제비츠서(書) p. 550 등에 이른바, 고전적 전쟁은 국민에 관여없는 정권·왕정(王廷)간의 전쟁이었다는 말도 이러한 사실을 심중에 두고 한 말이라고 여겨진다. 한편 섬멸전의 맹아는 이미 루이 15세 시대·프리드리히 대왕 시대의 화력의 개량과 더불어 공성전에 대한 회전(會戰) 양식의 발달에 따라 나타났으며, 나폴레옹에 이르러 완성되는데, 그렇다고 해서 섬멸식의 회전(會戰) 양식의 도입이 곧 무제한적인 섬멸전(무조건 항복형의 섬멸전) 사상의 확립을 의미하지는 아니하였다. 그 일례로서는, 나폴레옹 미하(尾下)에서 나폴레옹의 섬멸적 회전(會戰) 방식을 충분히 관찰하였던 전술론가(戰術論家) 조미니 남작 (Henri Jomini, 1779-1869)은 한편 나폴레옹의 섬멸식의 전수를 고조 (高調)하면서도 또 한편 유럽 전체의 질서에서 고려되는 전국(戰局)의 제한성이라는 점을 망각하지 아니하였다(A. Vagts, *A History of Militarism*, rev. ed., 1959, p. 180 및 상인上引 까리아, 『프랑스 군사사상사』, p. 241-243). 이렇게 볼 때 나폴레옹 전쟁기만 하더라도 과도기적 색채가 가시지 않았던 터로, 섬멸전 곧 무조건 전면항복이라는 사상은 국민전 이론 위에서는 클라우제비츠를 기다리지 않으면 아니 되었다.

14) 폴란드 분할은 유럽 사회라는 통일체에 있어서는 충격적 사건이 아닐 수 없으며, 이 사실은 나폴레옹 전쟁의 발발에 이르러 소위 '세력균형파'에서 그 비(非)를 심히 논란(論難)하여 유럽국가 체제의 위기의 일근원(一根源)으로 취급하였다. 이러한 논조의 당시 예로는, F. Josias von Hendrich, *Historische Versuch über das Gleichgewicht der Macht bei den alten und neuen Staaten*, 1796, S. 286ff; F. von Gentz, *Fragmente aus der neuesten Geschichte des politischen Gleichgewichts in Europa*, 2. Auf., 1806, S. 33ff.

15) 상인(上引) 까리아, 『프랑스 군사사상사』, p. 198.

전國民戰이며 동시에 특권계급으로부터의 해방전解放戰으로 규정하였으며(11월15일·17일 포고령), 군대는 국민군·시민군의 형태를 취하였고,[16] 1794년 평화교섭에 있어서는, 전후 평화의 성격을 "프랑스 인민에 의하여 마키아벨리적인 정부(외국정부)에 명령된" 확고·명백하고 지속적인 평화라야 된다고 선언하였다.[17] 곧 무조건 항복을 내세웠다. 더구나 이 지음으로부터 소위 혁명해방전의 성격이 일변하여, 유럽 특권계급과 그 정권의 타도가 아니라 프랑스 국민의 위력과 세력팽창을 과시하는 성격을 띠움에 이르러[18] 전쟁은 바야흐로 국민 대 국민의 전쟁으로 변모하고 또 한편 군사규모의 팽창과 군사기술의 발달은 전쟁요소 중의 군사면을 정치로부터 독립시켜 군사적 이론의 필연성에 의하여 전쟁을 처리한다는 신사상新思想이 확립하게 되었다. 이러한 국민전과 섬멸전 사상은 저 프랑스 혁명해방군의 후미로 나타났던 나폴레옹에서 이미 명료하다. 예컨대 그에 의하면 — 종래의 용병이 아닌 "국민군une armée nationale만이 밖에 대한 안전과 존경을 공화국(곧 프랑스)에 보장"할 것이며 또 "징병제(국민개병제)는 과거에 일찍이 없었던 최선의 조직으로 프랑스군을 만들었으니, 이것은 현저한 국민제도…"라고 하여 국민군을 전제하고 그리고 다시 "아측我側에 대항하여 무장하고 있는 한 열성을 가지고 평화교섭을 선언한다는 것은 있을 수 없는"일로 간주하고 또 "국가간 및 국민간에 휴전은 있을지언정 평화는 없다……"

---

16) Sydney S. Biro, *The German Policy of Revolutionary France 1792-1797*, 1957, Vol., p. 117; Albert Sorel, *L'Europe et la Révolution Française*, T. II, 1885, pp. 433-435.
17) 전인(前引), 까리아, 『프랑스 군사사상사』, p. 198.
18) 전인(前引), 소렐, 『유럽과 프랑스혁명』, 제4권, p. 99. 제3권 제2·3장에 각각 '해방전'·'팽창전'이라고 장제(章題)를 붙여 전쟁 성격의 변화를 표시한 것도 참고가 된다.

고 하여 영국과의 최종결전을 명시한 일도 있다.[19]

섬멸전 그리고 국민전의 사상은 19세기의 후반으로부터 20세기의 전반까지를 풍미한 클라우제비츠 Karl von Clausewitz의 『전쟁론』(1833)에서 정형화한다. 그 전쟁론은 샤른홀스트 G. J. D. von Scharnhorst, 슈타인 남작 H. F. K. von Stein, 그나이제나우 백작 A. N. von Gneisenau, 보이언 장군 Hermann von Boyen 등의 국민해방전 사상을 이어받아 국민전의 사상을 전제로 전개되었다. 전쟁은 18세기말까지도 외교교섭의 수단으로나 또 혹은 일성—城 · 일지역—地域의 점령이라는 제한된 목적으로 실시되는 제한된 전쟁이며 또 동시에 그 집행층인 정권만의 관심사일 뿐 국민전체는 전쟁원인에 맹목일뿐더러 오불관언吾不關焉의 무관심으로서[20] 전투는 한낱 격검擊劍질에 타墮하였다고 여겨졌다.[21] 그러던 것이 마침내 프랑스 대혁명 및 나폴레옹전쟁에 이르러 전쟁은 거연히 애국적인 국민간의 전쟁으로 일변하고 또 전쟁은 군사원칙에 따라 전개되고 군사법칙에 따라 최종승부를 판가름하는 섬멸전으로 변모하여 갔다고 간주되었다. 전쟁은 전쟁대로의 논리, 곧 군사법칙에 의하여 관철되고, 따라서 군사법칙에 의하여 승부의 최종결정이 지워진다는 소위 절대전絶對戰 사상 도입되고 또 따라서 군사논

---

19) 인용은 하기 초본(抄本)에 의함, *Napoléon; Vue Politique*, éd. Adrien Dansette, 1939, pp. 234, 235, 261, 265.
20) 주13 참조. 이러한 전쟁에 대한 국민의 무관심은 또한 일찍이 볼테르가 든 바였다. 곧 그에 의하면 — "기독교 군주국에 있어서 국민은 그들의 군주의 전쟁에 거의 무관심하였다. 대신의 명(命)으로 모집되고 그 대신배(大臣輩)에 맹종하는 장군 지휘하에 있는 용병대는 — 용병대가 전투에 그 이름을 사용하는 군왕들 자신은 피차 전자산의 약탈을 희망하거나 또 계획하지도 않는데도 — 파괴적인 허다한 전투를 감행한다. 전승국 인민은 전패국 전리품의 혜택을 결코 못 보고, 그럼에도 지출은 모두 담당하여야 하며 패전 때와 매한가지로 군대의 번영 속에 고난을 겪게 된다" 운운. 전인(前引) 볼테르, 『루이 14세 시대』, 제1권, pp. 81-82.
21) 전인(前引), 까리아, p. 188.

리 외의 잡인雜因이 혼입되는 현실전現實戰에 있어서도 이러한 군사논리가 우세한 것이 '현대전'으로 시사示唆되었다.[22] 전쟁은 전쟁대로의 논리법칙을 지니고 있으며, 이에 절대전이라는 개념이 수립되는 까닭에, 비록 전쟁은 다른 수단에 의한 정치의 연장이라고 일컬으는 경우에 있어서도 정치와 전쟁의 논리는 자별自別할 수밖에 없고 또 이 까닭에 전쟁은 전쟁대로의 논리에 의하여 자기관철을 하려는 내인內因을 품고 있다고 여겨질 것이었다.[23] 이러한 절대전 사상이 도입되는 근대전은 정치논리에 의하여 부단히 군사논리가 단절되고, 발발된 전쟁이 군사법칙에 의해서 지도관철되느니보다 오히려 정권담당자(왕조)의 정치술책의 일익一翼으로 원용援用될 따름이었던 전쟁과는 판이한 것이었는데 이러한 섬멸전 사상을 중심으로 하는 근대전은 그것이 국민병과 국민전의 단계에서 가능하여졌다고 이해되었다. 이러한 근대전은 나폴레옹전쟁으로부터 보불普佛 전쟁을 거쳐 제1차대전에 이르러 전형화하였으며 다시 국민전의 극한규모로 인식되는 총력전의 양식이 가미되어 새로 현대전으로써 제2차대전에

---

22) 전인(前引), 클라우제비츠, 제3권, 70장, pp. 207-208. 국민전(Volkskrieg)에 대하여는 "문명된 유럽에 있어서 인민전(국민전)이란 19세기의 현상"이라는 말로 시작되는 제6권 제19장 및 제8권 제3장 B중의 p. 562 이하. 절대전 개념은 제8권 제2장.
23) "전쟁은 다른 수단에 의한 정책(Politik)의 계속"이라는 유명한 명제와 그 의미는 pp. 30-32. 특히 ― "한 공동사회(Gemeinheit)의 전쟁, 곧 총국민전의, 또 그리고 특히 문명민족의 전쟁은 항상 정치적 여건에서 발생하며, 또 단지 정치적 동기에서만 요청된다. 전쟁은 또한 한 개의 정치행위이다"라는 말은 주목된다(pp. 30-31). 그렇기는 하지만 그러나 전쟁이 일단 발발되면 그 고유의 법칙에서 진행된다는 데는 다름이 없다고 한다. 곧, "전쟁은 정책의 수단이며, 따라서 정책의 성격을 필연적으로 지니고 있으며, 또 정책의 척도로서 자질되지 않으면 아니된다. 따라서 전쟁지도는 넓은 의미에서는 정책 자체로서 다만 붓대신에 칼을 든데 불과하다고 할 것이다. 그렇기는 하나 그렇다고 해서 전쟁의 고유한 법칙에 따라 생각하는 것을 멈추는 것은 아니다(p. 588)."

이르렀다고 생각되는 것이 예사였다. 말하자면 섬멸전 - 정치형식으로는 무조건 항복을 목표로 하는 근대전은 그 이론의 선구자였던 클라우세윗츠에 있어서도 국민국가Nation-state의 완성기에 따른 국민전 단계의 전쟁형태로 이해되었고 또 근대전과 현대전은 더불어 오래 국민전과 원칙상 같은 전쟁사상으로 인정되었다. 아니, 당초에 근대 및 현대의 대규모 전쟁이 가능하였던 것은 무기발달에 이바지한 과학기술의 발전도 발달이려니와 그 보다도 전쟁의 물질적 수요·재정적 요청 그리고 정신적 전의戰意를 전면적으로 가능하게 한 국민경제의 발달과 국민주의의 완결이 선행하였다는 사실이다. '근대전' - 클라우세윗츠의 시대에 있어서의 '현대전'은 그 실實 국민국가의 완성된 전쟁형태로 존립한다. 마치 근대 전기의 상비용병제와 화력발달에 따른 군사력과 전쟁형태가 일찍이 전기 국민경제의 머컨틸리즘적인 정책에 밀착하여 근대국가 발달에 이바지하듯이 근대전 혹은 고전적 '현대전'이라고 할 수 있는 전쟁형태와 군사력은 고도의 산업경제 태세로 완결된 국민국가의 국민경제에 밀착되어 존립하는 그러한 군사력과 전쟁형태였고 이것을 밑받치는 이데올로기는 국민전[24]의 사상이었다. 국민전은 적어도 명목상 국민방위이론과 조국방위를 위한 물심의 전면적 동원을 국민 스스로가

---

[24] 19세기 하반도 후기에 이르러 신진 독일산업 등의 위협 아래 영국의 철공업계가 제국주의적 방향에 호응할 즈음에 랭커셔(Lancashire)의 섬유업계에서는 여전히 자유무역론이 성행하였을 뿐 아닐 반(反)전쟁론의 입장이었던 것은 일견 군사적 대세와는 어긋나는 인상을 주었다. 그러나 이러한 동안에도 영국 군비(軍備)는 여전히 팽창과정에 있었으며 또 세계에 관절(冠絶)하는 해군국이었으며 또 영국을 포함한 유럽의 대세가 국민경제의 약진과 아울러 국민전 사상에 물들어 있다는 것은 가릴 수 없는 사실일 뿐 아니라, 영국에 있어서도 '징고이즘(Jingoism)'의 예에서와 같이 대중은 쉽게 전쟁열(戰爭熱)에 빠졌었다 - cf. V. Bérard, *British Imperialism and Commercial Supremacy*, transl. by H. W. Foskett, pp. 153ff.

결정한다는 국민의사이론을 제쳐놓고는 역사적으로 성립된 일이 없었다. 섬멸전·국민전·국민주의·조국사상·국민경제·군사파괴력의 증대·국민개병·국민주권(국가지상)은 모두 서로 얼키고 설켜 있어서 그 중의 하나라도 제거할 수 없이 연결되어 있었다.

그런데 제1차대전으로부터 무조건 항복을 가져오는 섬멸전인 근대전에 색다른 결과가 나타나기 시작하였다. 본래 제1차대전이 세계대전이라고 보통 불리우는 이유는, 주지되듯이 그 전쟁규모가 전세계적이라는 간단한 까닭이었는데, 또 그것이 전세계적이었던 연유는 다름아니라 구미歐美 강대국의 총력전의 형식으로 진행된 전투는 자연히 강대국의 세계정책에 밀착되어 있는 세계경제·세계정치에 중대하고 전면적인 변동과 영향을 가져오지 않을 수 없었고, 따라 세계적 규모가 아니될 수 없었던 탓이었다.[25] 이 결과, 세계대전의 진전과 및 그 종결에 의하여 가장 심한 영향을 입은 것은 정치도 정치려니와 또한 세계경제가 아닐 수 없었다. 일례를 들건대 - 세계무역은 물가안정기인 1880년-1913년간에 있어서 그 총액으로 보아 약 3.8배의 급증을 나타냈음에 반하여, 1913년를 100으로 잡는 경우, 1921년도는 80, 그리고 서유럽만은 단 60이라는 처참한 무역량의 하락을 시현하였다.[26] 승리국이었던 영英·불佛에 있어서도 수출부진에 따

---

25) 이렇듯이 세계적 대전이었던 소이(所以)가 유럽 강대국간의 분규의 여파로써, 온 세계가 영향을 입은데 있었던 까닭에 유럽 사람의 입장에서는 대규모의 유럽전 혹은 발레리(Paul Valéry)의 예에서 이미 들은 바와 같이 유럽의 비극으로 인정되었거니와, 케인즈에 이르러는 더 솔직히 '유럽의 내란'이라고까지 불리웠었다(John M. Keynes, The Economic Consequences of the Peace, 1924, p. 3).
26) *Die Wirtschaft des Auslandes 1900-1927*, 1928에서 산출 및 *U. N. Eco. Com. for Europe, Growth and Stagnation in the European Economy*, by I. Svennilson, 1954, ch. 9, esp. pp. 169ff., 292.

라 수출입의 밸런스는 악화일로의 곤경이었으니, 영국은 1913년도 월평균수입 초과액이 1,100만 방磅 내외였던 것이 1919년에는 6,000만 방磅전후였으며, 프랑스의 경우는 1913년도에 비하여 1919년 종전년도에는 10배를 훨씬 넘는 수입초과였고[27] 또 전후 회복기에 들어섰다는 1924년으로부터 대공황 전년인 1928년까지의 영국의 원료・식량 수입은 1913년을 100으로 잡는 경우 겨우 80여라는 비율을 보여 주었다.[28] 대원료수입국이며 동시에 대제품수출국이었던 영국의 이 형편은 그대로 국제상품 이동의 전후 축소를 상징하고도 남는 바가 있으니, 다시 세계무역고에서 보건대 전전戰前 수준을 회복하였다는 1925년을 100으로 보면 1929년까지의 총액은 1926년이 96, 1927년이 101, 1928년이 104, 1929년이 105.5로 그 지지부진하는 세계무역의 정체상태를 짐작할 수 있다.[29] 이러한 세계경제의 위축은 단적으로 승리국이었으며, 전전戰前 최대의 무역국이오, 또 금융대출국이었던 영국의 국제수지에 반영되었으니, 그 밸런스Balance를 보면 경상수지에 있어서는 1913년의 2억 방磅 가까운 흑자가 1920년도에는 2억대로 유지되었으나, 1922년부터는 1억 4,000대로부터 7,000만, 4,000만대로 감수減收되고 1926년에는 4,100만의 적자까지를 내었으며 한편 자본감정資本勘定의 수입도 경상감정經常勘定과 같이 심하지는 않았다하더라도 감소경향을 유지하였다.[30] 더구나

---

27) 전인(前引), 케인즈, 동서(同書), p. 237 및 p. 229.
28) League of Nations, *The Course and Phases of the World Economic Depression*, rev. ed., 1931, p. 82, 제18표.
29) 국제연맹, 동서(同書), p. 125, 제2표.
30) *The Problem of International Investment*; A Report by a Study Group of Members of the Royal Institute of Int. Affairs, 1937, p. 139. 하기는, 영국의 국제무역 수지의 악화는 외견보다는 그리 우려할 것이 아니라는 것이 케인즈의 예측으로서 그 이유로 영국의 국제서비스의 수입(운수 수입)을 들고 있으나(전인서前引書 p. 237 각주), 그러나 국제무역 수지의 악화

전후의 물가앙등物價昻騰으로 본다면 실수實收는 전전戰前에 비하여 대폭으로 줄어든 것을 알 수 있다.[31] 승리국인 대영국이 이 모양일진댄 전패국인 독일의 경제형편은 논할 여지가 없는 참상으로서 저 유명한 전후 독일화폐가치의 대폭락으로 상징되었다고도 할 수 있으리라. 다만 미국은 전쟁 후반기에 참전하였던 것과 또 본국이 직접 전화戰禍를 입지 않았던 탓으로 방대한 전시 생산확장과 생산재의 보전이 가능하였으며 동시에 생산력 및 금융력이 공히 거대하였던 것이었으나 그 미국도 1925년도의 생산력을 크게 초과하지 못한 채로 1928년에 이르렀었다.[32] 이렇듯이 제1차대전은 전전戰前에 있었던 세계경제의 급격한 발전을 일시에 저지하였을 뿐 아니라 나아가서 세계경제의 중요한 구성요소인 산업국 국민경제에 치명적 영향을 주었으며 이로 인하여 원료 수출국도 또한 타격을 받게 되었다. 본래 유럽에 있어서도 오래 전부터, 전쟁은 승패(勝敗)간에 빈곤을 가져온다고 비평된 일이 있기는 하였으나, 제1차대전에 있어서 – 특히 제국주의 시대에 있어서 전쟁은 경제이익을 가져 오는 수단으로 여겨진다고 주장되었고 또 정책으로 실시되었다. 머컨틸리즘의 시대와 제국주의 시대를 통하여 전쟁이 동시에 국부추구의 수단이었던 것은 이미 자세히 말한 바 있거니와 대영제국주의의 급선봉이었던 J. 챔벌린Chamberlain 같은 사람은 노골히 '이익있는 전쟁'war with profit 이라고 주장하여 보아전쟁 같은 전쟁을 옹호하였다.[33] 뿐만 아니라 설령 전쟁의 발발로 인하여 국제경제의 일국一局이 혼란에 빠

경향만은 부정할 수 없는 사실이었다. 참조 – 전인(前引) 1900-1927 해외경제 (독일통계집) 중 p. 5, 33, 42 각 면(面).
31) 국제연맹, 전인서(前引書), p. 71 이하
32) 국제연맹, 동서(同書) p. 17 제2표의 미국 관계 및 H. U. Faulkner, *American Economic History*, 5th ed., p. 606ff.
33) 전인(前引) 베랄, 『영국 제국주의와 산업패권』, p. 48.

지고 국제경제의 발전이 그 지역에서 저해되는 경우에 있어서도 다른 지역경제와 중립국 생산력의 증진·발달로 인하여 세계경제의 위축이 방지될 뿐 아니라 오히려 - 보불전普佛戰의 보국普國, 노토전露土戰의 서유럽 자본과 같이 - 유럽국의 산업근대화 또는 금융자본 발달에 이바지하는 경우가 19세기 후반으로부터 20세기초의 경향이라고까지 여겨졌다.[34] 그러던 것이 제1차대전은 그 전쟁규모가 세계적이 되었을 뿐 아니라 대전쟁은 세계경제를 전면적으로 또 급격히 위축시키고 그리고 이 세계경제에 매개되어 서로 의존하던 국민경제에 큰 동요를 가져오게 하였다. 케인즈J. M. Keynes의 논평을 빌릴진대 - 대전으로 말미암아 중·서유럽의 산업제품과 신대륙·동구東歐의 농업생산품 사이의 균형은 파괴되고, 유럽 생산력의 저하로 인한 세계무역의 위축과 악성 인플레에 따른 국제금융과 교역의 불안정에서 오는 유럽 소요물자 (원료·식량)의 해외 구득불능購得不能은 평화조약을 무색하게 하였었다.[35] 이러한 사실은 서로 오래 밀착하여 비대해온 국민경제와 전쟁·군사와의 관계를 저윽이 손상시키는 것이라고 아니할 수 없다. 혹 사람은 미국은 예외였다고 할 것이다. 미국은 제1차 대전의 전반에 있어서는 수출수요가 대폭으로 팽창한 중립국가였으며, 대전에 참가한 후반기에 있어서도 불佛·영英 - 특히 프랑스와는 달라서 본토 전화戰禍가 전무하였던 관계로 전쟁중 생산확대에 따른 전시 호경기가 계속되었다. 그러나 그 미국도 전

---

34) 가령 19세기 후반기의 세계금융 시장을 차지하였던 영국 금융계로 보면 이탈리아 통일전(統一戰), 근동정책 등 분규 지역에 막대한 국제자본이 부여되고 또 그것이 바로 정치력을 발휘하였다(L. Hamilton, *The Migration of British Capital to 1875*, 1927, ch. 1-4, VI-4, IX, X, esp. pp. 238ff; H. Feis, Europe: *The World's Banker 1870-1914*, 1930, Pt. I, chpt. 2, Pt. II, chpt. 4, Pt. III, chpt. 14-4, 16, 17, 19 및 W. T. C. King, *History of the London Discount Market*, 1936, chpt. 8.).
35) 전인(前引) 케인즈, p. 22, 212, 216.

후에 있어서는 경제파탄을 본 유럽 제국諸國 등의 구매불능Buyer's Strike으로 인하여 불경기를 면할 수 없었다. 일방, 1924년 이후 이룩된 유럽경제의 소강상태만 하더라도 그 주인主因은 – 주지되듯이 – 또 케인즈의 예언대로, 전채戰債 문제의 연기와 미국 등의 거대한 단기 자본투입에 의한 것[36]이로되 그것도 오래 못가고 확대 경제정책 등의 반동으로 1929년의 대공황을 맞이하게 되었다. 이렇듯이 이미 제1차대전에 있어서 소위 '유럽 내란'의 본거지인 유럽의 전체경제와 및 영국을 제외한 유럽각국의 경제는 유럽 외의 경제력과 세계경제의 회복을 기다리지 않고는 그 회복이 극히 곤란하다고 여겨졌다.

이에 대하여 제2차대전은 전대전前大戰에 비교할 바가 아닌 막대한 직접 전재戰災를 세계 각지에 발생시켰음에도 불구하고 그로 인한 세계경제의 위축은 대단한 것이 아니었고 또 피해 각국의 회복도 – 적어도 자본주의 지역에 있어서는 – 매우 급속히 이루어졌다. 그 예로서 세계무역량을 들건대 – 전전戰前 최고였던 1937년을 100으로 잡는 경우 1946년은 106의 고율이며, 1947년을 예외로 하고 연년 증가 – 그것도 급격한 증가율을 보였으며, 한편 전화戰禍가 가장 심하였던 서유럽에 있어서도 회복은 빨라서, 1950년에 전전戰前 무역량을 돌파하였으며, 그 전년에는 광공업 생산력도 전전戰前 상태를 회복하였었다.[37] 이러한 급속한 유럽경제의 회복과 세계경제의 유지 및 계속적인 발전이 직접 전재戰災를 입지 않은 미국 경제력의 동원에 유래하는 것은 주지되어 있는 일이다. 유럽경제 – 곧 선진자본주의 경제의 구중

---

36) 케인즈, 동서(同書), p. 252 이하 (전채(戰債) 관계) 및 p. 265 (미국 투자자본 관계). 전인(前引), 『국제투자문제』, p. 16 이하 및 제11장.
37) 전인(前引), 국제연합, 『유럽경제에 있어서의 생장(生長)과 정체』. 169, 171-173, 206-208, 219, 225의 각 면(面) 및 도표: p. 292의 A58, p. 300의 A64, p. 304의 A66 참조.

심舊中心이던 구주지역이 전쟁피해로부터 완전히 회복한 1949년 12월 현재까지의 미국의 비군사 원조자금은 도합 228억 - 그 중 대서구對西歐 할당액은 163억의 거액이었다. 말하자면 비군사 원조의 62%가 서유럽에 투입되었다.[38] 여기에 다시 13억 미불美弗을 초과하는 군사원조가 첨가되어 인조적인 유효수요 창설에 이바지하게 되고, 이 결과 세계경제 - 특히 비공산지역 경제는 위축을 면하게 되고 또 일방 전시팽창을 본 미국경제의 방대한 생산력도 대체로는 유지되게 되었다. 말하자면 또 다시 직접 전재戰災를 입지 않았던 미대륙의 경제력에 의하여 파탄의 위험에 직면한 많은 국민경제가 소생을 보았다. 그러나 이러한 양차 대전의 경험은 중대한 의문을 던지게 된다. 무엇인가 하면, 만일에 미국같은 대경제국이 직접 전재戰災 - 그것도 전무후무의 파괴력을 발휘하는 핵무기 등의 대전에서 오는 직접 전재戰災 권내에 포함되는 경우 이에 따른 전후 세계경제와 각국경제의 장래는 어떻게 되느냐 하는 점이 바로 그것이다. 이론상, 현대의 대전은, 그것이 재래齋來하는 경제적 파탄을 수습할만한 자본력과 생산력이 마련되지 않는 한, 국민경제의 전통을 그래도 기반으로 하는 세계경제는 파탄에 직면하지 않을 수 없거니와, 또 만일에 이러한 이론이 옳다면은 그것은 바로 근대국가의 치명적인 이변이 아닐 수 없을 것이다.

근대국가 발달에 그처럼 공헌한 막대한 군사적 요인과 이에 따른 근대전 및 현대전은 단지 세계경제와 다수 국가의 국민경제에 중대한 손상을 주는 경향을 시현하였을 뿐아니라 또 한편 근대국가의 완성기에 출현하고 근대전의 일모一貌를 결정한 국

---

38) 자본부족이 현저한 후진지역에 보다도, 서유럽 지역에 집중적으로 원조자본이 투입된 것은 국제경제 면에서 여러 사람에 의하여 주목되었다 - 일례로는 Gunnar Myrdal, *An International Economy*, 1956, pp. 122ff.

민전의 근본원칙에도 이변을 가져올 기세가 엿보이기 시작하였다. 당초 제2차대전후 성립한 소련의 국가세력을 배경으로 하는 대규모의 마르크스주의 사상의 유포는 전쟁면에 있어서도 계급전 사상의 보급을 가져오고 나아가서는 국민전 사상을 파괴하는 국내의 계급적 내란의 도발이 장려되었다. 따라서 이로 인한 국내규모의 무력혁명은 그것이 단순히 근대국가 내의 내란 및 혁명과는 달라서 직각적으로 국제적 영향을 갖게 되고 또 근대국가의 사회경제적 기반의 부인 – 곧 근대국가의 이데올로기적 부인을 의미하게 되었다. 바버프Babeuf, 불랑키Blanqui 같은 정예무력주의로부터, 바쿠닌Bakunine, 마르크스Marx, 엥겔스Engels에 이르는 평등주의 혁명가의 이론은 모두가 근대국가의 국민전 사상과는 멀어서, 전쟁의 진수는 '국민'의 단위가 아니라 '계급'의 단위에서 이해되었다.[39] 이러한 전쟁사상이 종래의 국민전 사상에 중대한 위협을 가하는 것은 물론이오, 나아가서는 내란의 전통적 성격을 일변하게 하는 요인으로 해석된다.[40] 뿐만 아니라 이렇듯이 '국민구조'의 파괴는 이러한 이데올로기적 각도에서만 가능하였던 것이 아니라 현실로는 근대국가 자체의 강력정책과 조작造作에 의하여 괴뢰정부 또는 괴뢰군을 마련함으로써 가능할 법하였었다. 만주국의 만군滿軍 존재는 적어도 이론상 만주에 있어서의 '중국 국민전'의 성격을 용허하지 않겠다는 것을 의미

---

39) 졸저 『정치와 정치사상』, p. 173 이하. 국민전의 형식을 취한 보불(普佛)전쟁 전후에 있어서 취한 마르크스, 엥겔스의 전쟁관은 유명한 『프랑스의 내전』 그리고 엥겔스의 『고타 강령 비판』 및 『독일 농민전쟁』 의 양(兩) 서문에 명료하다(딧스 서점 2권본 선집, 상권 459-462, 476-478, 717의 각 면).

40) 무력혁명으로서의 내란은 마르크스의 『프랑스에 있어서의 계급투쟁』, 『루이 보나파르트의 브류맬 18일』, 『프랑스의 내란』 중에서 이론화되고 있는 것은 주지되어 있다(특히 전인(前引) 2권본 선집, 144, 133, 478-480, 486, 497, 512-513의 각 면).

한다. 이러한 강대국의 강력정책은 제2차대전 중에 발생한 여러 사건 - 예컨대 소련에 항복하였던 파울루스 군단, 독일군에 가담하였던 불군佛軍 등에서도 엿볼 수 있는데 이것이 결과로서는 국민전 사상에의 도전인 것은 말할 것도 없다. 더구나 그것이 제2차대전후에 발생하여 현재까지 내려오는 국토양단國土兩斷 제국諸國의 현황 및 전투사태에 들어간 제사변諸事變에 이르르는 국민주의 전쟁사상에 분명히 일탈되는 바로서 그 이유·원인이 어떻든 간에 근대국가의 위기를 말하는 것이 또한 아닐 수 없다. 하기는 이미 나토군 같은 지역군사조직에 편입된 각국군의 성격 또 혹은 국제군의 지휘아래 있는 군대의 예에 있어서와 같이 초국가적인 면모가 나타나는 것도 그 성질상 근대국가적이라고 할 수 없는 것이었다. 그러나 이보다도 중대한 변화는 군사적 성격자체에 일어난 사태이다. 국민전은 - 앞서 든 바와 같이 - 본래 섬멸전의 동원양식에서 오는 것이며 필연적으로 총국력전의 방향을 걷는다. 이데올로기로서의 조국사상·민족사상과 동원양식으로서의 국민개병제 및 근대적 교통·통신·화력·보급력의 결합으로 이루어지는 국민전은 또 동시에 군사적 요인이 압도하는 섬멸전으로 등장한 것이었다. 클라우세윗츠의 절대전 이론을 따른다면 - 근대 국민전은, 비군사적 요인이 혼합하는 현실전現實戰에 있어서도 군사법칙에 따른 군사적 요인이 우선하고 따라서 군사적 승리가 결정적인 의미를 갖는다고 이해되는데, 이러한 전쟁관념은 원칙적으로는 제2차대전까지를 지배하였다. 현대전에 있어서도 가능한 군사적 승리가 군사 외적外的 요인에 의하여 저지된다는 것은 전쟁원칙에 어긋나는 것이며 또 국민전 이론에 수반되는 무조건 항복이라는 목표에 어긋난다고 오래 생각되어 왔다. 전시에 있어서의 군사우선 및 적군섬멸의 원칙은 움직일 수 없는 것으로 여겨져 왔다. 그러던 것이 제2차대전후의 진전은 의외에도 이와는 다른 방향을 암시하게 되었다.

제2차대전후의 군비軍備 및 군사재정의 경향은 1947년 이후 냉전의 격화에 따라 평시로서는 이례의 팽창을 거듭하고 있는 것은 주지되어 있는 일이다. 지금 앞서 예시한 바 있는 영국을 들어 참고하건대 – 제1차대전의 4년 후인 1922년도의 군사비의 대對총세출 비율은 14%, 대對국민소득 비율은 2.7%였음에 반하여 1949년도의 세출에 있어서 군사비는 22%, 군사비의 대對국민소득 비율은 7.1%의 고율을 시현하였으며, 한국사변의 제2년도인 1951년도에는 각각 27.3% 및 9.5%로 상승하였다. 더구나 자유진영의 주장主將격인 미국에 있어서는 같은 1949년 및 1951년에 있어서 각각 30.4%와 44.8%, 그리고 국민소득에 대하여는 5.6%와 7.4%의 고율을 시현하였다. 제2차대전후 현대전에 따르는 방대한 보급물량, 항공기의 발달도 발달이려니와 – 세상이 주지 하듯이 – 핵무기와 우주 운반기구의 연구·발달에 따른 군비軍費의 팽창은 거의 소국의 경쟁의욕을 말살시킬 정도였는데 이러한 거대한 신무기와 운반구運搬具의 발달이 소위 적파멸敵破滅의 '충족량'에 도달되었다고 생각되는 근년에 이르러 강대국의 책임자는 모두 예외 없이 장래의 대전을 승부없는 인류의 파멸전이라고 규정하고 그 회피를 제가끔 역설하고 있다.[41] 전무후무한 방대한 평시 군비軍備와 군사 지출을 감행하면서 동시에 승리없는 전쟁, 항복이 아닌 파멸만을 예언한다는 사실은 일견 아이러니컬한 것이기는 하나, 아무튼 국민전의 섬멸전 사상과 그 가

---

41) 미소의 최고책임자들이 수년래 제3차대전을 인류파멸의 핵무기전(대량살육전)이라고 주장하는 것은 거의 관례가 되어 있는 사실인데 영국의 전수상 이든의 『회상록』을 보면 이러한 것이 한낱 정치적 제스추어로만 행하여진 것이 아닌 인상을 받는다(A. Eden, *The Memoirs of Sir Anthony Eden: Full Circle*, 1960, pp. 368-369).

능성은 군사와 전쟁의 자기법칙에 의하여 부정되는 것과 같은 인상을 면할 길이 없게 되었다. 말하자면 현대 군사발달의 전망은 바야흐로 군사이론에 따른 군사목적 – 곧 군사적 승리의 상실을 가져오고 따라서 그 목표를 잃게 되는 정황을 나타내가는 인상을 준다. 이것은 이른바 군사법칙의 자가모순이 아닐 수 없고 따라 이를 저초底礎하는 근대국가의 모순이 아닐 수 없다. 더구나 이러한 '승리없는 전쟁'의 가능성과 그에 대한 회피의 노력은 뜻밖에도 전쟁지도 내지는 군사정책에 있어서의 정치우위의 회복이라는 현상을 가져오고 있다. 이미 제1차대전 중에 있어서 현대전에 수반되는 방대한 전시보급·군사관리·여론지도 등의 복잡한 기능과 조직은 때로는 군사령관의 책임을 초월하여 최고정치 책임자의 지도력과 정론지도政論指導 등의 복잡한 기능과 조직은 때로는 군사령관의 책임을 초월하여 최고 정치책임자의 지도력과 정치적 고려를 기다리지 않으면[42] 아니될 허다한 사례를 보여주었다. 더구나 그것이 제2차대전후에 이르러는 가능한 치명적인 전면전의 회피를 위하여 정치책임자의 고도의 정치력이 발휘되고 군사행동은 강력한 정치적 간섭아래 비군사적으로 수행되는 예를 낳게 하였다. 한국사변, 수에즈전戰과 같은 것이 모두 초군사적 고려에서 시시각각으로 관여되고 또 정치적 압력아래 결지은 것은 모두 아는 바이다.[43] 이러한 예는 얼핏 보면, 클라우세윗츠가 이른바 18세기까지의 군왕의 전쟁, 곧 정치적 관여아래 비군사적 고려로서 지도되는 전쟁 – 외교적 교섭이나 조약체결에 유리한 조건을 마련하기 위하여 감행하는 전투 – 따라

---

42) 참조 – E. Ludendorff, *Kriegsführung und politik*, 1923, S. 1ff.
43) 한국 사변에 관하여는 유명한 '맥카서 히어링(청문회)' *Hearings before the Committee of Armed Services and the Committee on Foreign Relations*, 1951, pt. I(vol. I), pp. 17ff, 30ff, 39ff, esp. 45. 수에즈 사건에 관하여는 전인(前引) 이든 『회상록』 제3편, 특히 8·9장.

제 1 절 군사·경제·정치

서 섬멸이란 생각도 해보지 않은 고전적인 전쟁형戰爭型에 되돌아가는 인상을 준다. 이것은 바꾸어 말하면 근대국가의 내인內因으로 존재하던 군사주의와 이에 따른 전쟁형태가 그 자체의 의의를 상실하여가고 있다는 것으로 해석될 것이다.

2. 자기변이의 제상諸相 (속)

근대국가란, 앞서 이미 논급한 바 있듯이, 본래 중세적인 '제국'Empire에 대한 새로운 국가관념으로서 대체로 르네상스기에 출현한 지역적이며 권력적인 군주국·군왕국Stato; État으로부터 시작된다. 이 새로운 국가형國家型은 중세 제국형帝國型과는 그 명분과 정치의 의식부터가 달라져 나왔던 것은 앞서 들은 바와 같으다. 중세 제국은 유럽에 보편적으로 타당하는 기독교 사회관념을 근거로 하여 명분상 '신의'神意에 의한 보편적인 정치체로 존재하였던 것이며, 이 까닭에 '제국'은 — 사실상의 지배는 어떠하던 간에 그 보편성과 통치Imperium의 명분은 유지하였다. 이에 반하여 근대국가라는 새 '국가'형型은 그 성립의 계기부터 반보편주의·개별주의의 기치아래 이루어졌으니, 근대군주의 오랜 반제왕권反帝王權·반법왕권反法王權 투쟁에서 이것을 명백히 간취할 수 있다. 또 새 '국가'는 그 확립의 과정으로부터가 주로 적나라한 실력행사였던 것은 저 이탈리아형型의 시그노리아Signoria, 불佛·서西·영英형의 군왕에서 보는 바와 같은데, 그 결과 그 지배는 명백한 실력 위에 이루어진다고 여겨졌으며 또 그 지배는 한정된 지역에 대한 독점적이며 배타적인 것이 될 수밖에 없었다. 중세의 보편주의를 버리고 또 그에 항거하는 동안에 한 '지역'에 대한 철저한 실력적 지배가 경험적 사실로서 나타났다. 이에 따라 르네상스기 이래 '국가'Stato; État의 현상은 신의神意와 관계 없는 역사적으로 펼쳐진 '경험'으로 이해되고 또 그 정책과 운영도 이에 따라 르네상스적인 '이성理性'[44], 곧 현실적이며 타산적인 '이성'에 기期하는 바가 크게 되었다. 이른바 '국가이성'Raison d'État이라는 근대국가의 관념도, 따진다면 이러한 르네상스적인 새로운 국가관에 유래하는 것이었다. 연고로 근대국가는 그 역사적 성격상 비보편주의, 아니 반보편주의적이라고까지 할 수 있는 일국주의의 정치체로서 그 역사적 전재에 따라 나타난 종종의 사상과 제도 곧, 주권·정치권政治權·공공·국민nation 및 국민주의·민주제 및 민주주의·사회복지 따위는 필연적으로 일국주의적인 성격을 갖지 않을 수 없었다. '주권'·'국민'은 말부터가 일국적이려니와 여타에 있어서도 사실상 일국 내에 한정되는 것으로서 그 성격이 모두 '일국적'이라는 정도를 넘어서 '일국주의적'이라고까지 할 수 있는 면을 지니고 있었다. 이러한 의미에서 관찰할 때 19세기 후반으로부터 금세기 전반에 걸쳐 점차로 온 세계에 유포된 몇 가지의 주의와 사상, 곧 민족주의(자결권)·민주주의(참정권·인권)·사회복지 사상 등은 그것이 가지고 있던 '전파적' 성격에도 불구하고 하나로 통합시키느니보다 오히려 한두 가지의 원칙에 의하여 세계를 격렬한 경합적인 부분으로 세분하는 구실을 담당하였다. 이러한 사상·주의·제도가 유럽 세력의 확대와 더불어 세계적인 사상·주의·제도로 나타나고, 세계를 거연히 일매지고 일률적인 국제의미권國際意味圈으로 전환시켰으나 동시에, 그 일국주의적인 성격으로 인하여 세계를 치열하고 무자비한 경쟁 속에 사는 일국주의적인 사상·주의·제

---

44) J. - A. Maravall, *La Philosophie Politique Espagnole au XVIIᵉ Siècle*, traduit par L. Cazes et P. Mesnard 1955, pp. 28-29, 69 et seq.

도의 나라의 터로 화하게 하고 말았다. 말하자면 민족주의·민주사상·국가사상은 그 전파의 보편성에도 불구하고 본질상 일국적이며 따라서 '세계'에 대하여는 부분을 전체로 가장하게 되는 일종의 이데올로기로 행세하여 왔었다. 이것은 그 주의·사상·제도가 지닌 '이념'에서 볼 때 모순이 아닐 수 없다. 그 이념이 지니고 있는 일반성이 '국가'라는 틀에서 왜곡되는 경우에 일어난 모순이 아니라고 할 수 없으리라. 일찍이 프랑스 대혁명 당시 민주주의의 이념이 갖는 논리 그대로 초국가적인 입장에 서서 이른바 '우애'Fraternité와 국제주의를 고조高調하던 적이 있기는 하였으나 그것도 열국간섭으로부터는 '해방'을 부르짖기만 하였을 뿐 이미 국제주의는 아니었다. 이러한 근대국가의 모순 – 곧, 근대국가의 성숙단계에 있어서 점차로 쌓터서 발전하는 국민주의·민족주의·민주주의 사상의 원칙과 제도는 그것이 근대국가 안에 국척跼蹐하며 동시에 다른 국제권國際圈, 다른 나라에 이데올로기로 작용하는 한 일국주의적이며 동시에 보편주의적이어야 된다는 자기모순에 빠지고 만다. 왜냐하면 일국주의적이었던 까닭에 남의 희생 위에 이 사상·제도가 관철되는 예가 허다하였으며 또 한편 그것은 다른 곳, 다른 민족에게 보편주의적인 위장 아래 전파되는 것이 상례인 까닭에 필연적으로 '남을 위한' 희생은 예민하게 자각되고 곧 부정·부당에 대한 저항으로 전개된다. 심지어 저항선을 넘어서면 그 나라·민족은 일국주의적인 근대 민족국가 또는 민주국가로서 새로이 남나라·타민족의 희생을 요구하는 것은 이미 우리가 많이 역사에서 보아왔던 바이다. 지금 이러한 일국주의적인 사실을 하나 둘 들어 본다. 영국의 자유주의적 민주주의의 실질적인 진전은 우선 참정권의 확대로써 구체화되었다고 볼 것인데, 대체로 1832년 선거법 개정으로 자산계급의 선거권이 넓어졌고, 다음에는 1867년 개정 등으로 제한적이기는 하나 노동계급의 투표획득에 따라 국민 동의의 실實이 어느 정도 거두어졌다고 인정된다. 그런데 여차한 민주제도의 국민주의적 확대는, 주지되듯이 영국 상공업계의 비약적인 발달 및 자유무역 정책의 성공과 이에 따른 국부의 팽창의 시기와 때를 같이 하였었다. 지금 스탬J. Stam의 추산을 빌리건대[45] – 1850년대의 국민 총소득은 대개 4.5억 방磅 전후를 상하하던 것이, 1860년대는 8.9억대, 1870년대는 일약 12억대, 1870년대 후반 및 1880년대 불경기 시절을 지나 1890년대는 다시 상승하여 16억대, 1900년대에 들어서면 20억 방磅대에 육박하였으니 이것으로 간단히 그 국부의 약진도躍進度를 짐작할 수 있다. 이러한 국부 상승의 추세는 일방 노동계급에게도 그 여덕餘德을 입게 하였다. 바울리Bowley에 의하면[46] – 1900년의 실질 노임의 지수는 대략 1850년의 배를 시현하였다는 것인데, 그것은 곧 영국 노동자의 수입이 국민 총소득의 증가율은 미처 따르지 못하였으나 그러나 아뭏든간에 수입사정이 50년간에 많이 개선된 것을 증명한다. 뿐만 아니라 신진 상공업계의 이데올로기로서 등장한 자유주의와 그 전위前衛인 소위 '급진주의자'Radicals 사이에는 원래 노자勞資 협조와 사회복지의 관념에 선 사회개량 · 사회입법 · 구빈救貧 정책의 여러 운동이 있었는데 여기에 다시 '1867년 개정법'이 첨가됨으로써 홀연히 정당정치의 정략적 요소까지 가미되게 되었었다. 보수당에 의하여 도입된 '1867년 개정법'으

---

45) J. Stam, *British Incomes and Property: The Application of Official Statistics to Economic Problems*, 1927, p. 427.
46) L. C. A. Knowles, *The Industrial and Commercial Revolutions in Great Britain during the Nineteenth Century*, 1930, p. 169; G. D. H. Cole, *A Short History of the British Working Class Movement 1789-1927*, Vol. II (1848-1900), 1927, p. 200.

로 나타난 노동표는 1867년에는 자유당에 합세하여 그랫드스톤 Gladstone 내각을 가능하게 하였고 또 그후 자유당 정부가 노동조합 운동에 비호의적인 경향을 보이자 다시 노동표는 보수당으로 돌아 1874년 디즈렐리 내각을 가능하게 하는데 공헌하였다. 노동표가 정당정치에 압력을 가하게 되메, 이에 따라 사회복지·사회입법의 추세는 가일층 촉진되어갔던 것은 모두 아는 바이다. 그런데 이 시기, 곧 영국의 국부증가에 따른 영국 민주주의의 발전기는 바로 싱가포르(1819)·아덴(1839) 등의 항로근거지를 확보한 영국이 인도의 편잡 지방을 병합하고 대반란(1857)을 진압함으로써 인도식민지 경영을 공고화하며, 나아가 아편전쟁 등을 일으켜 중국을 반식민지화하고, 다시 1870·1880년대의 대불경기를 겪는 중에 제국주의·식민지주의로 나아가 아프리카 분할에 참가하고, 남아南阿에서 보아국 독립을 위요하여 1848년, 1881년, 1899-1902년 3차에 걸친 식민지전植民地戰을 감행하던 때이며 또 한편 정치금융으로 재정권을 장악함으로 말미암아 이집트을 식민지화하고 중근동 일대를 잠식하던 무렵이었다.[47] 이러한 사실은 J. 챔벌린Chamberlain, 1836-1914의 대영제국주의에서 전형적으로 볼 수 있다. 영국 중부지방, 철공업 중심지인 버밍엄Brimingham의 산업이익을 대표하고 후일 대영국주의자로 이름높던 챔벌린은 본래 "진정하고 오랜 급진주의자Radical, 콥덴Cobden 및 존 브라이트John Bright의 문생門生, 그리고 맨체스터Manchester와 셰필드Sheffield의 사람"(1885년 7월 30일 강연 중)[48]으로서, 시장 시대·하원의원 시대를 통하여 소시민·노동자를 위한 사회복지 정책, 소농을 위한 토지개량 정책, 빈민·노동자를 위한 사회입법 정책(의

---

47) cf. H. Feis, *Europe: The World's Banker 1870-1914*, 1930, pp. 365-378 & ch. XVII-1.
48) 인용은 - V. Bérard, *British Imperialism and Commercial Supremacy*, English transl., 1906, p. 18. 같은 의미로 *ibid.*, p. 15.

무교육법·노동자 보상법 등)에 과감하였던 자로,[49] 말하자면 영국 민주주의의 앞장의 하나였다. 이 급진파 챔벌린은 '자유무역' 전후의 번영기 영국을 논평하여 – "아프리카의 사막을 식민지화하고, 노예적인 문서로 야만 세력가의 환심을 사고, 아편 상자에 담아 문명을 수출하며 또 무지몽매한 백성을 총검 끝으로 강요" 하였다고 신랄하게 비난한 일도 있다.[50] 이 열렬한 챔벌린의 사회개량·사회복지·토지개혁의 구상은 1880년대의 불황에 부딪치자 무참히도 무너지고 마는데, 한편 1886년의 아일랜드 자치안Irish Home Rule을 계기로 그는 글랫드스톤 내각에 반대하는 대영국주의자로 등장하게 된다. 1895년 총선거에 챔벌린의 자유통일당은 보수당에 합세하여 승리를 거두어 그는 마침내 솔스베리Salisbury 보수당 내각(1895-1902)의 식민지장관이 되거니와, 그 당시 보수장 선거강령으로 채택된 자유통일파의 주장 속에 여전히 국내 사회복지 정책·사회입법 정책이 강조되어 있는 것을 보면 챔벌린의 대영국주의의 목적하는 바가 무엇이었던가가 쉽사리 추측될 것이다. 챔벌린의 대영주의大英主義는 단순한 대영주의가 아니라 대영 인종주의·앵글로색슨주의이며, 그의 제국주의는 단순히 대영제국주의가 아니라 이익있는 전쟁이면 가하다는 식의 호전적이며, 대영식민지주의는 토착인에게 행복과 번영과 평화와 문명을 준다는 식의 우월적인 제국주의였으며,[51] 또 대영제국은 '이익' 관념의 소산이며, 또 "아등我等 정치가의 제일 책무는 본결합(제국)을 영원히 물질적 이익의 기반 위에 안치하는데 있다"[52]고 보았다. 아니 일보를 진하여, 대영제국주의는 누

---

49) ibid., 19, 20, 30, 32의 각 면(面).
50) ibid., p. 14.
51) ibid., 47, 48-49, 51의 각 면(面).
52) ibid., p. 51.

구보다도 먼저 영국 노동계급의 이익이라고 명백히 말한다. "현재 사실상 외국인이 차지하고 있는 혜택을 바꾸어 우리를 위하여 보존하게 하는 통일된 제국(대영)의 방대한 이익을 시비하는 사람은 오늘날 없을 것이다. 본인은 단언하노니, 아등我等 지배제국의 실패는 누구에게 보다도 먼저 이 나라의 노동계급에 그 무게가 떨어질 것이라"[53]는 것이었다. 이와 같은 대영제국주의자 챔벌린에서 보듯이, 무릇 전쟁·식민지주의·국가번영의 정책 속에는 명분상 사회복지·사회개량의 관념이 들어 있었으며 또 이러한 대외정책과 국가이익의 증진을 계기로 하여 국내에 있어서의 민주제의 실질적 성숙이 가능하였었다. 똑같은 사태가 다른 유럽국가 - 예컨대 불佛·독獨에 있어서도 일어났다. 서유럽의 상공업 및 금융자본의 발달에 따라 한편 노동계급의 계급투쟁 태세도 갖추어 가거니와 또 한편 국부증진의 여덕餘德과 더불어 사회입법·노동보호 의무교육의 혜택을 입게 되는데 이것이 모두 정도의 차는 있으나 정치자유 민주화의 방향에서 이루어져 갔었다.

 이렇게 보면 구경 구미歐美 자유민주주의의 발전과 성숙은 야릇하게도 비민주주의적인 전쟁·침략·식민지주의·제국주의의 발판 위에 - 남의 희생 위에 이룩되었다는 것은 역사적 사실이 아닐 수 없다. 이 결과 여러 가지의 기묘한 사태가 일어나게 되었다. 첫째로 - 내쇼날리스틱한 국민경제의 성장기에서 나타난 국부의 팽창과 대중의 정치참여의 시기에 있어서 국부의 배분을 둘러싸고 시작된 노자勞資 관계의 악화는 급기야 노동계급의 초국가적 계급사상을 촉발하게 되었는데 이것은 - 나중에 재론하듯이 - 이론상 근대국가의 자기모순의 하나가 아닐 수 없

---

53) *ibid.*, p. 51.

다. 이러한 계급사상에 의한 계급투쟁은, 역사적 현실에 의하면, 그것이 국부의 상승기, 산업팽창기에 있어서는 그래도 약간의 소득 증배增配의 혜택으로 비전투적이며 협조적인 면을 지니고 있거니와, 그것이 일단 산업 생장生長의 정체기, 국부의 하락 경향이 보이는 대양실업 상태에 있어서는 자연히 전투적이며 정치적이 되지 않을 수 없었다. 이러한 악조건 아래에서 오래 일국주의적 민주주의가 내세우던 국민등질성[54]의 신화가 흔들리는 것은 많이 우리가 경험하는 바였다.

둘째로 - 근대국가는 그 완성기에 있어서 국민주의 또는 단일민족주의적이라고 할 수 있는 자세를 취하였던 것은 주지되어 있는 터인데 또 동시에 식민지 국가로서 강국은 대개 법률적 국적만을 같이 하는 차별적이며 상하 지배관계에선 비국민주의적·비단일민족적 국가구조를 가지고 있게 되었다. 이 경우에 문제되는 것은, 유럽 강대국이 원래 역사적 사살로는 단일민족이 아니었다든가 또는 미국에 있어서와 같이 과연 단일민족이라고 할 존재가 있느냐 하는 따위의 것은 아니다. 문제는 감정·의식·지역성·법질서·정치권政治權으로 보아 완연히 구별되는 정치적 식민지가 존재하고 있으며, 그것도 국민동질·국민주권 그리고 내쇼날리스틱한 원리 위에 선다고 자처하는 나라의 구조 속에 유기적으로 끼어 있다는 사실에 있다. 명분과 현실은 명백한 모순을 제시하고 그리고 그 차별은, 이 단계에 있어서는 단순한 차별이 아니라 군사국가·경제국가답게 기지·전략지대·상항商港·통로 등으로부터 원료·식량공급지·판매시장·자본수출지 등등의 필요에서 부득이한 존재가치와 근대국가의 역사적

---

54) 참조 - H. J. Laski, *Parliamentary Government in England*, Viking Press ed., 1947, Introduction, esp. pp. 27ff.

명분 사이의 괴리에서 오는 차별이었다. 이 까닭에 근대 식민지 국가는 나쇼날리즘과 민주주의의 단계에 이르러서 그 정치윤리를 상실하고 다만 '힘'의 정치라는 마키아벨리즘을 노출하게 되는데 그것은 그것이 선양宣揚하고 명분을 일국에 한정하고 단일민족에 국한하는 한 극히 자연스러운 결과라고 할 수 있으리라. 한편 식민지는 19세기 중엽에 이르기까지 대체로 폐쇄적이며 독점적인 본국의 부속시장이었는데 이 사태는 1850년 전후로부터 1870년대까지의 자유무역기의 예외를 경과한 후에 다시 본국의 독점시장의 위치에 되돌아간다. 가장 자유무역론이 오래 지속하던 영국도 제1차대전 이후 특히 오타와회의(1932) 이후는 완전한 보호주의로 후퇴하는 것은 모두 지실知悉하고 있는 터이다. 식민지는 다시 본국 시장의 연장의 위치로 되돌아갔다. 경제국가인 근대국가의 입장에 있어서는 식민지는 여전히 싼 노동시장의 존재, 원료·식량 등의 독점적 공급지, 독점판매시장, 기업조건의 특혜지가 아닐 수 없고 또 따라 이윤추구의 원칙대로 생산 코스트가 싼 식민지에 흔히 자본수출이 단행되는 것은 주지의 일이다. 이리하여 식민지는 — 그 자체의 전통에 있어서는 거부되었던 산업화가 부분적으로 진행되거나 또 원료공급·소비시장의 면이 강화되는데, 이에 따라 투입자본의 안전과, 때로는 군사적 요청이 겸하여 식민지의 '근대화' 과정이 실시되며 또 이로 말미암아 식민지의 정치의식은, 그 생활수준·양식·역사와는 관계없이 의식의 형태대로 국제수준화하는 경향을 시현한다. 고래古來로 식민지는 익으면 저절로 떨어진다고 한다. 식민지 개발의 결과는 바로 국제정치의 전파과정으로서, 식민지의 근대화는 직각적으로 근대 단일민족주의 국가와 일국민주제 정치의 약점을 들어낸다. 식민지의 근대화는 곧 근대적 정치의식에 따른 저항을 가져왔다. 그런데 본래 근대 후기의 식민지는 인종 우월주의 · 유럽문명 우월관에서만 아니라 식민지 시장의 국민경제에의 구조적 편입 그리고 또 식민지의 국방구조에의 포함이라는 점에서 중요하였다. 이 까닭에 식민지의 독립분리 과정은 그것이 점차적으로 조절되지 않는 경우에는 곧 식민지 국가의 경제 · 국방구조에 일대 쇼크를 주지 않을 수 없다. 근자의 알제리, 벨기에(白耳其) 콩고[55]에서 명백하듯이 피아의 의견이 진실로 타엽되려면 경제유대의 문제가 합의되지 않으면 아니 되었었다. 이러한 단일민족주의 국가의 비단일민족적인 구조와 그 구조의 동요는 말하자면 근대국가의 모순적인 자기전개의 양상이라고도 하겠다.

---

55) 불(佛) · 알제리 임시정부간의 교섭의 핵심의 하나가 석유광맥을 각지고 있는 사하라 사막의 영유권 문제 그리고 알제리 독립 후의 소위 콜롱의 재산권 및 불(佛) · 알제리의 경제관계인 것은 주지되어 있다. 벨기에(白耳其) 콩고가 독립한 이후 벨기에 내의 정쟁은 콩고 식민지 상실에서 오는 경제곤난에서 오는 것이라는 관측은 참조 － "Belgium's Class Explosion," *The Economist*, Dec. 31, 1960.

제 2 절 국제주의의 요인에 대하여

1. 초국가사회와 국제경제

대저 유럽세계가 중세의 보편주의에서 탈피하여 마침내 반反보편주의적이며 일국주의적인 정치관념으로 옮겨감에 있어서도 그것은 어디까지나 유럽세계, 곧 유럽 국제정치권 내의 사건이었던 까닭에 그 권역이 지닌 권역의 성격을 극복할 수는 없었다. 유럽은 근대 전기에 들어서서도 – 비록 중세기의 제국사상은 쇠퇴하여 갔으나 – 기독교 사회라는 통일성은 오래 유지하였다. 말하자면 원심적인 '국가'Stato; État에 대하여 구심적인 기독사회의 원리[1]가 작용하였었다. 십자군 이래 유럽사회의 기독교 윤리를 표방하는 기독교국가들은 적어도 명분상 사교·이단에 대하여 협동육심協同戮心하지 않으면 안될뿐 아니라 회교세력의 위협에 대하여서 한 개의 유럽세력, 조직적인 유럽세력을 구

---

[1] 중세신학 전통의 연원이 되는 성(聖)아우구스티누스에 의하면, "기독교도는 교도로서 단 하나의 나라를 이룬다"(*Omnium enim christianorum una respublica*)고 하였다. Th. Ruyssen, *Les Sources Doctrinales de l'internatioanlisme*, T. I, 1954, p. 74에서 인용.

상하고, 나아가 유럽사회의 영구평화를 설계하는 경우가 허다하였었다.[2] 이러한 유럽 기독교사회의 권역관념은 '종교즉시정치宗敎卽是政治'인 중세전통의 실질적인 종말인 30년 전쟁을 계기로 하여 현실정치에서는 후퇴하기 시작하거니와,[3] 그러나 이에 대신하여 유럽사회 곧 '유럽 국가사회'라는 관념이 윤리화되어 근대국가의 원자적 중합衆合같은 유럽지역의 통일성을 유지하였다. 나폴레옹 전쟁으로 인하여 유럽 천지가 위기에 처하였을 무렵에 연합군이 들고 나온 전쟁목적은 유럽의 재건과 세력균형의 원칙[4]이었거니와 그것을 밑받치는 근저의 관념은 - '유럽 연합체제'Föderativ System von Europa, '유럽 공동사회'Europäischen Gemeinwesen, '유럽

---

[2] 사교(邪敎)·이단에 대한 기독교의 성전(聖戰) 사상은 5세기의 오로시우스(Orosius) 및 성(聖)아우구스티누스에 유래하는 것으로서 십자군을 절정으로 하고 전유럽 연합군의 형성은 다시 현실화되지는 못하였으나 그러나 사상으로서는 오래 지속하였다. 중세말에 이미 P. 듀봐(Dubois)의 『성지회복론』(De Recuperatione Terre Sanctae)에서 성지회복과 더불어 유럽단결안이 제시되었거니와 이러한 논의는 그 전에 이미 선례가 있는 바로서(참조 - P. Dubois, The Recovery of the Holy Land, translated by W. I. Brandt, 1956, pp. 50ff), 듀봐의 뒤를 이어서도 기독교국 연방안이 다니었었다 (전인(前引) 류상, 『국제사상사료집』 제1권 제2편 제4장 제5절). 근세에 들어서면 화란(和蘭)의 에라스무스(Erasmus), E. 크류세(Crucé), 쉴리공((Duc de Sully), 로앙(H. de Rohan) 등등의 유럽연합안이 나오는데 이것이 모두 기독교 군주의 단결을 촉구하는 것은 말할 것도 없다. 하기는 기독교 사회로서의 유럽사상은 19세기 후반의 신성동맹에 있어서도 유력은 하였으나 역시 관념일 따름이었다. 참조 - 전인(前引) 류상 제1권 제3편. H. J. Schlochauer, Die Idee des ewigen Friedens, 1953; J. Ter Meulen, Der Gedanke der internationaen Organisation in seiner Entwicklung, 1917. 특히 영구평화 관념의 중세기원에 대하여는 - E. Nys, Les Origines du Droit International, 1894, ch. 7.

[3] 하기는 이 30년 전쟁에 앞서 1535년 불(佛)·토(土)간에 우호통상조약이 체결되었고 또 1580년에는 영토(英土)통상조약의 체결을 보았다. 이것으로 보면 이미 16세기에 있어서 동양무역의 필요는 회교·기독교 양국간의 교통을 공식으로 성립시킨 것으로 생각되거니와 또 정치적 의의가 개재(介在)하였던 것은 이미 들었다.

[4] 예컨대 텔핏스조약·쇼몽(Chaumont)조약. 참조 - 졸저, 『정치와 정치사상』, pp. 302-303.

국가체제'Staaten System von Europa, '국제 법사회'Völkerrechtlichen Gemeinsesen, '공동 사회단체'Gemeinschaftlichen Bandes 등에 있었다.5) 이러한 관념은 연합군측의 이론가인 겐쓰의 표현이기는 하지만 그것이 나폴레옹 타도에 나선 구舊유럽체제파의 관념이었던 것은 주지되어 있는 바이었다.6) '유럽사회'의 관념과 더불어 그 소위 '문명권'Civilized Nations의 관념이 등장하고 그 위에 근대 국가체제·국제법 질서·법치·경제의 관념이 통합되어 유럽의 전통으로 기리 20세기까지 그 잔상殘像을 남기었다. 근대 국제정치가 역사적으로 딛고 섰던 바 유럽 국제정치권의 면목은 - 비록 그 국제정치의 성격은 세계정치로 변모한 마당에 있어서도 - 맥맥히 유영遺影을 남기는 감이 있었다는 것이다.

그러나 생각건대 이러한 '유럽사회'나 '기독교사회'의 관념은 어디까지나 유럽정치가 유럽 국제정치권에 머무르고 있을 때의 통합관념이오, 또 그 유상遺像일 따름이지 현대 우리가 부딪히게

---

5) F. von Gentz, *Fragmente aus der neueten Geschichte des politischen Gleichgewichts in Europa*, 2 Auf., 1806, S. III, XXI, 3, 4, 35, 53 및 G. Ferrero, *The Reconstruction of Europe*, translated by Th. R. Jaeckel, 1941, pp. 139ff.

6) 겐스 전후(前後)의 예를 수삼(數三) 들건대 - 룻소의 『생 피엘사(師) 영구평화안 발췌』에 의하면 "연고(然故)로 유럽의 열국은 그 간에 일종의 체제(Système)를 형성하노니, 그것은 열국을 - 같은 종교 같은 국제법, 관습, 문학, 통상 및 세력균형…에 의하여 결합시킨다"고 보았다(ed. Vaughan, vol. I, p. 366). 또 밧델에 의하면 - 유럽은 한 개의 정치적 시스템(systemie) 곧 …전체가 나라의 제(諸)관계와 잡다한 이해로써 연결되어 있는 한 개의 단체를 이룬다고 하며, 이 시스템은 상호 분리되어 있는 부분의 혼잡한 퇴적이 아니라 군왕의 관심과 상주 외교사절과 또 부단한 교섭에 의하여 이룩되는 일종의 국가체(une espèce de rèpublique)라고까지 말하였다(E. Vattel, *Le Droit des Gens*, éd. Pradier-Fodéré, 1863, T. II, p. 389). 이렇듯 유럽사회를 문화·종교·관습 등을 같이 하는 가족사회·공동연합체로 보는 것은 겐스 이후도 물론 흔히 보는 바였다. 그 예로는 가령 - A. H. L. Heeren, *Handbuch der Geschichte des europäischen Staatensystems u. seiner Colonien*, 1822 (Historicehe Werke 8. Theil 4. Auf), Vorrede S. VI. E. Hertslet, *The Map of Europe by Treaty*, Vol. I, 1875 Preface, p. V. 비엔나조약 전후 신성동맹·구주협조에 나타난 유럽공동관은 주지되어 있는 바로 생략한다.

되는 세계정치의 성격에서 솟아나온 국제관념은 아니었다. 근대유럽의 국제정치가 온 지표地表에 걸치는 세계정치로 옮겨짐에 따라 근대국가의 형성·발전기에는 예상하지 못했던 사태가 출현함으로 말미암아 세계정치는 원심적이며 원자적인 국가적 요인만이 아닌 초국가적 요인을 가미하게 되었다. 그것은 단순히 '국제주의'라고 하여 유럽의 근대사로부터 맥락을 찾을 수 있는 따위도 아니고 또 막연히 '국제사회'라는 개념을 창설하여 안연晏然할 수도 없는 심각한 것이었으며, 그 초국가적 요인은 동시에 근대국가의 활동 속에서 태어나는 변증법적인 성질의 것이었다. 근대국가의 성숙없이 현대의 세계정치도 있기 어려울 것이나 또 한편 근대국가 자체의 성격 중에는 필연적으로 초국가적 요인을 재래齎來라는 면이 있었었다.

앞서 이미 언급한 바 있듯이, 세계경제가 확립확대하는 19세기 후반에 들어서는 자유무역 시기 또, 이른바 제국주의 시대를 거쳐 1913년에 이르기까지 세계무역량은 급증가를 시현하고 일방 방대한 유럽자본이 세계 각지에 투하되었다. 제국주의 성기盛期에 들어가던 1881년도의 세계무역 총량은 480억 독일 마르크였음에 비하여 1913년도는 그 5배가까운 1,510억대로 상승하였다고 하며,[7] 한편 국제자본 이동에서 보면, 당시의 대채권국인 영英·불佛·독獨 3국의 대외투자액은 다음장표(편집자 수정, 원문은 좌표左表)와 같아서,[8] 그 급격한 증대를 명백히 알 수 있다.

---

7) *Der deutsche Aussenhandel unter der Einwirkung Weltwirtschaftlicher Strukturwandlungen*, 1932. 油本豊吉, 『國際經濟總論』, p. 190에서 중인(重引)
8) *The Problem of International Investment: A Report by a Study Group of Members of the Royal Institute of International Affairs*, 1937, pp. 115, 124, 127의 영(英)·불(佛)·독(獨)의 해외투자표에서 종합 작성.

연도	영국 (100만 £)	프랑스 (10억 FR)	독일 (10억 RM)
1880	1,300	15	-
1883	-	-	5
1885	1,302	-	-
1890	-	20	-
1893	-	-	10-13
1895	1,600	-	-
1905	2,025	34	15-18
1913	3,763	-	-
1914	-	45	22-25

　주지되듯이 제1차대전까지의 급격한 세계교역의 증진은 경제적으로는 말할 것도 없이 서유럽경제의 공업화와 및 그것을 밑바치는 거대한 자본의 축적에서 오는 것이었다. 당시 서유럽 공업화의 대표격이었던 영국의 예에서 보듯이 그 통상액은 1880년대의 약 7억 방磅으로부터 1890년의 7억 4,900만 방, 1899년의 7억 5,000만, 1910년의 11억, 1913년에 13억대에 달하였거니와9) 그 수출품은 대체로 완제품이었음에 반하여 수입은 원료·식량이었던 것은 당시의 공업국의 정례定例와 같았다. 유럽의 과잉자본은 당시 대체로 장기의 개발자본으로 투하되었으며 그 대상지는 유럽 밖이 압도적이었으니, 지금 다시 영국의 예에서 보건대 - 1914년 현재 장기 영국 해외투자금은 총액 37억 방을 초과하였으며 그 중에 대對유럽 투자는 불과 2억여였음에 반하여 대對영식민지 투자액은 총액의 반가까운 17억 8천, 애埃·토土·중中·일日의 4국에 대해서만도 1억 7천만 방에 달하였다.10) 같은

---
9) J. A. Hobson, Imperialism, 3rd ed., 1938, pp. 31, 370.
10) 전인(前引) 페이스, 『세계의 은행: 유럽』, p. 23.

해의 프랑스에서 보면 대對유럽 투자는 총액의 반을 넘는 270억 프랑이었으나 그 중의 113억이라는 거액은 대로對露 투자이며, 북미·호주를 제외한 기타 지역에의 총액은 165억을 산算하였었다.[11] 이렇게 보면 19세기 후반으로부터 1913년까지에 유럽자본은 세계 각지에 투하되게 되고, 이러한 자본이동은 의례이 국제교역을 촉진하므로 이 기간에 있어서 세계무역량이 팽창하여 간 것은 비교적 손쉽게 이해할 수 있다. 그런데 이러한 국제경제의 확대는 유럽의 공업화에서 주로 유래된다고 하지만, 실은 영英·불佛·독獨 3국을 두고 하는 말이었다. 1913년 현재로 3국의 생산량은 온 유럽의 생산량에 대하여 석탄은 93%, 완제품 72%, 강철 78%, 기계 80%, 원면原綿 소비 73%, 화학생산 74%로서, 인구비 46%에 비하여 대단히 높은 비율을 차지하였다.[12] 따라서 상품·자본의 국제이동에 있어서 신진 미국의 약간의 진출을 제외한다면 공업국의 역할은 3국이 농단壟斷하였다고 하여도 과언이 아니리라. 이 3국은 주지되듯이 당시 대大식민지국가로되 특히 영국은 세계에 관절冠絶하는 식민제국이었으며 그 국민경제의 구조도 본국의 공업지역과 원료·식량의 공급지 및 수출시장으로서의 식민지 농업지역의 두 개로 나누어져 있었으며, 영국은 이밖

---

11) 동(同) 페이스, p. 51. 러시아는 여기서는 유럽지역에 분류되어 있으나 그러나 본래 노국(露國)은 구아(歐亞)의 변경지대에 속하며, 동시에 아시아적이라는 평을 받는 점으로 보아 대로(對露) 투자는 유럽의 다른 나라에 대한 투자와는 다르다고 볼 것이다. 페이스의 동서(同書) p. 74에는 1914년 현재 독일 장기자본의 투자지역 별표가 나와 있는데 그것에 의하면 유럽에 120억 마르크에 대하여 비유럽 지역에는 110억이 할당되어 있다. 그러나 유럽지역에 있어서는 오흥(墺洪) 제국같은 특수관계국에 30억이 있으며 노(露)·토(土)같은 반(半)아시아 지역에 35억이 배정되어 있어 결국 기타 유럽지역은 비교적 적은 자본이 투하되었다. 이에 반하여 비유럽지역의 10억은 노토(露土) 관계를 포함하면 거대한 투자로 여겨진다.

12) 전인(前引) United Nations, *Growth and Stagnation in the European Economy*, p. 16.

에 운수용역運輸用役의 거대한 분야를 겸하여 가지고 있었다. 공업국 영국에 있어서 이러한 식민지의 중요성은 그 투자 안전성과 더불어 위에 적은 바와 같이, 왜 해외투자의 반가까이가 제국 내에 투하되었느냐 하는 이유를 설명한다. 영국에 비하여 비교적 원료공급 식민지가 적은 독일・프랑스에 있어서 보면, 1914년 현재 장기투자는 다른 지역에 비하여 식민지・반식민지 및 농업국에의 투하가 현저히 눈에 띄었다.[13] 이리하여 유럽 강대국의 공업화에 따르는 원료수요의 증대와 수출시장에의 요청은 필연적으로 국제교역량을 증진시킬뿐 아니라 일보를 진하여 비자본주의적인 농업지역의 생산양식을 정책적으로 혹은 자연적으로 국제교역을 위한 상품생산양식으로 전환시키고 또 한편 유럽의 과잉자본은 이자율이 차를 따라 농업지역에 투하되는데, 역시 그 자본의 안전을 기하여 농업지역의 근대화를 요청하였다[14]

---

13) 전주(前注) 10 및 전인(前引)『국제투자의 문제』, p. 125, p. 127.
14) 이러한 자본투하에 뒤따라 자본주의 체제가 도입되어, 농업사회의 전통적인 사회구조・경제구조가 깨어져 나가는 모습은, 농촌사회에서는 거의 어데서나 대체로 같았다. 이러한 사태에 대하여, 마르크스는 – 영국의 인도 통치를 비평하는 가운데 – 자본주의의 도입은 인도 역사상에 발생한 침략・혁명・내란・정복・기근보다도 심각한 영향을 주었으며 그 고유의 사회구조를 파괴하는 구실을 담당하였다고 간주하였다. 그에 의하면 – 아시아적 전제정치에 대신하는 영국의 유럽 전제정치는 폭정이기는 하지만 영국의 통치는 자기도 모르게 역사적 혁명을 수행하는 역할을 담당하였다는 것인데, 인도의 촌락사회, 곧 지리적으로 산재하여 있는 촌락의 자급적이며 목가적(牧歌的)인 농촌경제는 실은 동양적 전제의 공고한 사회기반이었던 것이, 그것이 영국의 세리(稅吏)・병정보다도 영국의 기선(汽船)과 자유무역으로 인하여 해체되고 말았다는 것이다(K. Marx, *Die britische Herrschaft in Indien, Ausgewählte Schriften, Ausg. Dietz*, 1959, Bd. I, S. 320-325). 이에 대하여 퍼니벌은 식민지정책, 특히 법치와 자유기업의 자본주의적 활동이 전통적 사회의 양풍(良風)과 구조를 무참하게 파괴하는 모습을 생생하게 또 자세히 – 주로 인니(印尼)・버마의 예를 들어 적어 놓았는데, 그의 글은 양화(洋化)된 전통사회란 오히려 양화(洋化) 전보다도 못하다는 인상을 준다(J. S. Furnivall, *Colonial Policy and Practice: A Comparative Study of Burma and Netherlands India*, 1956, pp. 283ff, 293ff, esp. 295-299).

는 것은 앞서 이미 설명한 바와 같다. 말하자면 경제국가로서의 각도에서 볼 때 유럽 강대국의 공업화는 비유럽의, 또는 비백인 지역의 농업사회를 자본주의화하는데 크게 공헌하였으며 이것이 그대로 세계경제에 융해融解하는 역할을 하였다. 그러나 이것은 유럽이 국제정치를 세계정치의 단계로 발전시킬 때의 상황이었으며 제1차대전은 그 사정에 중대한 변화가 발생하였었다.

본래 경제국가로서의 유럽 강대국의 비중이 압도적이었을 즈음의 국제정치는 본질적으로 유럽정치이며 이 까닭에 세계라는 '터'에서 이해된다는 단순한 의미의 세계정치도 근본적으로는 유럽정치의 부속물 같은 성격을 벗을 길이 없었다. 이 까닭에 유럽 강대국간의 이해의 충돌이던 제1차대전은 그것이 바로 세계적인 유럽 세력간의 충돌이었던 관계로 '세계대전'으로 지칭되었었다. 그러던 것이 제1차대전 후로는 사정이 달라지게 되었다. 먼저 앞서 예시한 바 무역량에서 다시 돌아가 본다. 세계무역을 그 수출량에서 볼 때 1913년까지의 경과는 항상 유럽의 수출량이 기여其餘의 전세계 수출량보다 상회하였다. 즉, 1913년을 100으로 잡는 경우 1850년경의 유럽 수출량은 50전후인데 비하여 세계 수출고는 40, 1890년경은 52.3에 대하여 45정도, 1900년에는 62정도에 대하여 약 59, 1913년에 와서는 대체로 같은 100을 시현하였는데, 이것에 반하여 대전 후는 양자의 관계가 역으로 나타났으니, 즉 - 1921년 유럽 수출량은 58정도에 비하여 세계수출은 약 63, 1930년은 100을 약간 초과함에 대하여 세계수출은 125정도, 1938년에는 약 77에 대하여 105로서 유럽 공업국의 수출의 상대적 저락低落이 나타난다.[15] 이것을 다시 세계무역의 총량을 100으로 보고 그 지역별 배분을 살펴보면 아래

---

15) 전인(前引) UN(편), 『유럽경제에 있어서의 성장과 정체』, p. 169.

와 같은 결과를 볼 수 있다. 곧, 1909-1913년간의 비유럽 국가간의 무역량은 25%였으나, 1925-1938년간은 40%, 1948-1950년간은 50%로 급증하고, 동기同期 연간에 있어서 비유럽국의 대유럽 무역은 각 45, 35, 30%로 유럽의 대비유럽국 무역은 30, 25, 20%, 그리고 유럽국간의 무역량은 50, 45-50, 25-30%로 나타나니,[16] 이것으로 쉽사리 유럽이 차지하고 있는 세계무역에 있어서의 지위가 하락하였음을 추측할 수 있다. 같은 사태는 국제자본 이동에도 명료히 나타났다. 본래 제1차대전 전에 있어서는 유럽국 - 특히 영英·불佛·독獨의 3국이 대채권국이었거니와 대전 후에 이르러는 대채권국은 미국뿐으로 유럽에 있어서는 영英·불佛, 특히 영국이 면목은 유지하였으나 그러나 석일昔日의 비比는 도저히 아니었다. 일례를 들건대 - 영국 런던의 해외 신자본 발행고는 1913년경의 1억 3,000만 방磅으로부터 1922·1923년의 1억 3,000만대, 1925년의 8,700만 방, 1930년의 1억, 1932년의 2,900만, 1935년의 2,000만 방대로 떨어진다.[17] 더욱이 이 전후 국제자본 이동은 주지되듯이 전전戰前과는 성격이 달라져서 - 전전戰前의 자본수출이 농업지역에 대한 장기개발 자금화의 구실을 하여 개발에 따른 생산증대는 곧 유럽의 수입을 자극·증대하는 효용을 가져왔음에 반하여, 전후의 자본이동은 주로 대전의 결과 발생한 유럽경제의 혼란 또는 1930년 전후의 세계대공황 뒤에 나타난 경제적 불균형을 조정하려는 목적으로 동원된 단기자본이 주되는 것이었다. 유럽의 공업생산력에 있어서도 똑같은 현상이 일어났으니 - 1913년을 100으로 잡고 제2차대전 종결까지를 보건대 1932년의 공황기를 제외하면 유럽의 공

---

16) 동서(同書), p. 170.
17) 전인(前引), 『국제투자문제』, p. 134.

업력의 발전은 항상 세계공업력의 생장률生長率을 못따랐다.[18] 이리하여, 경제적 면에 있어서도 유럽경제의 기반은 '세계경제'라는 '터' 속에 해소되지 않으면 아니되게 되었다. 그러나 이보다도 한 층 더 중요한 문제가 이러한 '경제국가'의 발전 중에 나타나기 시작하였다.

2. '계급'·'자본의 무국경'·'다민족'

근대적 국민경제로서 발달한 서유럽경제, 특히 영국의 경제는 19세기에 들어서서는 산업국가의 체제를 갖추기 시작하였으며 1850년대에 들어서면 자유주의 사상은 결정적 승리를 거두고, 한편 자유무역 정책에 따른 산업계의 이익이 보장되는가 하면 또 일방으로는 금융자본의 수출이 증가되고, 국민의 직업인구 구조도 점차 공업국의 그것으로 옮겨 가기 시작하였다. 자유주의 사상은 말할 것도 없이 국가관여의 극소極少를 이론상 주장하는데 그 효용 중의 가장 큰 것은 경제활동의 자유, 곧 자본의 자유였다. 아니 단순히 자본활동의 자유방임이 아니라 경제활동의 자유가 확보되는 조건의 조성이 국가의 의무로 간주되었다. 실제에 있어서 보면 이러한 자본주의적 개인 경제활동의 자유는, 앞서 군비軍備의 역사적 팽창에서 엿보듯이,[19] 군사국가로서의 근대국가의 그늘아래 주장되었던 것이나 아무튼 이윤추구의 극대極大 자유라는 관념은 선진고도 산업국가의 기본관념으로 나타나게 되었다. 그런데 자본주의 체제에 있어서의 경제

---

18) 전인(前引), 『유럽경제에 있어서의 성장과 정체』, p. 219.
19) 이미 인용한 수자(數字)에 대하여 제국주의 정책에 관련시켜 거시(擧示)한 홉슨의 군사비 통계는 대단히 흥미있다(전인(前引) 홉슨, 『제국주의론』, p. 65 표, p. 376 부표(附表) 12, p. 379 부표 15.

자유의 관념은 역사상 고유한 경제법칙의 존재라는 것을 전제하였었다. 이미 '정치경제'라는 어의語義에 대한 설명에서 명백히 하였듯이,[20] 중농파로 시작하여 고전경제학에 이르러 확립되는 '경제학'의 관념은 다름 아니라 경제의 고유한 분야와 고유한 법칙을 전제하여서 가능하였던 것이며, 따라서 '경제'를 국가정책의 입장에서만 취급하려는 중상주의학파 따위의 정책적 경제론을 배격하였다. 경제는 자기고유의 법칙에서 전개되는 것이며 또 상품과 자본은 그 고유한 운동법칙에 따라 움직인다는 것은 곧 – 적어도 이론상 – 정치와는 구별되는 경제세계를 가지고 있다는 것을 의미하였다. 아담 스미스나 또 J. S. 밀 등에 있어서 그 이론은 국방·공공이익에 의하여 많이 제약되어 있는 것이 사실이나, 그러나 – 19세기에 들어서서 갑자기 정치계에 압력을 가하게 된 영국 상공업의 실천의식과 결부되었을 때 – 자유주의 경제론은 그 실천적 의의로 해서 널리 유포되게 되었다. 이러한 경제의 고유법칙이라는 관념은 따라서 관념으로서는 산업자본사회의 특징으로서, 이 점에 관하여는 자본주의 체제 아래의 자유주의 경제학이나 또 자유주의 경제가 풍미하던 시절에 그것을 비판하고 나선 사회주의 경제학이나 모두 다를 바가 없었다. 말하자면 경제학이라는 독립과학의 성립은 그 계기가 적으나 실천적인 상황에서 이룩되었으며 또 그 학문은 팽창기의 산업사회에 있어서는 – 역설적으로 들릴지 모르나 '독일 이데올로기'의 저자의 의미에 있어서 이데올로기적이었다. 아무튼, 월등한 공업선진국가로서 세계시장에 진출하고 세계각지에 투자하는 영국의 상商·공工·금융계의 경제의식을 가장 사상적으로 일시 대변하던 것이 자유주의 경제이론이었던 것은 모두 아는 바이다.

---

20) p. 151의 (주21) 『정치경제의 자의(字意)』

이 까닭에 고전파 이론으로부터 신고전파에 이르기까지 경제는 이론상 초국가적 - 아니 비정치적인 차원에서 고려되고 자본은 본질상 - 앞서 논급한 바 있듯이 - 국경에 구애되지 않는 코스모폴리틱한 것으로 여겨졌다. 리카도D. Ricardo에서 이미 명백하듯이 국제무역은 일찍이 국내무역과는 다른 것으로 인정은 되었으나 그렇다고 해서 그것은 경제 외적外的으로 해석되는 것이 아니라, 스미스의 국제분업론의 전통을 따라 비교생산비설을 들어 마땅히 경제적 원칙에서 이해될 현상임을 밝히었다. 물론 이러한 경제사상은 공업국 내의 산업자본의 형성, 국제면에 있어서의 상품교역량의 증대, 국제자본·노동의 이동 등의 현실에 대응하는 것이며 또 그것도 선진공업국의 입장을 위하는 것이었던 것은 F. 리스트의 설에 이미 본 바이다. 그런데 이렇듯이 경제법칙이 좌우하고 경제법칙이 적용되는 초국가적인 세계시장의 입장에서 볼진대 자연히 문제되는 것은 국민경제체인 국민국가의 국제경제적 지위요, 국가 내에 있어서는 또 여러 사회계층의 경제적 위치가 문제가 아닐 수 없다. 더욱이나 근대 후기에 있어서의 근대국가의 국민이론은 근대 전기와 달라 '국민 동질'의 이론 위에 입각하는데 실은 이러한 명제를 이념화하여 정치적 승리에 이끄른 주인공인 자산계층은 경제적 국민구조에 있어서는 일계층에 불과하며, 그러면서도 '국민'이라는 모토 아래 정치력을 대폭으로 발휘하였던 까닭에 근대 후기 국가의 핵심적인 이념인 '국민' 개념이 경제적인 차원에 있어서는 가장假裝이라는 의심을 받게 되었다. 경제적인 '계급' 의식의 등장이 그것을 의미한다. '계급'은 19세기 이후 유럽에 있어서는 주지되듯이 경제적 의미의 '계급'으로서 정치운동의 모토가 되었다. 더구나 유럽의 산업자본주의가 확립하고 경제법칙 사상이 학계를 풍미하던 19세기 중엽에 있어서는 '계급'은 경제적·사회적 차원에서 먼저 이해되는, 따라서 초국가적인 개념으로 '조국을 갖지 않는' '계급'[21]으로 이해되었다. 유럽경제의 고도산업화 그리고 금융자본의 세계적 활동과 보조를 같이 하여 근대국가의 기본전제인 '국가'보다도 상위의 ― 그 자체가 비국가적인 '계급'이 궁극 개념으로 경제를 통하여 정치에 나타났다는 사실은 경제국가로서의 근대국가가 스스로 겪는 모순 중의 모순이 아닐 수 없다. '계급'이라는 궁극 개념을 표방하는 계급운동은 전前 세기로부터 자본주의 경제와 전파에서 이룩되는 세계경제의 성장에 따라 일로一路 만연되었을뿐 아니라, 이념으로서 더욱 더욱 위력을 가하고 있는 형편이다. '계급'은 그 이론상 초국가적이며 따라서 국제주의적·세계주의적이 아니될 수 없다. 그러면서 이러한 계급과 같은 국제주의를 표방하는 사회주의 운동은 여러 차례 조국애라는 근대국가의 얼에 굴복하기도 하였었다. 제2인터나쇼날의 실질적인 종결을 고하는 제1차대전에의 노동자 참가는 그 고전적 예가 아닐 수 없다.[22] 하기는 국제주의의 면목이 없지 않아 있었던 금융자본[23]에 있어서도 국가정책적인 요소가 강하였던 것은 숨길 수 없

---

21) "노동자는 아무런 조국도 갖지 않는다"(*Manifest der kommunistischen Partei, Ausgewälten Schriften*, op. cit., Bd. I, S. 40.
22) 보불(普佛) 전쟁을 계기로 하여, 마르크스는 전쟁의 성격을 규정하여, 지배층간의 전투이며, 반동적이고 따라서 노동자가 가담할 것이 못되는 바로, 다만 정당방위적인 방어만에 명분을 인정한 것은 유명하다(*Erste u. Zweite Adr. des Generalrats über den Deutsch-Französischen Krieg*). 그러나 이것이 노동계급의 전쟁참가를 저지할 수는 없었다. 제2차대전 중에 있어서는 더욱이 소련은 대전을 조국방위전으로 규정하였는데 여기 흥미있는 일은 프롤레타리아 독재정치를 표방하는 소련이 근대국가의 비방(秘方)인 조국이라는 관념을 내세운 것이다.
23) 금융자본의 국제적인 성격에 관하여는 힐퍼딩(Rud. Hilferding)의 금융자본론 및 레닌의 제국주의론에 사회주의적 견해가 자세하거니와, 이것은 따로 '제국주의론'에 취급될 것이다.

는 일이었다. 페이스H. Fies에 거據하면 - "백성과 정부는 국민국가National State, 특히 전시 중의 국민국가를 강화하거나 또는 영토확장의 기회를 증대시킬 가능성이 있다고 판단되는 목적을 위하여 자본을 인도하도록 노력하고" 또 불佛 · 독獨에 있어서는 자본수출은 국가이익을 위하여 감안되었으며 "영국에 있어서는 이러한 태도가 덜하였으나 그러나 영국 투자에 영향없는 바가 아니었다"는 것이었다.[24] "자본투입은 국민국가간 투쟁에 있어서 중요한 쟁기가 되었고," 차입국은 그들대로 차용하는 자본의 채권주債權主의 국적을 예민하게 의식하고 있음을 보여 주었다"고도 하였다.[25] 그러면서 일방 금융자본의 국제협조의 면도 적은 것을 페이스는 잊지 않았었다. 금융자본에 있어서는 일반적인 경우 전쟁의 발발은 높은 위험률을 의미한다. 따라서 이러한 위험이 예견되는 경우 국제자본의 협조타협은 가능할 것이며 그 예로서 터어키 · 발칸 제국諸國 · 중국의 케이스를 들고 있다.[26] 그러나 이보다도 더욱 자본활동의 국제법 · 세계성 · 무국적성을 간명하게 표시하는 것으로는 국제 카르텔Cartel을 들 수 있다. 주지되듯이 국제 카르텔은 국내 카르텔에 있어서와 같은 식으로 - 모종의 산업품목에 있어서 국제시장을 독점적으로 지배할 목적으로 2개국 이상에 산재하고 있는 사기업가의 합의를 가리킨다.[27] 국제 카르텔은 국제시장에 있어서 경쟁을 배제하고 판매지역을 할당하고 가격의 단일화 및 판매 · 생산의 할당제를 실시하는가 하면 또 때로는 공동판매 기구의 설치 및 회원국 국내시장의 유보와

---

24) 전인(前引), 페이스, p. 465, p. 466.
25) 동서(同書) 동면(同面).
26) 동서(同書), p. 468.
27) United Nations, *International Cartels: A League of Nations Memorundum*, 1947, pp. 1-2.

같은 협정도 있다.[28] 국제 카르텔은 이미 제1차대전에 있어서 사회주의 경제학자에 의하여 독점자본주의 단계의 일현상―現象으로 이론화되었거니와[29] 1920년의 급격한 증가에 따라 1927년의 세계경제회의에서도 문제가 되었었고, 1930년대에는 대공황 후의 유럽경제 재건에 오히려 이바지한 것으로 믿어지기도 하였었다. 국제 카르텔은 원료·제품·특허 등 각방면에 걸쳐 이루어졌으며 그 종목·수효도 대단하거니와 그 영향은 막대한 것이 있는데, 현재까지에 있어서 보면 국제 카르텔은 주로 공업제품 수출국 기업가의 활동인 경우가 많은 까닭으로 그 수효·종목과 더불어 공업국 업자간에 형성되는 것이 압도적이었다.[30] 그런데 지금 문제되는 것은 국제 카르텔에 반영된 자본의 국제적 성격인데 이 면은 국내시장에 있어서의 국내 카르텔의 형성과는 달라서 국가경제를 손상하는 점이 있을 수 있었다. 물론 국민경제와의 관계는 카르텔의 품종과 협정의 성질에 의하거니와, 그러나 국내시장에 대한 협정에 따라서는 시장이 부당히 통제되고 따라서 국민경제에 손상을 입히게 될 것이다.[31] 유럽 강철카르텔이 처음 실패한 것이 바로 이 국내시장과의 관련에서였던 것은 널리 알려진 사실이며, 또 특허협정·제조협정에 이르러서는 국가경제에 영향을 아니줄 수 없다.[32] 국제 카르텔의 극단의 예는 무기제조업자에 있어서와 같이 조국의 공공이익에 위배되는 경우인데 이 대표적인 예로는 제1·제2차대전 중 佛·獨의 강

---

28) ibid., ch. II, *La Documentation Fraçaise, Les Cartel Internationaux*, 1957, pt. I, ch. III.
29) Rud. Hilferding, *Das Finanz-Kapital*, 1957, Kap. 12.
30) 전상(前上), UN편, 『국제카르텔』, pp. 3-4.
31) 한 예로서는 고도로 통제되어 있는 '알미늄' 카르텔에 의한 미국시장의 손실을 들 수 있다(G. W. Stocking & M. W. Watkins, *Cartels in Action*, 1946, pp. 233ff).
32) *La Doc. Fraçaise*, op. cit., p. 20.

철카르텔 회원이 각자의 국가의 이익을 무시하고 사리私利를 도모하였다는 비난이 있는 케이스라고 하겠다.[33] 이렇듯이 세계정치가 형성되는 시기는 또 동시에 자본의 국제적 성격이 더욱 분명하여지는 시기이기도 한데 이 무렵으로부터 근대경제의 성격은 국민경제 속에 있으면서 국민경제를 일탈하는 양상을 나타낼뿐 아니라 국민경제 자체가 세계경제라는 '틀', 혹은 '터' 안에서 그 존립이 가능한 모습을 시현하였고, 또 이러한 때를 당하여 근대국가 안에서 국가관념을 궁극으로 하고 있었던 정치관념은, 경제적인 차원에서 연유하는 '계급'이라는 국제적 관념에 의하여 중대한 쇼크를 받게 되었었다.

그런데 근대국가의 기본관념에 중대한 충격을 준 것은 '계급'이라는 관념과 그것을 표식으로 하는 정치체만이 아니라고 생각된다. 앞서 우리는 잠깐 제1차대전 전의 국제자본 이동이 대체로 개발자본, 특히 철도부설같은 운수개발 자본인 경우가 많았던 사실에 유의하고, 나아가 이로 인한 농업지역의 수출증가는 또 자본수출 지역의 수입증가로서 카버되는 사태에 주의하였다. 즉 "19세기에 있어서 기실其實 해외투자·인구이동 및 국제무역의 생장生長은 구세계와 신세계간의 경제교류의 확대과정의 다른 양상으로서 서로 연결되어 있었다"고 여겨졌다.[34] 이에 대하여 제1차대전 후에 새로 출현한 대채권국·대자본 수출국인 미국에 있어서는 중남미 같은 농업국에 투자한 경우에 있어서도 자신이 방대한 농업·원료생산국이었던 관계로 과거의 영국과 같이 수입증가로써 세계무역량을 크게 증가시키지 못하였었다.[35] 이것은 이미 전후(제1차대전) 케인즈가 시사하였던 바로

---

33) *ibid.*, p. 22.
34) 전인(前引), 『국제투자문제』, p. 3.
35) 동서(同書), pp. 13-14.

서 미국 해외투자 자본의 성격을 가리키는 것이었다.[36] 뿐만 아니라 제1차대전 후에 성립한 소련방은 거의 외국자본의 수입없이 방대한 생산력을 조성하였는데 이러한 경제력의 육성은 사회주의 계획경제라는 경제체제의 차이도 물론 있었으나 그러나 동시에 그 방대한 노동력과 국내자원의 존재가 필수의 요건이었다. 유럽의 비좁은 지역에 국척跼蹐하고 있는 유럽국으로서는 상상도 못할 경제지리적인 강점을 미소美蘇는 가지고 있는 셈이 된다. 그런데 이 양국은 모두 유럽식의 단일민족국가는 아니었다. 소련이 그 헌법에 다민족주의를 규정하고 있는 것은 주지된 일이거니와 미국에 있어서도 유럽의 단일민족주의와는 당초에 그 역사부터가 다른 다인종국가로 자라나왔었다.[37] 유럽의 강국, 곧 영英·불佛·독獨 같은 나라를 위시하여 화和·백白·포葡·서西 등의 식민지국가에 있어서 식민지 자원과 식민지 노동력을 활용하는 예가 있기는 하거니와, 이미 앞서 든 바와 같이, 그것이 근대국가의 나쇼날리즘과 원칙적으로 모순하는 다민족 정치체를 이루고 있는 것은 그 유색 식민지의 존재로서 자명하다. 이와 같이, 현대 세계경제에 있어서 가장 강력하고 유력한 국민경제체는 근대 후기의 근대국가의 전통의 하나인 단일민족국가가 아니라는 중대한 사실이 드러날뿐 아니라 근대국가의 식민지주의도 실은 발전하여가는 근대국가의 국민경제·국방의 요청에 의하여 이루어진 현실적인 타협인 것이 이해된다. 왜냐 하면, 근대국가의 나쇼날리즘은 정치상의 명분, 정책상의 원칙이로되 현실로는 국민아닌 국민을 식민지에 가짐으로써 명분과 현실과의 괴리를 가교架橋하려고 하였던 것으로 여겨지는 까닭이다. 뿐만 아

---

36) 동(同) pp. 12-13.
37) 참조 - 졸저,『정치와 정치사상』수재(收載), "단일민족주의 국가와 다민족주의 국가," 특히 p. 285 이하.

니라, 다민족주의(다인종주의)는 또한 제1차대전 이후 팽창하여 가는 군사수요의 입장에서도 중요한 의미를 갖게 되었으니,[38] 즉 제1・제2차대전에 있어서 실시된 방대한 병력동원과 막대한 군사보급이 가능하였던 미美와 소련의 예를 들면 사태는 명백하다고 할 것이다. 이러한 모든 상황은 전통적인 근대국가가 그 역사적 요인인 경제・군사・식민지의 각면에 있어서 종종種種의 모순을 시현하였으며, 급기야는 초국가적 '계급' 관념의 출현으로 그 기저조차도 흔들리게 되고 말았다는 것을 의미한다. '계급' 관념의 출현은 그 유래로 보아 경제국가로서의 근대국가의 자기관철의 과정에 필연적으로 나타난 '경제'의 국제주의적 성격에 대응하거니와, 그것은 또 마치 30년전쟁 전의 유럽의 정황, 곧 초국가적인 종교적 파당派黨으로 유럽 국제정치를 판박아 놓는 것과 방불한 사태를 조성하고 있다. 이러한 근대국가의 자기모순의 신테제Synthese는 아직 무엇인지 모른다. 현재 사람은 '국제사회'라는 말을 빌어, 혹은 국제법에서 혹은 국제정치에서 하나의 세계를 생각하여 보려고 하고 있기는 하나 그것은 어디까지나 상금尙今 개념론이 아니면 국제기구에 대한 기대일 따름이지 강력한 통합원리로서 과거의 유교사회・기독교사회・회교사회와 같은 구실을 인간의식에 미치기에는 너무나 앞날이 요원하다. 그런데 그것도 그럴것이, 비록 근대국가의 모순이 사방에서 터져나오고 그것을 단위로 한 국제정치의 양상이, 마침내 모순의 심화와 더불어 변모하여 간다 하더라도, 그래도 근대국가의 관념은 아직도 강력히 인간의 정치적 행위에 있어서 깊이 뿌리박고 있으며 국제정치의 근대국가적 양상은 근대적 강국정치로서 상금尙今도 세계를 휘덮고 있고, '계급'을 내세우는 정치체도 이러

---

38) 동(同) 졸저, p. 295 이하.

한 환경에 있어서 그 현실정책은 근대국가의 포즈를 취한다. 근대국가간의 국제정치로서의 면과 초국가적인 국가군 대 국가군의 양상은 마치 겹쳐서 박혀있는 사진과 같이 세계정치에 2중으로 투영되어 있다고 이해된다.

부표(附表)

[표1] 구주 열강의 식민지 진출 대상지역별 분류표

[표2] 구주 열강의 동양방면 진출 식민지 개척사 연표

[표3] 구주 열강의 아프리카 대륙 및 중근동 방면 식민지사 분류 연표

[표4] 구주 절대주의 열강의 신대륙 진출과 중남미 방면 식민지 개척사 대상 지역별 분류 연표

제1표 구주 열강의 식민지 진출 대상지역별 분류표

국가별 / 연대 대상지역별	포르투갈 대 상 지 역	스페인 대 상 지 역	네덜란드 대 상 지 역
1415	북아프리카의 CEUTA 탈취점령		
1437	TANGIER 원정실패		
1445	SENEGAR강 발견탐험		
1471	ARZILLA 및 TANGIER 점령		
1482	황금해안영유지배(領有支配)		
1484	CONGO강 도달탐험		
1486	CAPE HOPE 발견		
1492		COLOMBUS의 AMERICA 신대륙발견	
1498	VASCO DA GAMA 인도 항로 발견코 CALICUT에 도달	VENEZUELA 발견영유	
1500	CABRAL이 남미의 브라질 발견영유 인도의 CANNANORE. COCHIN, QUILLON 착	COLOMBUS가 HONDU-RAS 해안도달	
1505	ALMEIDA 함대(艦隊)가 인도연안 및 남인도 제항(諸港)점거		
1509	북인(北印)의 DIU항(港) 점거		
1510	GOA 점령		
1511	인도양의 MAURITIUS 발견 MALACCA 및 JAVA 점령		
1517	URUGUAY에 식민 (1512 이항(以降)) CEYLON에 식민	URUGUAY에 식민 (1512 이항(以降)) CUBA를 정복지배	

영국	프랑스	이탈리아	독일	러시아	미국
대 상 지 역	대 상 지 역	대상지역	대상지역	대상지역	대상지역

제1표 구주 열강의 식민지 진출 대상지역별 분류표

국가별 연대	포르투갈 대 상 지 역	스페인 대 상 지 역	네덜란드 대 상 지 역
1519		CORTEZ가 MEXICO 정복	
1521		MACELLA이 PHILIPPINE에 도달	
1525		GUATEMALA발견영유 COLOMBIA에 식민 PERU를 탐험 HONDURAS에 식민	
1526	BRAZIL의 PERNAMBUCO 점령	COLOMBIA에 식민지 건설 ARGENTINE에 식민	
1530	BOMBAY 점거	COSTA RICA 영유. NIQUARAGUA발견 점유	
1531	RIO DE JANEIRO, SAN PAULO 점령		
1534		ECUADOR영유; CORTEZ가 CALIFORNIA 발견 PIZARO가 PERU를 완전 정복	
1537	MACAO에 식민	PARAGUAY에 식민 BUENOS AIRES건설	
1538		BOLIVIA 정복	
1541		CHILE에 식민개시 미(美)신대륙 MISSISSIPI강에 도달	
1542		ZACATECAS 은산(銀山) 발견: SANTIAGO 건설	
1545		POTOSI 은산(銀山)발견0	
1546		CHILE 정복	
1555			

308

영국	프랑스	이탈리아	독 일	러시아	미 국
대 상 지 역	대 상 지 역	대상지역	대상지역	대상지역	대상지역
	CANADA의 QUEBEC 점령 (MONTREAL)				
	VILLEGAGNON 함대(艦隊) RIO DE JANEIRO 만(灣) 내에 신교도 식민				

제1표 구주 열강의 식민지 진출 대상지역별 분류표

국가별 \ 연대 대상지역별	포르투갈 대 상 지 역	스페인 대 상 지 역	네덜란드 대 상 지 역
1557	MACAO식민시(市)건설		
1560	RIO DE JANEIRO 만(灣)내 프랑스의 식민지 격파		
1562		PORT ROYAL일대(一帶) 점거	
1564			
1565	RIO DE JANEIRO 점령코 여기에 SAO SEBASTIAO 시(市)건설	FLORIDA에 식민(植民)코 ST. AUGUSTIN시(市) 건설. PHILIPPINE에 식민 개시	
1568			
1575		PHILIPPINE 점령지배	
1583		MEXICO변경(邊境)에 식민	
1585		VIRGINIA에 식민	
1593			GUINIA의 황금해안에 도달
1595			CAPE HOPE(희망봉) 회항코 EAST INDIA에 도달 JEAVA점령
1600			화선(和船)일본내도(來到)
1601	AUSTRALIA발견		
1602			EAST INDIA COMPANY 설립: CEYLON탈취
1604			

영 국	프랑스	이탈리아	독 일	러시아	미 국
대 상 지 역	대 상 지 역	대상지역	대상지역	대상지역	대상지역
NEWFONNDLAND점취 식민기도 NORTH CAROLINA에 식민개시 EAST INDIA COMPANY 설립 CANADA의 MAINE 에 식민	신대륙 SOUTH CAROLI-NA 연안에 식민기도(企圖) FLORIDA에 식민 ST. AUGUSTIN건설 RIO DE JANEIRO 탈취에 실패함 NOVA SCOTIA에 식민				

311

제1표 구주 열강의 식민지 진출 대상지역별 분류표

국 가 별 연대 / 대상지역별	포르투갈 대 상 지 역	스페인 대 상 지 역	네덜란드 대 상 지 역
1608		NEW MEXICO(SANTA-FÉ)에 진출	
1609			JAVA 영유지배
1615			NEW NETHERLAND COMPANY 설립
1619			BATABIA시(市)건설
1620			
1621			GUIANA영유식민: SAN SALVADOR점령 NEW AMSTERDAM (NEW YORK) 시(市)건설
1624			대만점령
1630			
1633			PENNSYLVANIA에 식민 (신대륙)
1634			
1635			
1638			
1640			

영국	프랑스	이탈리아	독일	러시아	미국
대 상 지 역	대 상 지 역	대상지역	대상지역	대상지역	대상지역
JAMES TOWN(신대륙)건설	QUEBEC시(市)건설: ST. LAWRENCE만(灣) 진출				
BERMUDA 령유식민 HUDSON씨 HUDSON만 탐험	MONTREAL, OTTAWA 하안(河岸)에 진출				
	HURON호(湖)(신대륙) 에 식민진출				
PLYMOUTH에 청교도 상륙: VIRGINIA에 식민					
WEST INDIES (서인도 제도)에 식민개시					
NEW FOUNDLAND에 식민개시					
NOVA SCOTIA점취(占取)(CANADA) (1628)					
MASSACHUSETTS에 식민: BOSTON건설					
BENGAL만(灣)에 식민개시					
MARYLAND에 식민지 건설					
CONNECTICUT에 식민	ST. PIERRE 및 MIQUELON ISLAND영유				
				SIBERIA방면(方面)진출개시	
MADRAS영유					

313

제1표 구주 열강의 식민지 진출 대상지역별 분류표

국가별 연대	포르투갈 대 상 지 역	스페인 대 상 지 역	네덜란드 대 상 지 역
1641			포르투갈령 MALACCA 점유
1642			NEWZEALAND발견영유
1643			
1648			
1655			CAPE를 영유(1652)
1656			CEYLON섬(島)약취(略取)
1661			BOMBAY영유
1663			GUINEA해안(海岸)원정
1664			
1665			
1670			
1672			
1673			NEW JERSY점령(일시(一時))

영 국	프랑스	이탈리아	독 일	러시아	미 국
대 상 지 역	대 상 지 역	대상지역	대상지역	대상지역	대상지역
RHODE ISLAND에 식민지건설 (1644이항(以降)) JAMAICA섬(島)점취(占取) NEW AMSTERAM점령 (신대륙) HUDSON'S BAY COMPANY설립 JAMAICA영유지배	MONTREAL (CANADA)에 식민지건설 EAST INDIA COMPANY 설립코 PONDICHERY 점취(占取) GUIANA취득(1667이항(以降)) THE GREAT LAKE(신대륙의 오대호연안)진출 ARCANSAS에 식민진출 (신대륙) FRENCH INDOCHINA영유지배			POYARKOV가 AMUR (흑룡강) 탐험 BERING해협발견 AMUR 강안(江岸)(흑룡강)진출	

315

제1표 구주 열강의 식민지 진출 대상지역별 분류표

국 가 별 연대	포르투갈 대 상 지 역	스페인 대 상 지 역	네덜란드 대 상 지 역
1682			
1687			
1688			
1690			
1693			PONDICHERY (프랑스령)를 약취(略取)
1699			
1700			
1707			
1733			
1746			
1759			
1760			
1764			

영 국	프랑스	이탈리아	독 일	러시아	미 국
대 상 지 역	대 상 지 역	대상지역	대상지역	대상지역	대상지역
PENNSYLVANIA에 식민지건설	TEXAS연안에 상륙코 ILLINOIS하안(河岸)에 ST. LOUIS 건 설: (HAITI에 식민 (1677))			AMUR 지방 점령	
CALCUTTA점령	CHANDER NAGOR점령				
	PONDICHERY탈취 NEW ORLEANS (신대륙)근방에 식민				
	LOUISIANA에 식민 (신대륙)			KAMCHATKA 점령공포(公布)	
NEW FOUNDLAND영유지배(1713이항(以降)) GEORGIA (신대륙)에 식민지건설	인도양의 MAURITIUS 점유지배(1710이항(以降))				
	NEW MEXICO에 식민진출 MADRAS 점령 (영국령)				
QUEBEC (CANADA) 점취(占取) PONDICHERY점취(占取) (1761) 전 CANADA를 점취(占取)지배 CUBA의 HAVANA 점령 (1762이항)	ST. LOUIS 식민지건설				

제1표 구주 열강의 식민지 진출 대상지역별 분류표

국 가 별 대상지역별 연대	포르투갈	스페인	네덜란드
	대 상 지 역	대 상 지 역	대 상 지 역
1779			
1789			
1796			

㈜ 이 표는 구주(歐洲)열강의 식민지개척 진출방향을 대상지역별로 분류하여 연대순으로 기입하였다.: 지리적발견상황도 더불어 묶어놓았다.

취급연대는 1415년부터 18세기말엽까지만을 다루었다. 특정지역 (예컨대 신대륙, 아프리카(阿弗利加), 동양 방면(方面))은 각기별표로 묶어 기입하였다. (제2·3·4표참고)

영 국	프랑스	이탈리아	독 일	러시아	미 국
대 상 지 역	대 상 지 역	대상지역	대상지역	대상지역	대상지역
BRITISH HONDURAS 식민지배(1786이항(以降)) AUSTRALIA점령(영유)	FRENCH INDIA (PONDICHERY, KARIKAL, CHANDERNAGORE (MAHE, YUNAON) 식민지배			ALASKA방면 (方面)수산업 개발 착수	ALASK 개발착수
CAPE를 점취(占取)(1795) : GUIANA탈취 CEYLON점취(占取)영유	SANTO DOMINGO영유 HAITI영유지배(1719이항(以降))				

제2표 구주 열강의 동양방면 진출 식민지 개척사 연표

나라별 연대 / 사항	포르투갈 사항지역	스페인 사항지역	네덜란드 사항지역	영국 사항지역
1498	VASCO DA GAMA 인도항로발견코 CALICUT에 도착			
1500	CABRAL이 인도의 CANNANORE, COCHINCHINA. CUILLON기착			
1509	북인(北印)의 DIU 항(港)을 비롯한 인도연안 및 남인도제항(諸港) 점거 (ALMEIDA 함대)			
1510	GOA점령			
1511	MALACCA 및 JAVA 점령			
1517	CEYLON에 식민			
1521		MAGELLAN PHI-LIPPINE에 도달		
1530	BOMBAY점령			
1537	MACAO에 식민			
1557	MACAO시(市) 건발(建發)			
1565		PHILIPPIUNE에 식민		
1575		PHILIPPINE 점령 지배		
1593			GUINA의 황금해안에 도달	
1595			CAPE HOPE(희망 봉) 회항코 EAST IN-DIA에 도달 : JAVA점취(占取)(전(前)포르투갈령)	

프 랑 스	미 국	러 시 아	독 일	일 본
사 항 지 역	사 항 지 역	사 항 지 역	사 항 지 역	사 항 지 역

제2표 구주 열강의 동양방면 진출 식민지 개척사 연표

나라별 사항 연대	포르투갈 사항지역	스페인 사항지역	네덜란드 사항지역	영국 사항지역
1600			인도양의 MAURITI-US도에 식민지 건설 화란선(和蘭船) 일본 내도(來到) (1595년)	EAST INDIA CO. 설립
1601	AUSTRALIA발견			상선대(商船隊)를 동양에 파견
1602			CEYLON진출: EA-ST INDIA CO. 설립	
1609			JAVA점령지에 총독 설립	
1619			BADAVIA시(市)건설	
1624			대만내착(來着)	
1633				BENGAL만(灣)에 식민개시
1638				
1640				MADRAS영유
1641			포르투갈령 MALA-CCA점령	
1642			NEWZEALAND 발견영유	
1656			CEYLON약취(略取)	
1661				BOMBAY영유
1664				

322

프랑스 사항지역	미국 사항지역	러시아 사항지역	독일 사항지역	일본 사항지역
		SIBERIA방면에 진출개시		
		AMUR(흑룡강)연안탐험		
EAST INDIA CO. 설립: PONDICHÉRY 점취(占取)				

제2표 구주 열강의 동양방면 진출 식민지 개척사 연표

나라별 \ 사항 연대	포르투갈 사항지역	스페인 사항지역	네덜란드 사항지역	영국 사항지역
1665				
1672				
1688				
1690				CALCUTTA점령
1693			PONDICHERY약취(略取)	
1707				
1748				
1779				PONDICHÉRY공격 (1778)
1789				PITCAIRN ISLANDS 영유(1790) AUSTRALIA 점령
1796				PONDICHÉRY점취 (1793) CEYLON 점취영유
1819			INDONESIA영유 지배 (1816-1942)	인도양의 MAURITIUS도(島)영유 (1814-1819) SINGAPORE점령

324

프 랑 스	미 국	러 시 아	독 일	일 본
사 항 지 역	사 항 지 역	사 항 지 역	사 항 지 역	사 항 지 역
		AMUR강안에 진출 (ARBAZIN성(城))		
(PONDICHÉRY KARIKAL, CHAND-ERNAGOR) FRENCH INDO-CHINA 진출				
CHANDERNAGOR 점령		AMUR지방점령 지배		
PONDICHÉRY탈취		KAMCHATKA점령 공포(公布)		
전 네덜란드령 MAURITIUS점취(占取)식민(1715이항(以降)) MADRAS점취(占取)(전(前) 영국령)				
	ALASKA 개발착수 (러시아와 합작)	ALASKA 개발착수 (미국과 합작)		
PONDICHÉRY탈취 (1785)				
PONDICHÉRY 식민지배(1815)				

325

제2표 구주 열강의 동양방면 진출 식민지 개척사 연표

나라별 연대	포르투갈 사항지역	스페인 사항지역	네덜란드 사항지역	영국 사항지역
1840				네덜란드령 NEW ZEALAND 점취(占取)영유
1844				HONGKONG 할양 취득(1842)
1848				
1849				
1858				
1860	TIMOR 분할영유 (1859)		TIMOR 분할영유 (1859)	(북경조약)
1866				
1867				
1874				FIJI ISLANDS (태평양) 영구식민지 배
1875				
1882				PERSIAN BAHREIN ISLANDS 보호령화
1885				BURMA 영국령화
1887				

프 랑 스	미 국	러 시 아	독 일	일 본
사 항 지 역	사 항 지 역	사 항 지 역	사 항 지 역	사 항 지 역
NEW CALEDONIA 점령병합(1853) (북경조약) CAMBODIA 보호화 (1853) MEKONG강 델타 지대점령 COCHIN CHINA 할양취득(1862) TONKIN의 HANOI 점령 VIETNAM을 보호국화 TONKIN을 보호령화 (1884) ANNAM보호국화 (1886) FRENCH INDO-CHINA성립	PERRY 일본내항 CALIFORNIA취득 (북경조약) ALASKA구입	KHAVAROVSK시 (市)건설 AMUR강 이북(以北) 을 점령취득 (북경조약) VLADIVOSTOK항 (港)건설 SAKHALIN(화태 (樺太),사할린)취득 (KURIL ISLANDS 와 교환) MARSHALL군도 취득 NAURU(태평양)도 (島)병합		대만(TAIWAN)출병 SAKHALIN KURIL 교환(천도(쿠릴)·화태(사할린) 교환) 류구(琉球, 오키나와)를 점유 (1879이항 (以降))

제2표 구주 열강의 동양방면 진출 식민지 개척사 연표

나라별 연대	포르투갈 사 항 지 역	스 페 인 사 항 지 역	네 덜 란 드 사 항 지 역	영 국 사 항 지 역
1897				GILBERT & ELCE IS-LANDS COLONY 영유(1891) MALAYA를 보호령화 (1896이항(以降))
1898				SOLOMON ISLAN-DS 보호령화(1893) 위해위 (威海衛, 웨 이 하이웨이)조차(租借) (구룡반도포함)
1899				TONGA ISLANDS보호령화
1900				(북청사변)
1904	TIMOR전토(全土)영유			
1905				
1910				NEW HEBRIDES GROUP 군도취득
1917				
1920				NAURU섬 (전(前)독일령) 위임통치령화
1931				
1932				
1937				

① 차표(此表)는 구주(歐洲)열강국의 동양방면 식민지개척 진출상황을 대상지역별로 분류기록하였다. 연간은 1498년 Vasco Da Gama의 인도항로발견부터 1940 년도까지만 다루었다.

프랑스	미국	러시아	독일	일본
사 항 지 역	사 항 지 역	사 항 지 역	사 항 지 역	사 항 지 역
LAOS점취(占取) (1893) MADAGASCAR도 합병	HAWAII합병 : GUAM도영유			대만점령지배
황주만(灣) 조차(租借)	AMERICAN SAMOA 취득영유 PHILIPPINE영유 (미서(美西)전쟁)	요동반도 (대련·여순) 조차 (租借)	교주(膠州)만(灣)조차(租借)	
			SAMOA ISLAND 분할영유 MARIANA, PARAO 제도(諸島)매입취득	
(북청사변)	(문호개방선언) (북청사변) PANAMA CANAL -ZONE 취득영유	(북청사변)	(북청사변)	(북청사변)
				(을사보호조약 체결) 한·일합방
	VIRGIN ISLAND 취득영유			일본군 산동반도 상륙(1914) 남양군도점령(1914)
				SIBERIA 출병 (1918)
				(만주사변) (상해사변) (중일전쟁)

② 대체로 1800년대부터 비롯하는 구주(歐洲)제국주의(帝國主義)열강의 중국대륙 침략사항과 일본의 대륙진출상황도 함께 묶었다. 특히 중국대륙에 대한 열국 소위 불평등조약과 일본의 진출사항에 밀접히 관계있는 일들은 괄호로 묶어 표시하였다.

제3표 구주 열강의 아프리카 대륙 및 중근동방면 식민지사 분류 연표

나라별 연대 / 대상지역별	영국 대 상 지 역	프 랑 스 대 상 지 역	이 탈 리 아 대 상 지 역
1830		ALGIER점령 (ALGERIE 취득)	
1838	AFGHANISTAN의 KABUL점령		
1839	ADEN점취(占取)보호령화		
1841		FRENCH CONGO의 GABON강 점령	
1842	남아(南阿)의 NATAL을 합병		
1843	GAMBIA에 식민지건설 LIVINGSTONE남아(南阿)탐험	MOROCCO에 진출 IVORY COAST의 GUI-NEA 취득	
1846	LIVINGSTONE이 남아(南阿) LIMPO-PO강 도달		
1849		FRENCH CONGO의 LIBREVILLE 건설	
1855	LIVINGSTONE이 VICTORIA FALL 발견		
1857		DAHOMEY 점거	
1858	TANGANIKA호(湖) 발견(D.L.)		
1859	D.LIVINGSTONE이 NYASA호(湖) 발견		
1860			
1861	NIGERIA의 LAGOS합병		
1862		FRENCH CONGO의 CAPLOPEZ취득	
1864		SOMALI해안영유	
1868	남아(南阿)의 BASUTOLAND를 보호령화		
1870	CECIL RHODES 남아(南阿)향발(向發)		
1871	GOLD COAST의 네덜란드령 식민지 취득 남아(南阿)의 GRIQUALAND합병		

독일 대상지역	스페인 대상지역	러시아 대상지역	벨기에 대상지역	비 고
	MOROCCO의 IFNI를 양취(讓取)			
				남아(南阿)의 KIMBER-LEY에서 DIAMOND발견

제3표 구주 열강의 아프리카 대륙 및 중근동방면 식민지사 분류 연표

연대 \ 나라별 대상지역별	영국 대 상 지 역	프랑스 대 상 지 역	이탈리아 대 상 지 역
1877	INDIA지배권확립(영국령인도(印度)화)		
1878	H. M. STANLEY가 CONGO 지방 탐험		
1880	AFGHANISTAN을 보호국화 ARABIA의 KWUAIT보호국화		
1881	PERSIA의 BAHREIN 보호령화(1880)	TUNISIA 점취보호령화 SUDAN을 보호국화	
1882	EGYPT 점령	MADAGASCAR보호령화 IVORY COAST 점유 식민진출	ERITREA를 식민지화
1883	EGYPT의 지배권확립		
1884	SOMALI령 취득	SOMALILAND영유지배: CONGO에 진출	
1885	NIGERIA의 OIL RIVERS보호령화 남아(南阿)의 BECHUANLAND 보호령화		
1887	SOMALILAND 보호령화		
1888	SEYCHELLES제도 영유 GAMBIA를 자치식민지화		
1889	SOUTH RHODESIA 점취(占取) (CECIL THODES의 BRITISH COUTH AFRICA CO. 설립)		SOMALIA의 BENADIR COAST를 점유
1890	ZANZIBAR보호령화		
1891	ARABIA의 OMAN을 보호령화 NYASALAND보호령화	프랑스령 GUINEA점취(占取)	
1892	DAHOMEY정복취득		
1893	UGANDA를 보호령화	프랑스령 SUDAN 취득(MAURITANIA)	
1894	남아(南阿) SWAZILAND의 보호령화	DAHOMEY전토(全土)를 합병	

독 일	스 페 인	러 시 아	벨 기 에	비 고
대 상 지 역	대 상 지 역	대 상 지 역	대 상 지 역	
TOGO, CAMEROON, SOUTH WEST AFFICA 영유 : TANGANIKA 영유	RIO DE ORO를 보호령화		BELGIAN CONGO 자치식민지 건설	BERLIN CONFERENCE CONGO에 관한 BERLIN협의 TRANSBAAL에 금광발견 영·독·프가 EAST AFRICA 분할협정(1886) 영(英)·이(伊)간에 ETHIOPIA분할협정

제3표 구주 열강의 아프리카 대륙 및 중근동방면 식민지사 분류 연표

나라별 연대	영국 대상 지역	프랑스 대상 지역	이탈리아 대상 지역
1895	KENYA를 식민지보호령화		
1896	GOLD COAST를 보호령화 SIERRA LEONE보호령화	MADAGASCAR 합병	
1899	EGYPT-SUDAN지배		
1900	남아연방 (UNION OF SOUTH AFRICA) 합병 NIGERIA의 NORTHERN NIGERIA 보호령화		
1904		FRENCH WEST A-FRICA의 SAHARA 취득	
1907	PERSIA남부점령지배 AFGHANISTAN세력권화 (1921)	CASABLANCA점령	
1910	CAPE COLONY자치식민지화		
1911		MOROCCO점령	TRIPOLI 점령코 LIBYA 합병
1912		MOROCCO를 보호국화	CYRENAICA영유
1914	남·북. NIGERIA 식민지보호령화 EGYPT를 보호국화: CYPRUS합방		
1916	CAMEROON취득		
1917	BAGHDAD 군사점령		
1918	LEBANON군사점령: PALESTINE군사점령 TANGANIKA취득 (위임통치)		
1919		CAMEROON, TOGO 취득(위임통치)	
1920	PALESTINE위임통치령화 TOGOLAND취득: IRAQ위임통치	MAURITANIA 식민지화 SYRIA·LEBANON 위임통치	
1921	JORDAN을 위임통치		
1922		NIGER식민지취득	

독일 대상지역	스페인 대상지역	러시아 대상지역	벨기에 대상지역	비 고
WILHELM 2세가 TANGIER에 상륙		PERSIA북부 점령 지배		영·독간에 AFRICA재분할협정조인(1893) 제1차 BALKAN전쟁

제3표 구주 열강의 아프리카 대륙 및 중근동방면 식민지사 분류 연표

나라별 연대 / 대상지역별	영 국 대 상 지 역	프 랑 스 대 상 지 역	이 탈 리 아 대 상 지 역
1923	SOUTHERN RHODESIA 합병 ISRAEL위임통치	TANGIER를 영국·스페인과 공동관리지배	
1924	NORTHERN RHODESIA 보호령화	DAKAR식민지취득	
1925		SENEGAL을 식민지보호령화	
1926			
1936			ETHIOPIA 합병 (ERITREA, SOMALIA, ABYSSINIA포함)
1940			

㈜
① 연대는 1830년대부터 잡았다 : 소위 구주(歐洲)제국주의열강들의 아프리카(阿弗利加)분할정책이 활발해지고 중근동(中近東)에의 진출이 본격화되는 연간으로 노력되는 때문이다.
② 비고란은 식민지쟁탈분할사(史)와 밀접한 관계가 있는 사항으로 참고하고자 하였다.

독일 대상지역	스페인 대상지역	러시아 대상지역	벨기에 대상지역	비 고
		중앙아시아의 UZBEK 지방편입 중앙아시아의 TAJIK 지방편입 KIRGHIZ지방편입 KAZAK급(及) TRANSCAUCASIA 영유 ROMANIA의 BESSARABIA 및 NORTHERN BUKOVINA할양취득		

제4표 구주 절대주의 열강의 신대륙 진출과 중남미 방면 식민지 개척사 대상지역별 분류 연표

나라별 연대 대상지역별	포르투갈 대상지역별사항	스 페 인 대상지역별사항	프 랑 스 대상지역별사항
1492		COLOMBUS가 WEST INDIES(서인도제도)발견: SANTO DOMINGO영유 : HAITI도달 : SALVADOR, VENEZUELLA 발견영유	
1499			
1500	CABRAL이 BRAZIL을 발견(CANNANORE)	COLOMBUS가 HONDU-RAS해안도달	
1519	URUGUAY에 식민 (1512년 이항(以降))	CORTEZ가 MEXICO정복 : CUBA정복(1515) MAGELLAN이 세계탐험 항로 취항	
1524		P.ALVARADO가 GUATE-MALA,SALVADOR 영유지배 HONDURAS에 식민: UR-UGUAY에 식민(1512)	
1526	BRAZIL의 PERNAMBU-CO점령(BAHIA만(灣)진출)	ARGENTINE에 식민: CO-LOMBIA에 식민지건설	
1530		COSTA RICA 영유: NICA-RAGUA발견점령	
1531	RIO DE JANEIRO, SAN PAULO 점거코 식민지 건설		
1534		CORTEZ가 CALIFOR -NIA 발견 ECUADOR영유: PIZAR-RO가 PERU 완전정복	
1535		BUENOS AIRES건설: PA-PAYAN지방점령(남미)	
1537		PARAGUAY에 식민	
1538		BOLIVIA정복지배	
1541		CHILE에 식민개시	

338

영 국	네 덜 란 드	스 위 스	참 고
대상지역별사항	대상지역별사항	대상지역별사항	
BRITISH GIANA 발견			

제4표 구주 절대주의 열강의 신대륙 진출과 중남미 방면 식민지 개척사 대상지역별 분류 연표

연대 \ 나라별 대상지역별	포르투갈 대상지역별사항	스 페 인 대상지역별사항	프 랑 스 대상지역별사항
1542		ZACATECAS 은산(銀山)발견: SANTIAGO 시(市)건설	
1545	남미의 SANTOS시(市) 건설	POTOSI 은산(銀山)발견	
1546		CHILE를 정복	
1549	BRAZIL에 식민지총독청 설립	MISSISSIPPI강 동(東)에 식민기도(企圖)	
1555	SAN PAULO시(市) 건설 (1554)		신교도를 RIO DE JANEIRO만(灣)에 식민(VILLE-GAGNON)
1560	RIO DE JANEIRO 만내의 프랑스인 식민지파괴		
1562		PORT ROYAL일대점령	신교도 SOUTH CAROLINA에 식민
1564			FLORIDA에 식민개시
1565	RIO DE JANEIRO 만(灣) 내 프랑스인 식민지 점령코 여기에 SAO SEBASTIOA 시(市)건립		ST. AUGUSTIN시(市)건설
1568			RIO DE JANEIRO만(灣)의 포르투갈인 식민지 재탈취에 실패
1583			
1585		VIRGINIA에 식민	
1604			NOVA SCOTIA 건설 (CANADA)
1608		NEW MEXICO에 SANTAFE 시(市)건설	
1609			MONTREAL OTTAWA하안(河岸)에 진출식민

영 국	네 덜 란 드	스 위 스	참 고
대상지역별사항	대상지역별사항	대상지역별사항	
G. CALVERT가 NEW FOUN-DLAND 점령코 식민기도(企圖)			
JAMESTOWN건설 : CARO-LINA, GEORGIA, VIRGINI-A, MARYLAND, PENSYL-VANIA등에 식민기도 (企圖)			
HUDSON만(灣)탐험 BERMUDA영유식민			

제4표 구주 절대주의 열강의 신대륙 진출과 중남미 방면 식민지 개척사 대상지역별 분류 연표

나 라 별 연대 대상지역별	포 르 투 갈 대상지역별사항	스 페 인 대상지역별사항	프 랑 스 대상지역별사항
1614			
1615			HURON 호안진출식민
1620			
1621			
1622			
1623			
1627			
1628			
1630			
1634			
1635			ST. PIERRE 및 MIQUELON 제도점유
1638			
1640			
1642			MONTREAL에식민지 건설
1644			

영 국	네 덜 란 드	스 위 스	참 고
대상지역별사항	대상지역별사항	대상지역별사항	
	NEW NETHERLAND COMPANY설립		
청교도 PLYMOUTH에 상륙이주			
	BRITISH GUIANA영유 식민 : NEW AMSTERDAM을 건설 : WEST INDIA COMPANY설립코 SAN SALVADOR점령		
NEW FOUNDLAND에 식민지건설			
WEST INDIES (서인도제도)에 식민개시			
BRITISH WEST INDIES의 BARBADOS섬 점령			
NOVA SCOTIA점취(占取)			
MASSACHUSETTS의 BOSTON 시(市)건설	BRAZIL의 PERNAMBUCO 점령 (전(前) 포르투갈령)		
MARYLAND에 식민	PENSYLAVANA에 식민	WEST INDIA COMPANY 설립경영 PENSYLBANIA에 식민기도	
CONNECTICUT에 식민지건설			
		DELLAWARE에 식민개시: CHRISTIANA 시(市)건설	
		NEW SWEDEN에 식민	
RHODE ISLAND식민지 건설 (PORTSMOUTH시(市)건설)			

제4표 구주 절대주의 열강의 신대륙 진출과 중남미 방면 식민지 개척사 대상지역별 분류 연표

나라별 연대 / 대상지역별	포르투갈 대상지역별사항	스페인 대상지역별사항	프랑스 대상지역별사항
1650			
1654			
1655			
1664			
1667			프랑스령GUIANA취득
1670			THE GREAT LAKE (오대호) 남안(南岸)까지 진출식민
1672			ARKANSAS에 진출식민
1673			
1682			HAITI에 식민 (1677이강(以降)부터) TEXAS연안상륙: ILLINOIS 하안(河岸)에 식민
1689			
1699			HAITI의 서반부영유(1697) LOUISIANA에 식민개시
1700			MISSISSIPPI에 식민개시
1718			NEW ORLEANS건설
1733			
1739			

영 국	네 덜 란 드	스 위 스	참 고
대상지역별사항	대상지역별사항	대상지역별사항	참 고
			영국·네덜란드간 식민지 경계결정
		MARYLAND의 CHESA-PEAKE만(灣)에 식민진출 기도(企圖)	
JAMAICA섬 점령		NEW SWEDEN 상실	
NEW AMSTERDAM (NEW YORK)점령			
	GUIANA점령		
BRITISH WEST INDIES의 JAMAICA영유지배 HONDURAS BAY COMPANY 설립			
	NEW JERSY (NEW AM-STERDAM)일시점령		
PENSYLVANIA에 식민지건설			
			식민지전쟁 (영·불)
NEW FOUNDLAND 취득 영 유지배 (1713이강(以降))			
GEORGIA에 식민지건설			
			식민지전쟁 (영국·스페인간)

345

제4표 구주 절대주의 열강의 신대륙 진출과 중남미 방면 식민지 개척사 대상지역별 분류 연표

나라별 연대	포르투갈 대상지역별사항	스페인 대상지역별사항	프랑스 대상지역별사항
1759			
1760			
1762			
1763			
1764			ST. LOUIS에 식민지건설
1774			
1775			
1786		URUGUAY영유 (1777이항(以降)) 완전지배	
1795			SANTO DOMINGO (DO-INICA) 급(及) HAITI 영유 지배)
1796			
1867			
1898			
1899			
1904			
1917			

㈜
① 취득연도는 1492년 COLOMBUS의 AMERICA신대륙발견으로부터 1775년 미대륙식민지독립전쟁까지를 주로 하였다.
② 참고란에는 미 대륙내에 있어서 열국의 식민지개척쟁탈사항과 밀접한 관계를

영 국	네 덜 란 드	스 위 스	참 고
대상지역별사항	대상지역별사항	대상지역별사항	
QUEBEC 점령			
CANADA전토(全土)를 점령지배			
CUBA의 HAVANA점령			
전 CANADA급 북미대륙에서의 지배권확립			TREATY OF PARIS (영·서·불간)
BOSTON을 직할식민지화(1773: BOSTON TEA PARTY)			
미대륙식민지독립전쟁(1776: 미합중국독립선언)			
BRITISH HONDURAS 식민지건설			
BRITISH GUIANA탈취 (전(前) 네덜란드령)			
			ALASK를 구입
			HAWAII를 합병: GUAM, PHILIPPINE을 점유
			PUERTO RICO 및 AMERICAN SAMOA취득점유
			PANAMA CANALZONE취득
			VIRGIN ISLANDS 영유

갖는 사항을 적기하였다.

③ 참고란에서 특히 1867년 이항(以降)의 사항은 북미합중국성립이후의 그 해외영토확장취득상황을 요기(要記)하여 두었다.

동주 이용희 연보

식민지 시기(1917–1945)

연도	사 항
1917.3.24	3.1독립선언 33인중 한사람 이갑성의 둘째 아들로 서울에서 출생
1923	보통학교 입학
1927	경성부립도서관 아동도서실에서 『삼국지』, 『서유기』, 『아라비안 나이트』 등을 읽으면서 중국, 서역, 이슬람에 관심을 가지기 시작함.
1929	중앙고등보통학교 입학 고독의 위안을 위한 난독의 시기 애국적 국사관에 관심을 가지고 육당등의 글을읽음 3학년이후 어학, 해외문학, 언어학 등을 비롯한 다양한 서적들을 본격적으로 읽기 시작함.
1934	중앙고등보통학교 졸업 총독부도서관, 경성부립도서관, 마루젠서점등을 활용해서 외국문학, 언어학, 철학, 공산주의 서적들을 본격적으로 읽으며 '사상적 표랑의 2년'을 보냄
1936	경주이씨 종중의 도움으로 연희전문학교 문과 입학 언어학, 서구사상, 해외문학 지식이 늘어남에 따라 세 계적 시야에서 국학과 민족주의를 보려는 생각에서 한문을 익히고 한국사, 중국사의 원적을 본격적으로 읽기 시작함. 정인보 선생의 영향으로 인사동 한남서림, 무광서림등에서 우리 고판, 고사본, 중국의 근간본, 우리 애기책의 목각복판들을 보러 다님 연전 도서관 윤치호 좌옹문고를 이용해서 사회과학 고전연구 오세창에게서 그림보는 법을 배우고 그의 『근역서화징』을 통해 본격적으로 전통회화에 눈뜸. 서정주, 김광균, 김달진, 김동리, 오장환, 함형수 등과 함께 창간한 시전문동인지 『시인부락』에 "현대시의 주지(主知)와 주정(主情)"발표
1940	연희전문학교 문과 졸업
1943	중국 대련에서 E.H. Carr, Twenty Year's Crisis(1939) 와 W. Sharp and G. Kirk, Contemporary International Politics(1940) 등을 읽고 구미 국제정세관을 파악함. 주관심이 정치사회문제로 집중되어 영국의 정치학, 불란서의 헌법학, 독일의 국가학 등을 읽고 비교하면서 일본정치학이 구미정치학의 아류이며 각국의 정치학은 일반정치학이 아니라 자기 정치학을 합리화하는 이론임을 깨달음. 지식사회학에 대한 관심 커짐.

서울대학교 교수시기(1949-1975)

연도	사 항
1948	서울대학교 문리과대학 강사
1949	서울대학교 문리과대학 정치학과 조교수
1955	『국제정치원론』(장왕사, 1955)
1956	서울대학교 문리과대학 외교학과 부교수 하버드(Harvard) 대학 학술강연 "Alliance or Non-Alliance" Western College for Women "An Observation on the American Mentality"
1956-1959	한국국제정치학회 회장
1958	『政治와 政治思想』(일조각, 1958)
1960-1975	서울대학교 외교학과 교수
1960-1961	서울대학교 행정대학원 원장
1961	중근동파견 친선사절 단장
1962	『일반국제정치학(상)』(박영사, 1962)
1963	서울대학교 법학박사
1965-1969	한국국제정치학회 회장
1966	『근대한국외교문서총목록(외국편)』(국회도서관, 1966)
1967	한국국제정치학회 6집 한국민족주의 대심포지움 특집
1969	한국국제정치학회 8집 한국근대화문제 특집
1969	"우리나라의 옛그림" 아세아 5회연재
1970	북구 노르딕 카운슬(Nordic Council) 현지연구(SIPRI)
1972	『한국회화소사』(서문당, 1972)(1996중간)
1974	『일본속의 한화』(서문당, 1974)
1975	『우리나라의 옛그림』(박영사, 1975)(1996중간)
1975	이용희(외)『한국의 민족주의』(한국일보사, 1975)

현실참여시기(1975-1997)

연도	사 항
1975-1976	대통령특별보좌관
1976-1979	국토통일원장관
1977	『한국민족주의』(서문당, 1977)
1980-1987	대우문화복지재단이사장
1981-1982	아주대학교총장
1983	노재봉 편『한국민족주의와 국제정치 : 동주 이용희선생 사은 학술심포지움』(민음사, 1983)
1987	『한국회화사론』(열화당, 1987)
1987	『이용희 저작집-한국과 세계정치』(민음사, 1987)
1989-1993	세종연구소 이사장
1993	『미래의 세계정치』(민음사, 1993)
1996	『우리 옛그림의 아름다움』(시공사, 1996)
1997.12.4	별세

일반국제정치학(상)

발행일	2013년 12월 25일 초판 1쇄
지은이	이용희
기 획	이종진, 임해용, 권민주
편 집	유영석
교 정	옥창준
표지 디자인	김휘재
펴낸이	이종진
펴낸곳	도서출판 이조
	서울특별시 관악구 관악로10길 18
	서울 제 2009-16호(2009. 6.) 출판등록
	Tel. 02-888-9285, 070-7799-9285
	Fax. 070-4228-9285
	e-mail: ljbooks@naver.com
	www.ljbooks.co.kr
인 쇄	문화인쇄공사

ISBN 979-11-951472-0-5 93340
값 25,000원

북펀드에 참여해주신 분들
기희광, 김어진, 박기범, 양태훈, 정혜림(가나다순)

*저작권자와의 협의하에 인지는 생략합니다.
*잘못된 책은 바꾸어 드립니다.
*이 책의 무단 전재나 복제 행위는 저작권 제 98조에 따라 처벌받게 됩니다.